普通高等教育"十三五"规划教材

全国普通高等学校军事教学指导委员会审

U0628079

2019年
新大纲
精品教学课件
+学生无纸化
考试平台

普通高等学校军事
理论与技能训练教程

主编◎何　平　傅永林　唐福元

国防大学出版社

图书在版编目（CIP）数据

普通高等学校军事理论与技能训练教程 / 何平，傅
永林，唐福元主编 . -- 北京：国防大学出版社，2016.6
ISBN 978-7-5626-2412-7

Ⅰ.①普… Ⅱ.①何… ②傅… ③唐… Ⅲ.①军事理
论－高等学校－教材②军事训练－高等学校－教材 Ⅳ.
① E0 ② G641.8

中国版本图书馆 CIP 数据核字（2016）第 133352 号

普通高等学校军事理论与技能训练教程

出版发行：国防大学出版社
地　　　址：北京市海淀区红山口甲 3 号
邮政编码：100091
电　　　话：（010）66769234
责任编辑：闫立炜
经　　　销：全国各地新华书店

印　　　刷：北京经大印刷有限公司
开　　　本：787mm×1092mm　1/16
印　　　张：15.5
字　　　数：321 千字
版　　　次：2019 年 5 月第 4 版
印　　　次：2019 年 5 月第 1 次印刷
定　　　价：38.00 元

版权所有·侵权必究
如发现印装质量问题，请与本社发行部联系

编　委　会

主　编：何　平　　傅永林　　唐福元

副主编：贾进元　　姜　弢　　侯瑞元　　李玉明　　颜仕尧

编　委：李扬建　　孙大松　　孙　鑫　　蒋成虎　　薛永生

李　洁　　李　强　　王　斌　　刘　军　　张　军

前　言

当前，和平与发展仍然是时代的主题，但世界并不太平，国际战略形势风云变幻，大国利益关系错综复杂，国家安全形势依然严峻。国家兴亡，匹夫有责。在我国国家安全内涵和外延比历史上任何时候都要丰富、时空领域比历史上任何时候都要宽广的今天，夯实国家安全的群众基础，大力加强国防教育，培养公民国防观念与国家安全意识，引导每一个人关心国防、支持国防，对于巩固国防、筑牢国家安全防线具有十分重要的意义。

2019年，是新中国成立70周年，是全面建成小康社会的关键之年，也是决胜实现国防和军队建设2020年目标任务的关键一年。2019年伊始，教育部、中央军委国防动员部联合制订了《普通高等学校军事课教学大纲》（以下简称《大纲》），切实保障学生军事理论教学和军事技能训练课时、内容和要求的落实。军事课是普通高等学校学生的必修课程。军事课要以习近平强军思想和习近平总书记关于教育的重要论述为遵循，全面贯彻党的教育方针、新时代军事战略方针和总体国家安全观，围绕立德树人根本任务和强军目标根本要求，以提升学生的国防意识和军事素养。鉴于此，我们以新《大纲》为编写指导思想，借鉴吸收了军内外十余所高校的最新理论和实践成果，并邀请到国防大学第一大学生军训教研室和第三大学生军训教研室的教授对本书的编写工作和书稿质量进行严格把关，力求编写出集系统、全面、权威于一体的高质量"军事课"教材，以此向中华人民共和国70周年华诞献礼。

本书编写具有系统性与针对性相结合、理论性与实用性相结合、国防教育与军事技能培训相结合等特点。本书编写遵循所讲内容均为最新最前沿的理论成果，且均有权威出处的原则，如在"习近平强军思想"部分，我们参考了国防大学战略班最新的理论教学成果，应该代表了当前军队学习习近平强军思想的最新理论水平。在"国家安全"部分，我们以新的《国家安全法》和习近平总书记的"总体国家安全观"为根本指导来进行素材的遴选和统筹工作。在"现代战争"和"信息化装备"部分，我们参考了军事科学院的《中国大百科全书·军事》《中国军事科学》等权威著作。这既方便教练员组织实施教学，又方便受训对象全面把握军事理论与技能训练的重点和要点。在编写体例上，本书增加了二维码链接，二维码里面的视频及图文内容既是对相关内容的积极补充，也是我们为读者准备的一道别具风味的精神食粮。

　　本书分为上、下两篇，共九章，全面覆盖了新《大纲》中的"必讲（必训）"内容和"选讲（选训）"内容。上篇军事理论包括中国国防、国家安全、军事思想、现代战争、信息化装备五章，下篇技能训练包括共同条令教育与训练、射击与战术训练、防卫技能与战时防护训练、战备基础与应用训练四章。全书内容丰富，前沿性强，覆盖面广，突出应用，深入浅出，通俗易懂，既可作为普通高等学校军训的基本教材，又可作为广大读者学习军事理论、进行基本军事训练的参考书。本书在编写过程中参考和吸收了有关专家、学者的最新研究成果，在此一并表示感谢。由于编者知识能力水平有限，加之我军军事理论处在不断丰富和发展的过程中，因此，编写工作难免百密一疏，希望广大读者对书中出现的问题和不当之处予以批评指正，以便再版时更正。

编　者

2019 年 4 月

目 录

上篇　军事理论

下篇　技能训练

上篇 军事理论

第一章　中国国防

教学目标

　　理解国防内涵和国防历史，树立正确的国防观；了解我国国防体制、国防战略、国防政策以及国防成就，激发学生的爱国热情；熟悉国防法规、武装力量、国防动员的主要内容，增强学生的国防意识。

军事讲坛

　　兵者，国之大事，死生之地，存亡之道，不可不察也。故经之以五事，校之以计而索其情：一曰道，二曰天，三曰地，四曰将，五曰法。

——孙子

　　【译文】战争是国家的大事，它关系到百姓的生死、国家的存亡，不能不认真地思考和研究。因此，要通过对敌我五个方面的情况进行综合比较，来探讨战争胜负的情形：一是政治；二是天时；三是地势；四是将领；五是制度。

第一节　国防概述

　　"国无防不立，民无兵不安。"国防是人类社会发展与安全需要的产物，是关系到国家和民族生死存亡、荣辱兴衰的根本大计。中国的国防，是国家安全的重要保障，是促进祖国统一、维护领土完整的强大力量，是未来反侵略战争的主力，也是现代化建设的重要组成部分。作为中华民族的一分子，关注国防、了解国防、建设国防，是我们义不容辞的责任。

一、国防的内涵

国防是指国家为了防备和抵抗侵略，制止武装颠覆，保卫国家主权、统一、领土完整和安全所进行的军事活动以及与军事有关的政治、经济、外交、科技、教育等方面的活动。维护国家安全利益是国防的根本职能；捍卫国家主权、领土完整和防止外来侵略、颠覆是国防的主要任务。

边防官兵雪中巡护边境

国防是阶级斗争的产物，伴随着阶级和国家的产生而产生，只要世界上有国家存在，国防就会存在。在人类社会发展的不同阶段，在不同阶级专政的国家，国防具有不同的属性。在奴隶社会和封建社会，国防的职能是将各阶级维持在一定的"秩序"范围之内；在资本主义社会，国防的职能是用军队保护和扩大商品生产与贸易，对外进行疯狂掠夺；社会主义国家诞生之后，国防有了新的阶级内涵，其职能是确保各民族的平等生存、发展，抵抗外来侵略和维护世界和平。

衡量一个国家国防力量的强弱，军事力量并不是唯一标准，还涉及这个国家的政治、经济、文化、科技、外交等方方面面的综合实力。尤其是在人类历史进入21世纪的今天，人类社会的一切都是建立在社会化大生产、大经济的基础之上的，社会诸方面已经成为一个紧密相连的有机整体，国防只有成为这个有机整体不可分割的一部分，才可能具有无穷的威力。因此，我们在树立国防观时，要将国防建设放入整个国家乃至人类发展的大环境中进行思考、规划。

相关链接：

我的青春献给谁

二、国防的类型

国家的社会制度和国家的政策决定着国防的性质，不同制度、不同政策的国家，制定的国防政策和追求的国防目标不同，因而，国防的类型也各不相同。但无论哪种类型的国防，其根本目的都是维护国家利益。目前，世界各国的国防类型主要有以下四种。

（一）扩张型

扩张型国防是指某些经济发达的国家，为了维护本国在世界许多地区的利益，实行霸权主义侵略扩张政策，以他们所谓的"国家安全"和"防备需要"做幌子，打着防卫的旗号，将其疆域以外的国家和地区也纳入其势力范围，对别国进行侵略、颠覆和渗透。例如，美国奉行的就是典型的扩张性政策，在全球实行军事力量"前沿存在"的国防。

（二）自卫型

自卫型国防是指在国防建设上以防止外敌入侵为目的，主要依靠本国力量，广泛争取国际社会同情和支持，以达到维护本国安全、周边地区和世界和平与稳定的目的。例如，我国的国防完全是为了保卫国家主权和领土完整，因而是积极防御的自卫型国防。

（三）联盟型

联盟型国防是指以结盟形式，联合一部分国家来弥补自身国防力量的不足。联盟型国防可分为扩张型和自卫型两种。根据联盟国家的关系，联盟型国防还可以分为一元联盟和多元联盟。前者有一个大国处于盟主地位，其余国家处于从属地位，目前的日本、韩国的国防属于此种类型，都是以美国为盟主建立的国防；后者各国基本处于伙伴关系，共同协商防卫大计，如北大西洋公约组织（北约组织）和独立国家联合体（独联体）。

（四）中立型

中立型国防主要指中小发达国家为了保障本国的发展和安全，严守和平中立的国防政策，制定总体防御战略和寓军于民的防御体系。其中一些国家采取全民防卫式的武装中立，如瑞士、瑞典是全民皆兵的国防。有的则采取完全不设防的方式，如圣马力诺是一个无军队的国家，只有少数警察维护社会秩序。

军海泛舟

历史上，与其他欧洲国家一样，瑞士也是在战乱与杀戮中逐步成长起来的国家。自公元前70年开始，瑞士先后遭受日耳曼人、罗马帝国和法兰克王国的统治，长期的战乱使瑞士人意识到，面对复杂的周边环境，在对外关系上只有睦邻友好、保持中立，才能在夹缝中求得生存。基于以上考虑，瑞士提出了"和平时期避免战争危险、不卷入争端、不结盟、不参加任何形式的军事安全体系，以自身军事力量保卫国家"的政策。并在1815年颁布了第一部国家宪法，将"全民皆兵""武装中立"正式确立为基本国防政策。这使其在之后欧洲列强的争霸中能够独善其身，免遭两次世界大战的涂炭，从而赢得了200多年的和平发展期，该政策一直延续至今。

三、国防的要素

国防的要素，指构成国防必不可少的因素，包括国防的主体、国防的目的、国防的对象和国防的手段四个要素。

（一）国防的主体

国防的主体是国防活动的实行者，通常为国家。国防是国家固有的职能，任何国家，从其诞生之日起就要固国强边、防备和抵御各种外来侵略，以保障国家安全、维系国家生存、谋求国家发展。因此，国防必然随着国家的产生而产生，随着国家的发展而发展，最终也随着国家的消亡而消亡。从国家的本质看，国家是阶级专政的工具，是统治阶级利益与意志的体现，实现这种利益与意志，必须通过国家权力。国防就是要维护国家的这种权力，同时，也只有依靠国家的这种权力才能使国防得以运转。从国防的本义看，国防是国家的防务，是全民族的防务，与国家的各个部门、各种组织以及全体公民都息息相关。加强国防建设，进行国防斗争，必须依靠国家各个方面的综合力量。

（二）国防的目的

国防的目的主要是捍卫国家的主权，保卫国家的统一、领土完整，维护国家的安全。

1. 捍卫国家的主权

主权是一个国家存在的根本标志。根据国际法的表述，主权是一国不受外来控制的自由，即一个主权国家按照自己的意愿组织政府，选择适合自身发展的社会制度、国家制度，独立自主地处理其国内事务和国际事务而不受他国干预或限制的最高权力和尊严。它是完整无缺、不可分割而独立行使的，如若主权被剥夺，其他一切包括国家独立、领土完整、政治制度、社会准则、传统生活方式等都毫无意义。因此，捍卫国家的主权，是国防的首要目的和任务。

2. 保卫国家的统一、领土完整

国家的统一是指国家由一个中央政府对领土内一切居民和事务行使完整的管辖权，不允许另立政府或分割国家的管辖权。从国际法角度说，保卫国家的统一、反对分裂，历来是国家的内部事务，不允许外国干涉。领土完整是指凡属本国领土，绝不能丢失，绝不允许被分裂、肢解和侵占。领土既是国家行使主权的空间，又是国家行使主权的对象。

3. 维护国家的安全

国家要正常地生存和发展，必须有一个和平安全的外部环境和稳定的内部环境。一个国家如果没有和平、稳定的状态，不仅难以建设和发展，而且生存也会受到威胁。因此，维护国家的安全，是国防的主要目的之一。

（三）国防的对象

国防的对象是指国防所要防备、抵抗和制止的行为。根据《中华人民共和国国防法》的界定，国防的对象，一是"侵略"，二是"武装颠覆"。"侵略"包括武装侵略和非武装侵略。武装侵略是指战争状态的侵略行为。对付武装侵略，国防行为使用战争手段进行制止。非武装侵略，是指运用各种经济、外交等手段进行的侵略行为。对付非武装侵略，国防行为则相应使用非战争手段。"武装颠覆"是指颠覆国家政权、推翻社会主义制度的武装叛乱或者武装暴乱。这些武装叛乱、武装暴乱，对国家主权、统一、领土完整和安全，对我们的社会主义制度都构成严重威胁，必须运用国防力量加以制止。

（四）国防的手段

国防的手段是指为达到国防目的而采取的方法和措施。在对国家利益的各种形式的侵犯中，威胁和危害最大的是武装侵犯，因此军事手段始终是主要手段，但又不是唯一手段。根据《中华人民共和国国防法》的界定，我国国防的手段包括军事活动，以及与军事有关的政治、经济、外交、科技和教育等方面的活动。

1. 军事手段

军事手段作为国防的主要手段，是斗争的最高形式。国防的根本职能是捍卫国家利益，防备和抵御外来的各种形式的侵犯，防备和平息内外部敌对势力相互勾结所发动的武装暴乱。对付武装入侵和武装暴乱最根本和最有效的是军事手段，军事手段的威慑作用和即时打击能力，能有效地遏制或中止侵略行动，迫使其放弃侵略意图。军事手段是解决国家之间矛盾冲突的最后手段，在穷尽了非军事手段而无果的情况下，必须用军事打击的方式彻底解决。

2. 政治手段

政治手段作为国防手段之一，指的是"与军事有关的"政治活动，而不是政治本身的全部含义。构成国防手段的政治活动主要是政治制度、思想政治工作、政治宣传等。政治与国防关系密切：一方面，国防直接保卫的国家主权，是政治的第一需要；国防直接保卫的国家领土，是政治的物质前提；国防直接保卫的国家安全利益与发展利益，是政治的根本追求。国家政权、政治制度也要靠国防力量来捍卫。另一方面，政治对国防起着决定性的支配作用。国家的政治制度，决定国防的根本制度；国家的政治需要，决定国防的根本性质和类型；国家的政治指导思想和路线，决定国防的方向、方针和原则；国家的政治素质，制约国防的客观效应。

3. 经济手段

经济是国防的物质基础，社会经济制度决定国防活动的性质，社会经济状况决定国防建设的水平。现代条件下，无论是国防建设还是国防斗争，都要广泛采用经济手段，这些手段主要有国防经济活动、经济动员、经济战和经济制裁等。

4. 外交手段

外交手段主要是指国家与国家之间为了国防目的而开展的外交活动，由于这种外交主要涉及军事领域，所以又称军事外交。它涉及军事政治关系、军队关系、军事战略关系、军事科技关系和军事经济关系等，国防外交涉及的各个方面的活动都不是孤立的，而是有机联系的。从事国防外交活动的主体也不单纯是武装力量，还包括国家机关和一些民间部门。

除上述手段外，与军事活动有关的科技、教育等，也是国防的重要手段。

四、国防历史与启示

（一）我国古代的国防

1. 我国古代的军制建设

军制就是军事制度。它包括武装力量体制、军事领导体制和兵役制度等方面的内容。军制建设是我国古代国防的一个重要方面。

商周时期的"三甲士"

早在夏初，王控制了军事大权，已有了对参战人员编组和奖惩的规定。商和西周时期，王是最高军事统帅，军事领导职务由贵族大臣和方国首领担任；士卒主要由奴隶主和平民充当，奴隶一般只随军服杂役；车兵为主要兵种，师为最高建制单位。这一时期，作为观念形态的军事思想已产生并有初步发展。西周时已有师、旅、卒、两、伍等编制。春秋时期，随着奴隶制的解体，各诸侯国开始实行兵制变革，废除奴隶不能充当甲士的限制，施行武官任免制度；车兵地位逐渐下降，步兵地位逐渐上升；依户籍定军队的编制，军为最高建制单位；开始出现郡县征兵制。

战国时期，封建制度开始确立，社会处于大动荡、大变革、大发展中。争霸、兼并、统一战争激烈，用兵数量增多，兵制也有很大的发展。步兵、骑兵、水师逐渐分离为独立兵种；兵役制度上，打破了世袭兵制，各诸侯国普遍实行郡县征兵制；剥夺私属武装，集中军权，统一军队，文武分职；凭玺印、虎符任将发兵；建立按军功晋爵升赏制度；战争指挥复杂、要求高，将帅专职化。另外，学术上百家争鸣，也有力地促进了中国古代兵学的发展。以《孙子兵法》为代表的一大批兵书的问世，标志着中国古代军事思想的逐渐成熟和军事制度体系的形成。

自秦统一中国到清末，历代封建王朝根据各自的需要和条件，在专制主义中央集权制度的基础上，加强帝王的军权。从中央到地方建立便于帝王控制的统帅指挥系统；常备军按任务或武器编组，并区分为中央军、地方军和边防军；建立武库、粮储和运输制度，主要武器装备和军需物品由国家监制和供给；因势采用征兵制、募兵制、府兵制、世兵制等，多数以农民为军队的主要成分。兵制的许多内容通过法律形式颁行，如唐朝的《卫禁律》《捕亡律》《擅兴律》《军防令》等，对军队的组织编制、番上宿卫、屯田戍边、兵役军赋、军队调发、军需补给、驿站通道、武器制造和配发、厩库管理等，都作了具体的规定。这一时期的帝王、政治家、军事家对兵制的研究和改革，推动了兵制建设不断发展。

2. 我国古代的边防和海防建设

边防和海防是国防建设的重要内容。我国古代的边防建设主要是修筑防御工程和实行实边、固边政策。著名的万里长城是我国古代构筑的以长城城墙为主体、与其他工程设施相结合的连续线式防御工程体系，是城池筑城体系的发展和运用。长城据险筑墙、关堡相连、烽燧相望、敌台林立、层层布防，在战国时期各诸侯国之间、秦统一之后国内民族之间的战争中，都发挥过重要的防御作用。

相关链接：

民族精神的象征——长城

西汉文帝、景帝时期，为防御匈奴的一再侵犯，积极推行实边固边的政策。一是在边关要地配置边防军，包括边境上的郡国兵和屯田兵，依靠边郡太守和都尉率兵防堵匈奴的进攻。二是输粟实边。文帝时，晁错提出奖励百姓输粟实边的政策，依百姓输粟多少，赐给一定的爵位或赦免其罪过，并令入粟者将粟运至长城沿线，待边境一带粮食充足后，再运至内地郡、县收藏。这一政策的实行有效地巩固了边防。三是徙民治边。组织徙民在边境要害之处建立城邑。由有才能、习风俗、知民心者充任首领。首领平时组织徙民训练，战时则率徙民抗击敌人。每个城邑都成为坚固的军事要塞，有效地加强了边境地区的防御。汉武帝驱逐匈奴后，在西北边境地区大量增设新郡，并实行大规模的军事屯田，使数十万边兵有警则战、无事则耕，戍卒无饥馁之忧，国家无转运之劳。屯戍军队与大量移民共同守边，且耕且守，较之"徙民实边"更为扎实有效。

我国古代的海防建设是从明代开始的。为防止倭寇的偷袭和骚扰，明王朝下令禁海，并在沿海的主要地段陆续修建了以卫城、新城为骨干，堡、寨、墩、烽燧和障碍物相结合的防御工程体系，有效地抗击了倭寇的侵扰。

（二）我国近代的国防

19世纪上半期，西方资本主义国家为了开辟新的销售市场和原料产地，加紧对外侵略扩张。他们抓住了中国"国防不固、军队不精"这一致命弱点，开始对中国进行赤裸裸的侵略。

从1840年鸦片战争到中华人民共和国成立100多年间，由于当时统治阶级的腐败衰落，国力日趋空虚，国防每况愈下，在外国列强弱肉强食的政策下，中华民族屡遭外敌侵略和欺辱。从1840年鸦片战争到1911年辛亥革命71年间，先后有英国、美国、法国、俄国、德国、瑞典、挪威、丹麦、荷兰、西班牙、比利时、意大利、奥地利、秘鲁、巴西、葡萄牙、日本、墨西哥和瑞士等国家的侵略者践踏过我国的国土，抢掠过我国的财物，屠杀过我们的同胞，参与过损害我国主权的罪恶活动。在此期间，外国侵略者还强迫腐败的清政府签订了500多个不平等条约，每个不平等条约都是对中国最野蛮的掠夺。香港被迫割让给英国，澳门被葡萄牙霸占，俄国侵吞了我国北方150多万平方千米的土地，日本占领了台湾及澎湖列岛，旅顺、胶州湾、广州湾等地成为帝国列强的租借地。据记载，在这500多个不平等条约中，几乎都要求中方支付赔款，少则数十万两，多则上亿两白银。列强的军事侵略，一个个强加在中国人头上的不平等条约，一次次的割地赔款，使中国在政治

鸦片战争打开中国封闭已久的国门，成为
中国近代史的开端

上、经济上、文化上蒙受了巨大屈辱和损失。当时中国1.8万多千米的海岸线上，竟找不到一个自己拥有主权的港口；外国商船和军舰可以在中国内河、领海任意航行，自由停泊于各个通商口岸；外国人在中国境内犯罪，中国政府无权审理；外国人在租界地实行殖民统治，形成了"国中之国"，外国人甚至控制了中国的警察权和外交权。整个中华民族美丽富饶的国土被帝国主义列强蹂躏得支离破碎。

1911年10月，武昌起义的枪声开启了中国辛亥革命的滚滚洪流。在伟大民主革命者孙中山领导下，辛亥革命推翻清王朝的腐朽统治，结束了中国绵延两千余年的封建统治。1921年7月，中国共产党正式宣告成立。从此，中国无产阶级有了自己的战斗司令部，中国人民救亡图存的革命斗争有了自己的组织者和领导者。1924年1月，中国国民党第一次全国代表大会的召开，标志着国民党改组的完成和国共合作的建立。国共合作的形成，加快了中国革命前进的步伐。同年5月，国共合作创办了中国国民党陆军军官学校，为未来战争培养了军事力量的骨干。1926年7月，中国人民在中国共产党和中国国民党合作领导下进行了反帝反封建的北伐战争，沉重打击了帝国主义和封建军伐的反动统治。

1931年9月18日，日本发动了"九一八"事变。面对日本的侵略，蒋介石政府却奉行"不战而败""攘外必先安内"的国防斗争策略，一味妥协退让，出卖民族利益，使东北大片国土迅速沦陷。1937年7月7日，日本发动"卢沟桥事变"，进一步扩大了对中国的侵略，中华民族到了生死存亡的紧要关头。中国共产党高举团结抗日的旗帜，肩负起民族的希望，领导全国人民进行了14年艰苦卓绝的抗战，终于取得了我国近代历史上第一次抗击外敌侵略的完全胜利。

军海泛舟

1924 年 5 月，孙中山在中国共产党和共产国际的积极支持与帮助下创办中国国民党陆军军官学校（简称黄埔军校）。黄埔军校建立以来，以孙中山的"创造革命军队，来挽救中国的危亡"为宗旨；以"亲爱精诚"为校训；以培养军事与政治人才，组成以黄埔学生为骨干的革命军，实行武装推翻帝国主义和封建军阀在中国的统治，完成国民革命为目的。军校采用军事与政治并重，理论与实践结合的教学方针，为中国革命培养了大批军事政治人才。广大黄埔师生在反帝反封建、争取国家统一与民族独立的斗争中立下了赫赫战功，为中国革命作出了重大贡献。

孙中山（中）在黄埔军校的开学典礼上发表重要演说

抗日战争胜利后，全国人民迫切需要一个和平安全的建设环境，但蒋介石政府背信弃义，妄图消灭中国共产党及其所领导的军队。中国共产党带领中国人民，经过解放战争，打倒了蒋介石反动政权，终于推翻了压在中国人民头上的"三座大山"，从此结束了 100 多年来中华民族有国无防的屈辱历史。

（三）国防历史的启示

纵观我国几千年的国防史，不难发现，国防的兴衰与各时期的政治、经济、军事状况是密切相关的。当统治阶级处于上升时期，政治清明、经济发展、军事强大、民族团结、国家统一的时候，国防就强盛；反之，当统治阶级走下坡路，政治腐败、经济凋敝、军事屡弱、民族分裂、国内混乱的时候，国防就削弱甚至崩溃。重温这一漫长的国防历史，我们可以从中得到有益的启示。

1. 经济是国防的物质基础

国防的强大有赖于经济的发展。早在春秋时期，齐国的政治家管仲就提出过"富国强兵"的思想。历代统治者无不把发展经济作为巩固国防、争夺霸权的重要措施。与此相反，各朝代的衰败、灭亡，几乎毫无例外是由于王朝后期政治腐败、经济落后，动摇了国防的根基，才使得政权易手。由此可见，只有保证了经济的强盛，才会有国防的强大，才能有政权的稳固、国家的安全。

2. 政治昌明是国防巩固的根本

政治与国防紧密相关，国家政策正确与否、国家的政治是否开明、国家制度是否进步，直接关系到国防能否巩固。我国古代凡是兴盛的时期和朝代都十分注意修明政治，实行比较开明的治国之策。秦原为西陲小国，自商鞅变法以后，修政治、明法度、发展生产，国力日渐强大，为统一六国奠定了基础；唐建立之初，百废待

兴，正是由于制定并实施了一系列行之有效的政治制度，国家很快从隋末的战争废墟中恢复过来，形成了国力昌盛、空前统一的大唐帝国。总之，国防的兴衰、王朝的更替、近代中国的百年国耻，都深刻地告诉我们，政治昌明是国防巩固的基础，是国家长治久安的根本保证。

3. 国家统一和民族团结是国防强大的关键

我国国防历史给予我们的另外一个重要启示就是，在面临外敌入侵、国家危亡关头，只有国家统一、民族团结、共同抵抗，才能筑起一道坚强的国防长城，取得反侵略战争的胜利。清王朝晚期，统治者在西方列强的进攻面前，不仅不敢发动反侵略战争，不依靠、不支持人民群众进行战争，反而认为"患不在外而在内""防民甚于防火"，对人民群众自发组织的反侵略斗争，实行镇压的方针，最终造成屡战屡败的恶果，割地赔款，逐步沦为半殖民地半封建社会。抗日战争时期，在中国共产党的倡导和组织下，建立了抗日民族统一战线，团结一切抗日力量，共同抗击侵略，最终取得了抗日战争的伟大胜利。历史证明，只有维护国家统一和民族团结，才能团结全国各族人民共御外侮，打败外来侵略者，使中华民族永久自立于世界民族之林。

4. 保持忧患意识是国防巩固发展的前提

古人云："安而不忘危，存而不忘亡，治而不忘乱。"居安思危方能有备无患。唐代诗人杜荀鹤有这样一首诗："泾溪石险人兢慎，终岁不闻倾覆人。却是平流无石处，时时闻说有沉沦。"表明在似乎平流无险的情况下，人们往往容易失去戒备，从而惨遭"沉沦"之灾。和平环境的客观存在容易使人忘却忧患，沉湎于和平景象之中，滋生和平麻痹的思想，从而埋下了沦亡的祸根。"天下虽安，忘战必危"，历史的教训告诫我们，时刻保持忧患意识，真正构筑起心中的长城，国防才能巩固和发展。

五、新时代国防观

一个时代有一个时代的国防观，新时代更呼唤"大国防"观。

习近平总书记在党的十九大报告中明确指出："我们的军队是人民军队，我们的国防是全民国防。我们要加强全民国防教育，巩固军政军民团结，为实现中国梦强军梦凝聚强大力量。"建设与我国国际地位相称、国家安全和发展利益相适应的巩固国防和强大军队，就要树立与之相适应的国防观。

（一）增强新时代国防意识的必要性

走进新时代，我们在为"中国奇迹"举国欢庆的同时，不能忘却"中国安全"这个发展的底线。没有强烈的战略清醒、强大的国防支撑，就没有安全的生存与发展环境。从陆地到太空、深海，从有形的陆海空域到无形的网络空间，从实体边疆到利益边疆，中国的国防早已不仅仅是那条长长的陆地边界线——国家安全在哪里受到威胁，哪里就是国家安全的边界。

如果说国防是民族生存之盾，那么国防意识就是民族生存之魂。增强忧患意识，做到居安思危、知危图安，中国特色社会主义道路才会越走越宽广。强烈的国防意识是一种重要的精神力量，是遏止战争、威慑敌人的重要因素。正如孙中山所说："所谓固国家不以山溪之险，威天下不以兵革之利，其道何在？精神为也。"先驱者昭示我们，一个国家的国防巩固与否不应只以"山溪之险，兵革之利"来衡量，还应看其国民的国防意识和精神状态如何。

国防现代化要求国防意识现代化，呼唤国民牢固确立现代国防意识。国防意识在不同的历史时期呈现出不同的时代特征。当代中国正处在决胜全面建成小康社会，夺取新时代中国特色社会主义伟大胜利征程中。与之相适应，我国国民的国防意识也应当具有新的时代特征。

由于历史和现实的种种原因，实际生活中国防意识落后状况亟须改变：有的把国防仅仅看作军队的事，认为只有军人才需要有国防意识；有的把国防简化为战备，把国防意识与战备观念等同起来；有的把国防看作有关部门的事，确立国防意识只是对社会某些部门的要求，甚或把国防建设与经济建设对立起来；还有的虽然有强烈的国防意识，却不能区分传统与现代之别，一讲爱国主义，就讲传统"家国分离"的、以牺牲个人和家庭利益来"忠于君主、报效朝廷"的封建爱国主义，而很少讲建立在近现代"家国统一"国家观基础上的爱国主义，很少讲中国共产党人创造的以"保家卫国"为核心的现代爱国主义。这种落后、片面的国防观念，显然不能适应新时代全面推进国防和军队现代化建设的要求。

（二）增强新时代国防意识的现实性

现代国防意识以现代国家观、现代爱国主义为基础，是一种"大国防"意识，这种国防意识是民众的公共道德之一。从世界范围看，发达国家大多实行全民保卫方针，从军事、科技、经济、文化、外交诸方面综合施策，通过各种途径提高国防软实力，应付世界各种风浪的冲击。今天，一些国家不遗余力地倡导"大国防"，就是为了用现代国防意识统一民众的意志力、爱国心和责任感，不断提高综合国力和战争潜力水平，以适应全球化时代国防建设及新军事革命的发展态势，适应国防文化在全球范围内交流、渗透和碰撞的发展态势。这是一种深刻的、自觉的现代国防意识，更加有利于捍卫和发展国家的根本利益。

环视全球，世界新军事革命风起云涌，战争形态加速向信息化演变，中国面临的威胁和风险挑战更加严峻，各种矛盾异常尖锐复杂。面对国家安全环境的深刻变化，面对强国强军的时代要求，全社会都应当自觉参与国防后备力量建设，树立适应世界新军事革命发展趋势和国家安全需求的国防意识。按照党的十九大报告的要求，加快形成全要素、多领域、高效益的军民融合深度发展格局，发挥社会主义制度能够集中力量办大事的政治优势，努力建设与国家利益发展相适应的巩固国防和强大军队，实现经济建设和国防建设综合效益最大化，促进经济建设和国防建设协调发展、平衡发展、兼容发展。

第二节　国防法规

国防法规是指国家为了加强防务，尤其是加强武装力量建设，用法律形式确定并以国家强制手段保证其实施的行为规则的总称。国防法规是由特定的国家机关根据法定权限和程序制定的，是国家法制的重要组成部分，也是国防和军队建设的重要内容。

一、国防法规体系

国防法规体系是指由各个层次、不同门类的国防法律规范构成的相互联系、相互制约和协调的有机整体。各个层次表示国防法律规范之间的纵向关系，不同门类表征着国防法律规范之间的横向关系。

在纵向关系上，依据宪法规定和立法权力及立法原则，我国现行的国防法规体系区为四个层次：第一是法律。由全国人民代表大会及其常务委员会制定的关于国防和武装力量建设的法律，如《中华人民共和国国防法》《中华人民共和国兵役法》《中华人民共和国国防动员法》《中华人民共和国国防教育法》《中华人民共和国人民防空法》《中华人民共和国军事设施保护法》《中华人民共和国现役军官法》《中华人民共和国预备役军官法》等。第二是法规。由中央军事委员会制定的为军事法规，由国务院制定或国务院与中央军事委员会联合制定的为军事行政法规，有关国防建设的行政法规可以由国务院总理、中央军事委员会主席共同签署，由国务院、中央军事委员会公布。第三是规章。由中央军事委员会机关部门（原各总部）、战区、军兵种、中国人民武装警察部队制定的为军事规章，由国务院有关部委与中央军事委员会有关机关部门（原有关总部）联合制定的为军事行政规章。第四是地方性法规。由各省、自治区、直辖市人民代表大会及其常务委员会制定的贯彻执行国家国防法规的实施办法、实施细则、补充规定等。

在横向关系上，依据国防活动的领域，可以将国防法律规范划分为十六个门类：一是国防基本法类；二是国防组织法类；三是兵役法类；四是军事管理法类；五是军事刑法类；六是军事诉讼法类；七是国防经济法类；八是国防科技工业法类；九是国防动员法类；十是国防教育法类；十一是军人权益保护法类；十二是军事设施保护法类；十三是特别行政区驻军法类；十四是紧急状态法类；十五是战争法类；十六是对外军事关系法类。不同门类的国防法规调整、规范国防和军事活动的领域不同。

二、有关国防法律介绍

（一）《中华人民共和国国防法》

国防法是调整国防领域社会关系的法律。《中华人民共和国国防法》是指导和规范中华人民共和国国防活动的基本法律依据。

《中华人民共和国国防法》（以下简称《国防法》）于1997年3月14日由第八届全国人民代表大会第五次会议通过，根据2009年8月27日第十一届全国人民代表大会常务委员会第十次会议《关于修改部分法律的决定》修正。该法共12章70条，主要规定了国防活动的基本原则，国家机构的国防职权，武装力量的构成、任务和建设，国防动员和战争状态，公民、组织的国防义务和权利，对外军事关系等。《国防法》是根据宪法而制定的一部综合性的调整和规范我国国防与武装力量建设的基本部门法，亦称基本法。这部法律的制定，是新中国成立以来我国国防领域最重要的立法活动，也是巩固我国国防建设的必然要求。

《国防法》

（二）《中华人民共和国兵役法》

兵役法是国家关于公民参加军事组织或在军事组织之外承担军事任务，接受军事训练的法律。《中华人民共和国兵役法》（以下简称《兵役法》）是规范中华人民共和国公民履行兵役义务的基本法律依据。

中国共产党和中国政府历来重视兵役法制建设。早在新民主主义革命时期，中国共产党领导的各革命根据地、抗日根据地、解放区政府曾颁布有兵役内容的法律、法令和条例，对参加人民军队者的年龄、身体条件、出身成分和军人的优抚等均有明确规定，但没有制定专门的兵役法。中华人民共和国成立后，于1955年7月30日经第一届全国人民代表大会第二次会议通过，颁布了我国历史上第一

《兵役法》

部社会主义类型的兵役法。2011年10月29日，第十一届全国人民代表大会常务委员会第二十三次会议对《兵役法》进行了第三次修订。

新修订的《兵役法》共12章74条，主要内容有：总则、平时征集、士兵的现役和预备役、军官的现役和预备役、军队院校从青年学生中招收的学员、民兵、预备役人员的军事训练、普通高等学校和普通高中学生的军事训练、战时兵员动员、

现役军人的待遇和退出现役的安置、法律责任、附则等。

(三)《中华人民共和国国防教育法》

《国防教育法》

国防教育法是国家关于在社会组织和公民中普及和加强国防教育的法律。国防教育法在一国国防法体系中占有重要地位，是国防法体系中的基本法和部门法。

《中华人民共和国国防教育法》（以下简称《国防教育法》）于2001年4月28日由第九届全国人民代表大会常务委员会会第二十一次会议通过，根据2018年4月27日第十三届全国人民代表大会常务委员会第二次会议《关于修改〈中华人民共和国国境卫生检疫法〉等六部法律的决定》修正。该法共6章38条。《全国人民代表大会常务委员会关于设立全民国防教育日的决定》是对《国防教育法》的补充，2001年8月31日由第九届全国人民代表大会常务委员会第二十三次会议通过，确定每年9月第三个星期六为全民国防教育日。

《国防教育法》是我国第一部全面调整和规范国防教育的重要法律。根据立法的指导思想，《国防教育法》明确了国防教育是建设和巩固国防的基础，是增强民族凝聚力、提高全民素质的重要途径；明确了国防教育贯彻全民参与、长期坚持、讲求实效的方针，实行经常教育与集中教育相结合、普及教育与重点教育相结合、理论教育与行为教育相结合的原则；要求针对不同对象确定相应的教育内容分类组织实施；明确了国防教育的领导体制和各级国防教育工作机构的职责；确定国家设立全民国防教育日。同时，《国防教育法》还对学校国防教育、社会国防教育、国防教育的保障以及法律责任都作了明确规定。可以说，这部法律的制定，集中反映了各方面的意见和建议，充分体现了广大人民群众的意愿，为全民国防教育健康、持久、深入地开展下去，提供了可靠的法律保障。

三、公民的国防权利和义务

公民的国防权利是指宪法和法律赋予公民在国防活动中享有的权利或利益。国家从法律和物质上保障公民和组织享有这种权利的可能性。公民的国防义务是指由宪法和法律规定的公民在国防方面应当履行的责任。国防义务是法定义务和法律义务。每一个公民都享有相应的国防权利，也必须履行相应的国防义务。

(一)公民的国防权利

根据《国防法》的规定，公民享有以下三个方面的国防权利。

1. 国防建设建议权

《国防法》第五十四条规定，公民和组织有对国防建设提出建议的权利。所谓建议权，就是公民有权对国防建设的指导思想、方针原则、规章制度、措施方法等提出改进意见。此项权利是公民依照宪法相应的对国家事务的建议权在国防建设方面的体现。

2. 制止、检举危害国防行为权

《国防法》第五十四条规定，公民和组织"有对危害国防的行为进行制止或者检举的权利"。所谓制止权，就是公民有权采取一定的方式方法使危害国防的行为停止下来，从而维护国防利益。所谓检举权，就是在危害国防的行为发生以后，公民有权进行揭发。对违法犯罪行为进行制止、检举是公民享有的一项普遍性权利，在国防领域也不例外。国家和社会保护行使此项权利的公民，使之免予因行使此项权利而受到打击报复或其他损害。

3. 损失补偿权

《国防法》第五十五条规定，公民和组织因国防建设和军事活动在经济上受到直接损失的，可以依照国家有关规定取得补偿。但必须明确的是，有些补偿措施是在战后落实的，不能把预先得到补偿作为接受动员和接受征用的条件。

（二）公民的国防义务

我国的国防法规赋予公民的国防义务主要有以下六项。

1. 维护国家统一和安全的义务

《宪法》第五十二条规定，中华人民共和国公民有维护国家统一和全国各民族团结的义务。维护国家统一主要是指维护国家领土的完整，任何公民都不得破坏、变更和以其他各种形式分裂肢解国家领土；维护国家政权的统一，不允许任何公民以各种方式分裂国家政权，破坏国家的统一，不允许任何人以任何方式把国家主权割让给外国。《宪法》第五十四条规定，中华人民共和国公民有维护祖国的安全、荣誉和利益的义务，不得有危害祖国的安全、荣誉和利益的行为。维护国家的安全主要是指维护国家的领土、主权不受侵犯，国家各项机密得以保守，社会秩序不被破坏。履行维护国家统一和安全这项义务，就是要求每一个公民都有高度的爱国主义精神和积极的爱国主义行动，以国家利益为最高利益，自觉维护祖国统一、安全、荣誉和利益。

2. 履行兵役的义务

《国防法》第五十条规定，依照法律服兵役和参加民兵组织是中华人民共和国公民的光荣义务。《兵役法》第三条规定，中华人民共和国公民，不分民族、种族、职业、家庭出身、宗教信仰和教育程度，都有义务依照本法的规定服兵役。按照《兵役法》的规定，兵役分为现役和预备役。参加民兵组织、服

青年大学生应征入伍服兵役

预备役以及普通高等学校和普通高中学生参加军事训练，是我国应征公民在军队之外履行兵役义务的普遍形式。

相关链接：

当兵，有志青年的光荣担当

3. 接受国防教育的义务

《国防法》第五十二条规定，公民应当接受国防教育。《国防教育法》第五条进一步强调，中华人民共和国公民都有接受国防教育的权利和义务。国防教育是建设和巩固国防的基础，是增强民族凝聚力、提高全民素质的重要途径。普及和加强国防教育是全社会的共同责任，自觉接受国防教育是公民应尽的义务。

4. 支前参战的义务

根据《宪法》和《兵役法》的规定，在战争发生时，为了对付敌人的突然袭击，抵抗侵略，各级人民政府、各级军事机关，在平时做好战时兵员动员的准备工作。现役军人必须遵守军队的条令和条例，忠于职守，随时为保卫祖国而战斗。预备役人员必须按照规定参加军事训练、执行军事勤务，随时准备参军参战，保卫祖国。

5. 保护军事设施的义务

《中华人民共和国军事设施保护法》第四条明确规定，中华人民共和国的所有组织和公民都有保护军事设施的义务。禁止任何组织或者个人破坏、危害军事设施。任何组织或者个人对破坏、危害军事设施的行为，都有权检举、控告。根据《中华人民共和国军事设施保护法》和国家其他有关保护军事设施规定的要求，公民应当自觉遵守各类军事设施的保护规定。

6. 保守国防秘密的义务

《宪法》第五十三条规定，中华人民共和国公民必须遵守宪法和法律，保守国家秘密。《中华人民共和国保守国家秘密法》规定，国家秘密关系国家的安全和利益，一切国家机关、武装力量、政党、社会团体、企事业单位和公民都有保守国家秘密的义务。

第三节　国防建设

国防建设是指为国家安全利益需要，提高国防能力而进行的各方面的建设。国防建设内容主要包括武装力量建设、人员动员准备、战场准备、战略物资储备、国防事业建设、国防科学技术研究以及对人民群众进行国防教育和军事训练等。

一、国防领导体制

国防领导体制是指国防领导的组织体系及相应制度。它包括国防领导机构的设置、职权划分、相互关系等。它是国家政权组织形式和机构的重要组成部分。一般设有最高统帅、最高国防决策机构、国家行政机关中管理国防事务的部门、武装力量领导指挥系统等。根据《宪法》和《国防法》，我国的国防领导职权由以下机构行使。

（一）中共中央的国防领导职权

中华人民共和国的武装力量受中国共产党的领导。党的中央军事委员会和国家的中央军事委员会的组成人员对军队的领导职能完全一致。中央军委实行主席负责制，中央军委主席即为全国武装力量的统帅。

（二）全国人民代表大会及其常务委员会的国防职权

全国人民代表大会（以下简称全国人大）选举中央军委主席，根据中央军委主席的提名，决定中央军委其他组成人员的人选，决定战争与和平的问题，并行使宪法规定的国防方面的其他职权。全国人民代表大会常务委员会（以下简称全国人大常委会）在全国人民代表大会闭会期间决定战争状态的宣布，决定全国总动员或局部动员，并行使宪法规定的国防方面的其他职权。

（三）国务院在国防方面的职权

国务院设有国防部以及其他与国防建设事业有关的部门。国务院的职权有领导和管理国防建设事业，编制国防建设发展规划和计划，制定国防建设方面的方针、政策和行政法规，管理国防经费和国防资产，领导和管理国防科研生产，领导和管理国民经济动员工作和人民武装动员、人民防空、国防交通等方面的有关工作，领导和管理拥军优属和退役军人安置工作，领导国防教育工作，并行使法律规定的与国防建设事业有关的其他职权。

军海泛舟

2018年3月17日，作为国务院组成部门的退役军人事务部正式成立。新组建的退役军人事务部主要职责是：拟订退役军人思想政治、管理保障等工作政策法规并组织实施，褒扬彰显退役军人为党、国家和人民牺牲奉献的精神风范和价值导向，负责军队转业干部、复员干部、退休干部、退役士兵的移交安置工作和自主择业退役军人服务管理、待遇保障工作，组织开展退役军人教育培训、优待抚恤等，指导全国拥军优属工作，负责烈士及退役军人荣誉奖励、军人公墓维护以及纪念活动等。

（四）国家主席在国防方面的职权

国家主席根据全国人大及其常委会的决定，宣布战争状态，发布动员令，并行使宪法规定的国防方面的其他职权。

（五）中央军事委员会在国防方面的职权

中央军委领导和统一指挥全国武装力量，决定军事战略和武装力量的作战方针，领导和管理中国人民解放军的建设，向全国人大或者全国人大常委会提出议案，制定军事法规，发布决定和命令，决定中国人民解放军的体制和编制，任免、培训、考核和奖惩武装力量成员，批准武器装备体制和发展规划、计划，并行使法律规定的其他职权。

2016年1月，军委机关调整组建，按照"军委管总、战区主战、军种主建"的总原则，把总部制改为多部门制，由原来的总参谋部、总政治部、总后勤部、总装备部4个总部，改为军委办公厅、军委联合参谋部、军委政治工作部、军委后勤保障部、军委装备发展部、军委训练管理部、军委国防动员部、军委纪律检查委员会、军委政法委员会、军委科学技术委员会、军委战略规划办公室、军委改革和编制办公室、军委国际军事合作办公室、军委审计署、军委机关事务管理总局15个职能部门。

中国人民解放军五大战区示意图

2016年2月1日，中国人民解放军新战区成立，由原北京军区、沈阳军区、济南军区、南京军区、成都军区、兰州军区、广州军区七大军区，改为东部战区、南部战区、西部战区、北部战区、中部战区五大战区。组建战区联合作战指挥机构，是党中央和中央军委着眼实现中国梦强军梦作出的战略决策，是全面实施改革强军战略的标志性举措，是构建我军联合作战体系的历史性进展，对确保我军能打仗、打胜仗，有效维护国家安全，具有重大而深远的意义。

（六）国家安全委员会在国防方面的职能

2013年11月12日，中国共产党十八届三中全会公报提出将"设立国家安全委员会，完善国家安全体制和国家安全战略，确保国家安全"。2014年1月24日，中共中央政治局会议决定，中央国家安全委员会由习近平任主席，李克强、张德江任副主席，下设常务委员和委员若干名。国家安全委员会的设立有利于提高国家在面临各种安全危机和挑战时的应变能力，也代表着我国在捍卫国家安全和国家利益方面的决心与意志。设立国家安全委员会是维护外部安全的重要内容。国家安全委员会既有对内职能，也有对外职能，与国家的外部安全休戚相关，具有统筹国内和国际两个大局、整合对内对外事务的内外兼顾特点。2018年4月17日，中央国家安全委员会主席习近平主持召开第十九届中央国家安全委员会第一次会议并发表重要讲话。习近平主席指出，要加强党对国家安全工作的集中统一领导，正确把握当前国家安全形势，全面贯彻落实总体国家安全观，努力开创新时代国家安全工作新局面，为实现"两个一百年"奋斗目标、实现中华民族伟大复兴的中国梦提供牢靠安全保障。

二、国防战略和国防政策

国防战略是对国防建设和运用综合国力维护国家安全，实现国防目标的总体构想，取决于国家战略和国家政策，最终体现国家利益。国防战略的优劣直接关系国防建设的发展，乃至战争胜负、国家存亡、民族兴衰。国防政策是指国家进行国防建设和使用国防力量的准则，是国防建设和国家安全的政治与制度保证。国防政策有鲜明的阶级性，不同的国家有不同的国防政策。中国的国防政策是由中国的发展道路、根本任务、对外政策和历史文化传统等因素决定的。中国奉行防御性的国防政策。

面对复杂多变的安全环境，中国人民解放军坚决履行新时代新阶段的历史使命，拓展国家安全战略和军事战略视野，立足打赢信息化局部战争，积极运筹和平时期武装力量运用，有效应对多种安全威胁，完成多样化军事任务。现阶段中国国防的目标和任务，主要有以下四个方面的内容。

（一）维护国家主权、安全、发展利益

防备和抵抗侵略，保卫领陆、内水、领海、领空的安全，维护国家海洋权益，维护国家在太空、电磁、网络空间的安全利益。反对和遏制"台独"，打击"东突""藏独"等分裂势力，捍卫国家主权和领土完整。服从服务于国家发展战略和安全战略，维护国家发展的重要战略机遇期。贯彻新时期积极防御的军事战略方针，坚持独立自主和全民自卫原则，加强武装力量建设和边防、海防、空防建设，加强国家战略能力建设。中国始终奉行不首先使用核武器的政策，坚持自卫防御的核战略，不与任何国家进行核军备竞赛。

（二）维护社会和谐稳定

中国武装力量忠实践行全心全意为人民服务的宗旨，积极参加和支援国家经济社会建设，依法维护国家安全和社会稳定。发挥人才、装备、技术、基础设施等方面的有利条件，为地方基础设施和重点工程建设、扶贫帮困和改善民生、生

态环境建设贡献力量。科学组织非战争军事行动准备，针对面临的非传统安全威胁搞好战略预置，加强应急专业力量建设，提高遂行反恐维稳、应急救援、安全警戒任务的能力。坚决完成抢险救灾等急难险重任务，保护人民群众生命财产安全。把维护社会大局稳定作为重要任务，坚决打击敌对势力颠覆破坏活动，打击各种暴力恐怖活动。发扬拥政爱民光荣传统，严格遵守国家政策法规，巩固军政军民团结。

（三）推进国防和军队现代化

着眼 2020 年基本实现机械化并使信息化建设取得重大进展的目标，坚持以机械化为基础，以信息化为主导，广泛运用信息技术成果，推进机械化、信息化复合发展和有机融合。拓展和深化军事斗争准备，牵引和带动现代化建设整体发展。深化信息化条件下联合作战理论研究，推进高新技术武器装备建设，发展新型作战力量，着力构建信息化条件下联合作战体系。深入推进机械化条件下军事训练向信息化条件下军事训练转变，加紧实施人才战略工程，加大全面建设现代后勤力度，提高以打赢信息化条件下局部战争能力为核心的完成多样化军事任务能力，全面履行新世纪新阶段军队历史使命。统筹经济建设和国防建设，实行军民融合式发展，建立完善军民结合、寓军于民的武器装备科研生产体系、军队人才培养体系和军队保障体系。积极稳妥地深化国防和军队改革，加强战略筹划和管理，努力推进国防和军队建设科学发展。

（四）维护世界和平稳定

坚持互信、互利、平等、协作的新安全观，主张用和平方式解决地区热点问题和国际争端，反对任意使用武力或以武力相威胁，反对侵略扩张，反对霸权主义和强权政治。按照和平共处五项原则开展对外军事交往，发展不结盟、不对抗、不针对第三方的军事合作关系，推动建立公平有效的集体安全机制和军事互信机制。坚持开放、务实、合作的理念，深化国际安全合作，加强与主要国家和周边国家的战略协作与磋商，加强与发展中国家的军事交流与合作，参加联合国维和行动、海上护航、国际反恐合作和救灾行动。支持按照公正、合理、全面、均衡的原则，实现有效裁军和军备控制，维护全球战略稳定。

相关链接：
2018 年中国国际军事合作亮点回眸

三、国防现代化建设的成就

新中国成立以来，在党中央、中央军委领导下，国防建设取得了巨大成就，逐步建立起了具有中国特色的现代化国防体系。

（一）铸造了一支现代化人民军队

习近平总书记在党的十九大报告中强调，实现党在新时代的强军目标，把人民军队全面建成世界一流军队。这一强军目标，是新时代我们党建军治军的总方略，是加强军队建设、改革和军事斗争准备的根本遵循和方向引领。建设强大的人民军队是我们党的不懈追求。"没有一个人民的军队，便没有人民的一切。"为建设强大的人民军队，我们党在各个历史时期，都根据形势任务的变化提出明确的目标要求，引领我军建设不断向前发展。毛泽东在新中国成立后，领导制定了"建设优良的现代化革命军队"的总方针；改革开放之后，邓小平提出"建设强大的现代化、正规化的革命军队"的总目标；在新的历史时期，江泽民提出"政治合格、军事过硬、作风优良、纪律严明、保障有力"的总要求；胡锦涛提出按照革命化、现代化、正规化相统一的原则加强军队建设的重要思想。这些重要理论引领我军革命化、现代化、正规化建设不断取得重大成就。习近平总书记提出党在新时代的强军目标，是对我国由大向强发展阶段军队建设目标任务的新概括新定位，明确了我军发展的战略指导，开启了新时代强军事业的新征程。

（二）形成了门类齐全、综合配套的国防科技工业体系

国防科技是衡量一个国家综合国力的重要标志之一，也是国防现代化建设的一个重要方面。经过几十年的建设和发展，我国的国防科技工业经历了从无到有、从小到大、从落后到先进的过程，建立起电子、船舶、兵器、航空、航天和核能等门类齐全、综合配套的科研实验生产体系，取得了巨大成就。

在军事电子方面，逐步发展成为具有相当规模、门类齐全的新兴工业部门，特别是在指挥自动化、情报侦察、预警探测、电子对抗和通信等方面，为我军提供了各种新式装备和产品，进一步增强了部队侦察、通信、指挥和作战能力；在船舶工业方面，先后自行研制建造了核动力潜艇、常规潜艇、导弹驱逐舰、导弹护卫舰、导弹快艇、航空母舰等作战舰艇，以及各种辅助船舶和新型鱼雷、水雷、反水雷等新装备；在兵器工业方面，研制生产了一大批具有先进性能的坦克、装甲车辆、火炮、弹药、轻武器、军用光电器材和综合火控、指挥系统等新型武器装备；在航空工业方面，已能够生产歼击机、轰炸机、直升机、运输机、教练机等，基本满足了海、空军作战和飞机训练的需要；在航天科技工业方面，已拥有地地、地空、海空和空空导弹武器系统，运载火箭、各种应用卫星的研制和实验能力以及各种应用卫星的发射能力，在世界高技术领域占有一席之地；在核工业方面，我国不仅可

歼-20隐形歼击机

以生产制造原子弹、氢弹，还掌握了核潜艇技术，形成了我国的核威慑力量，在和平利用核能方面，我国也取得了突破性进展。

（三）建立了完善的国防动员体制

新中国成立后，经过几十年的建设，国防动员体制得到进一步发展和完善。1994 年 11 月 29 日成立国家国防动员委员会，2010 年 2 月 26 日颁布《中华人民共和国国防动员法》，该法的颁布施行，对健全适应经济社会发展的国防动员体制机制，科学规范各级政府、军事机关、公民和组织在国防动员活动中的责任、权利和义务，依法加强和保障国防动员建设，都起到了积极的推动作用。2016 年 1 月 11 日，作为军委主管国防动员和后备力量建设的职能部门——军委国防动员部成立，在人民军队历史上写下了新的一页。

建设世界一流军队，需要世界一流的国防动员作支撑、作保障。2017 年 10 月 18 日，习近平总书记在党的十九大报告中作出"完善国防动员体系"战略部署。这既是强国强军的重大举措，也是全党全军的政治责任，更是国防动员系统面临的现实而紧迫的使命课题。完善国防动员体系是一项系统工程，必须在继承中发展，在发展中创新。新形势下的国防动员建设，必须以服务于国家总体安全战略，保障战区战略方向安全需求，适应遂行抢险救灾、维权维稳行动需要，服务于军民融合发展战略的使命任务为牵引，着眼构建与国防和军队现代化建设"三步走"战略目标相一致、具有中国特色的新型国防动员体系。

（四）国防后备力量建设得到了较大发展

《兵役法》第二条规定："中华人民共和国实行义务兵与志愿兵相结合、民兵与预备役相结合的兵役制度。"义务兵与志愿兵相结合，是常备军的兵役制度；民兵与预备役相结合，是后备力量的兵役制度，也就是国防后备力量建设的基本制度。

党的十一届三中全会以来，民兵、预备役工作不断在调整中完善，在探索中开拓，在改革中提高。我国后备力量在编制规模、军政素质、动员速度、反应能力等方面都达到了一定水平。中国人民解放军预备役部队组建于 1983 年，是以现役军人为骨干，以预备役军官、士兵为基础，按统一编制为战时实施成建制快速动员而组建起来的部队。其师团已纳入军队建制序列，授有番号军旗。预备役部队平时隶属省军区，战时动员后归指定的现役部队指挥。在预备役军官中，有些是地方党政领导干部。组建预备役部队是实施成建制快速动员的好形式，是提高储备质量的好办法，是节约军费开支、加强国防建设的好措施。

四、军民融合发展

军民融合就是把国防和军队现代化建设深度融入经济社会发展体系中，全面推进经济、科技、教育、人才等各个领域的军民融合，在更广范围、更高层次、更深程度上把国防和军队现代化建设与经济社会发展结合起来，为实现国防和军队现代化提供丰厚的资源和可持续发展的后劲。

新中国成立以来，我们党在领导国防和军队建设实践中，始终致力于探索军民结合、寓军于民的路子。1956年，毛泽东在最高国务会议上第一次提出了"军民两用"问题，强调国防工业生产要有两套设备，平时为民用生产，一旦有事，就可以把民用生产转化为军用生产。1982年，邓小平针对我国军工自成体系、军民分制状况，提出国防工业要贯彻"军民结合、平战结合、军品优先、以民养军"的方针，强调军工体制必须"结束另一个天地的时代"。进入20世纪90年代，江泽民提出了"寓军于民"思想，并把寓军于民作为创建国防科技工业新体制的核心内容。新世纪新阶段，胡锦涛明确提出"走出一条中国特色军民融合式发展路子"重大战略思想，把"军民结合、寓军于民"拓展到经济、科技、教育、人才、社会服务等各个领域，从而在更广范围、更高层次、更深程度上把国防和军队现代化建设融入经济社会发展体系中，书写了强军与富国并举的辉煌篇章。2015年，习近平总书记首次提出把军民融合发展上升为国家战略。当前，坚定实施军民融合发展战略，要立足中国特色社会主义进入新时代这一新的历史方位，拓宽战略视野，创新战略指导，创新制度设计，把军民融合打造为国家由富向强的"加速器"，塑造成为强国的基础性机制和制度安排。

回顾我党90多年的奋斗历程，我党历来重视在不同历史时期适应不同时代内涵，有效处理"军"与"民"的关系，凝聚起"军"与"民"的强大合力，推动中国革命和建设事业顺利发展。在中国特色社会主义新时代，军民融合重在实现"一体化"，承载起支撑强国、促进强军、提升国际竞争力的三重历史使命。

军民共下一盘棋

党的十八大以来，以习近平同志为核心的党中央高度重视军民融合发展，把军民融合发展上升为国家战略，充分发挥我国社会主义制度能够集中力量办大事的政治优势，不断开创军民融合深度发展新局面。2017年1月22日，中央军民融合发展委员会正式成立，由习近平任主任，通过加强战略指导和规划统筹，使我国军民融合发展进入提速增效的快车道。在领导我国军民融合发展的伟大实践中，习近平就新时代军民融合发展作出一系列重要论述，明确了军民融合在党的指导思想中的重要地位，构成习近平新时代中国特色社会主义思想特别是习近平强军思想的重要内容。

军海泛舟

习近平总书记在党的十九大报告中指出："坚持富国和强军相统一，强化统一领导、顶层设计、改革创新和重大项目落实，深化国防科技工业改革，形成军民融合深度发展格局，构建一体化的国家战略体系和能力。"这是以习近平同志为核心的党中央着眼新时代坚持和发展中国特色社会主义，着眼国家发展和安全全局作出的重大战略部署。我们要坚持以习近平新时代中国特色社会主义思想为指导，全面贯彻习近平强军思想，深入实施军民融合发展战略，在新的起点上开创军民融合发展新局面，为实现中国梦强军梦提供坚强有力支撑。

第四节　武装力量

武装力量（即军队）是一个组织（部落、民族、国家、同盟），出于自身防卫的需要而组建的用武器装备起来的人与动物和机器的总称。从存在的理由看，它的首要任务是防守，其次是进攻。国家的武装力量对内用以维护统治阶级的利益，对外有震慑他国、保卫领土、对外扩张的作用，由国家统治阶级建立、维持和控制。

一、人民军队的性质、宗旨和任务

中国人民解放军是中国共产党缔造和领导的，用马克思列宁主义、毛泽东思想、邓小平理论、"三个代表"重要思想、科学发展观、习近平新时代中国特色社会主义思想武装的人民军队，是中华人民共和国的武装力量，是人民民主专政的坚强柱石。紧紧地和人民站在一起，全心全意为人民服务，是这支军队的唯一宗旨。中国人民解放军必须始终不渝地保持人民军队的性质，忠于党，忠于社会主义，忠于祖国，忠于人民。中国人民解放军的任务是巩固国防，抵抗侵略，保卫祖国，保卫人民的和平劳动，参加国家建设事业。中国人民解放军在新时代的使命任务是坚决维护中国共产党的领导和中国特色社会主义制度，坚决维护国家主权、安全、发展利益，坚决维护国家发展的重要战略机遇期，坚决维护地区与世界和平，为实现"两个一百年"奋斗目标、实现中华民族伟大复兴的中国梦提供战略支撑。

二、人民军队的光辉战斗历程

"我们的队伍向太阳，脚踏着祖国的大地，背负着民族的希望"。回顾人民军队所走过的光辉历程，我们深切地感受到，在中国共产党的领导下，人民军队的胜利，是其宗旨和人民性所赋予的，人民军队的胜利之路，是为了人民的利益不怕牺牲、浴血奋战之路，是发扬党的三大作风，艰苦奋斗、自力更生之路。人民军队的光辉战斗历程，展现了中国人民求生存求发展，自立于世界民族之林的意志和能力，也为世界军事历史留下了独领风骚的丰厚遗产。

（一）土地革命战争中创建成长

近代中国长期处在半殖民地半封建社会，中华民族处在积贫积弱、内忧外患的苦难深渊，中国人民处在饥寒交迫、民不聊生的悲惨境地。无数志士仁人前仆后继、不懈探索，寻求救国救民道路，却在很长时间内都抱憾而终。1921 年 7 月，中国共产党宣告成立，中国革命的面貌从此焕然一新。在我们党和共产国际的推动下，1924 年国共两党第一次实现合作，发动了推翻北洋军阀的北伐战争。然而，正当大革命如火如荼的时候，国民党反动派背叛革命、背叛人民，向中国共产党人和革命群众举起了血腥的屠刀。一时间，神州大地笼罩在腥风血雨中，中国共产党面临被赶尽杀绝的严重危险，中国革命处于命悬一线的紧要关头。在严酷的斗争和血的教训中，我们党深刻认识到，没有革命的武装就无法战胜武装的反革命，就无法担起领导中国革命的重任，就无法夺取中国革命的胜利，就无法改变中国人民和中华民族的命运。

1927 年 8 月 1 日，南昌城头一声枪响，拉开了我们党武装反抗国民党反动派的大幕。南昌城头的枪声，像划破夜空的一道闪电，使中国人民在黑暗中看到了革命的希望，在逆境中看到了奋起的力量。南昌起义连同秋收起义、广州起义以及其他许多地区的武装起义，标志着中国共产党独立领导革命战争、创建人民军队的开端，开启了中国革命新纪元。

"南昌起义"宣传展

在土地革命战争时期，这支弱小的人民武装与帝国主义支持的、在装备和数量上占绝对优势的国民党军队进行了殊死战斗，多次粉碎了敌人的重兵"围剿"，即便是遭遇重大挫折甚至几近覆灭，却始终保持坚定的革命信念、昂扬的战斗意志，克服世所罕见的艰难与曲折，长驱两万五千里，在世界战争历史上树立了一座史无前例的丰碑。

（二）抗日烽火中经受锤炼

1931 年，日本帝国主义悍然制造"九一八"事变，强占我国东北。1937 年 7 月 7 日，日本帝国主义发动"卢沟桥事变"，中国驻军奋起抵抗，抗日战争全面爆发。当日寇的铁蹄踏破大好河山，民族危亡迫在眉睫之时，中国共产党高举团结抗战的旗帜，提出了全面的全民族的抗战路线、持久战的战略总方针和人民军队实行独立自主的敌后游击战的战略方针。

"开垦南泥湾"油画

在中国共产党的领导下，英勇的八路军、新四军和各地人民抗日武装广泛发动群众，开展敌后游击战争，开辟广阔的敌后战场和根据地，取得了"平型关大捷""百团大战"等辉煌战绩，创造了地雷战、地道战、破袭战、麻雀战、水上游击战等战法。长城内外、大江南北，到处燃起人民战争的烽火，四处响起抗击日寇的呐喊，使敌陷于人民战争的汪洋大海。

中国抗日战争，是在中国共产党倡导的、以国共合作为基础的抗日民族统一战线旗帜下，由中国各族人民和海外侨胞广泛参加的一场全民族抗战，是世界反法西斯战争的重要组成部分。经过长达 14 年的浴血鏖战，中国人民终于彻底打败日本侵略者，取得历史性的辉煌胜利。这个胜利，是中国近现代史和中国革命史的重要转折点，是中华民族由衰败走向振兴的伟大里程碑。这个胜利，一举洗雪了鸦片战争以来中华民族反抗帝国主义屡战屡败的民族耻辱，创造了殖民地半殖民地弱国战胜帝国主义强国的奇迹。

（三）解放战争中发展壮大

1945 年 8 月 15 日，日本宣布无条件投降，抗日战争取得伟大胜利。抗战胜利后，国民党政府认为消灭共产党的时机已经到来，凭借数百万全副美式装备的军队，悍然发动了内战。人民军队遵照中央军委和毛泽东制定的战略方针，以敢于斗争的革命精神和善于斗争的高超指挥艺术，在粉碎敌人的全面进攻和重点进攻之后，转入战略反攻和战略决战，先后发起了气势磅礴的辽沈战役、淮海战役、平津战役，消灭了国民党军的重兵集团，继而横渡长江，最终解放了中国大陆。

人民解放军在紧张激烈频繁的战争环境中，贯彻一面打仗一面建设和以战养战、以战教战的方针，大力加强部队的军事、政治、后勤建设。在全军进一步健全党委制度，进行团结互助运动、立功运动和以"诉苦""三查"为主要内容的新式整军运动，开展政治、经济、军事三大民主。积极动员解放区翻身农民参军，教育改造俘虏士兵，成建制地将国民党军队改编为人民解放军。进行大规模整编，完善军队体制编制和指挥系统，统一全军部队的番号和编制，1948 年底，把各大战略区的部队划分为野战部队、地方部队和游击队三类，全军分为四大野战军和五大军区。1949 年 6 月 15 日，中国人民革命军事委员会发布命令，公布中国人民解放军军旗、军徽式样。在全军进行统一编制的同时，加强炮兵、工兵等特种兵建设，组建铁道兵团，并着手组建海军和空军领率机关，人民解放军向正规化建设迈出了重要一步。经过 4 年多的解放战争，人民解放军共歼灭国民党军 807 万人，自身的总兵力也达到 550 万人，成为一支威震世界的雄师劲旅。

解放战争的伟大胜利标志着中国共产党领导的新民主主义革命，经过20多年的浴血奋战，终于取得最后的胜利。几千年来束缚中国人民的封建制度、百余年来侵略中华民族的帝国主义势力和20多年来祸国殃民的官僚资本主义被彻底推翻，人民解放军的建设和发展从此进入一个新的历史时期。

（四）社会主义革命和建设中阔步前进

1949年10月1日，中国人民迎来了新中国的诞生。人民解放军的职能、任务发生历史性转变，由进行革命战争、夺取政权、解放祖国转变为巩固人民民主专政、保卫社会主义革命和建设、防御外敌入侵、保卫国家安全和领土主权的完整。随着大规模战争的结束，人民解放军进行现代化、正规化建设的客观条件也逐渐具备。

针对我军陆军兵种单一、海空军比例极少的情况，党中央、中央军委把加强诸军兵种建设作为国防建设的首要任务。人民解放军先后组建了海军、空军、公安部队和防空部队，成立了全军统一的各兵种领导机构。1966年7月1日，掌握现代化尖端武器的新型部队——第二炮兵正式组建，战略导弹部队成为人民解放军的一个新的兵种。1964年10月16日，我国成功地爆炸了第一颗原子弹。1967

我国第一颗原子弹成功爆炸瞬间

年6月17日我国第一颗氢弹空爆试验成功。1970年4月24日我国第一颗人造卫星发射成功，使中国成为第五个能独立发射人造卫星的国家。1974年8月1日，我国第一艘核潜艇正式编入海军战斗序列。随着国防尖端技术的突破和武器装备的改善，我军实现了"由小米加步枪"向"飞机加大炮"的跃升。

在积极推进优良的现代化革命军队建设进程中，人民军队忠实履行战斗队职能，坚决捍卫人民政权和国家主权，维护世界和平与安宁。新中国成立时，全国还有三分之一的国土没有解放，为保卫新生的人民政权，人民解放军一方面对国民党军残余部队进行战略追击，消灭在祖国大陆、沿海岛屿国民党残余武装，解放全国大陆；另一方面抽调兵力剿灭匪患，粉碎国民党军队的窜犯袭扰，保卫人民安全。此后，人民解放军在党中央、中央军委的正确领导下，先后进行了中印边境自卫反击战、珍宝岛自卫反击战、西沙群岛自卫反击战等作战行动，坚决打击了入侵者的嚣张气焰，有效维护了国家领土主权安全。同时，我军还先后抗美援朝、抗法援越、抗美援越等，积极支持第三世界国家争取民族独立和解放，为维护世界和平作出了突出贡献。

（五）改革开放以来不断迈出新步伐

1978年12月，党的十一届三中全会胜利召开。这次大会作出了实行改革开放的重大决策，确定把党和国家的工作重心转移到以经济建设为中心的社会主义现代化建设上来。在党的领导下，军队建设指导思想实现战略性转变，从立足于"早打、大打、打核战争"的临战状态转移到和平时期建设轨道上来，我军建设进入一个新的发展时期。

英雄的人民军队，积极投身改革开放新的伟大革命，有力服务和保障国家改革发展稳定大局，依法履行香港、澳门防务职责，有效应对国家安全面临的各种威胁，坚决打击一切形式的分裂破坏活动，积极参与对外军事交流合作和联合国维和行动，为维护中国共产党领导和我国社会主义制度，为维护国家主权、安全、发展利益，为维护我国发展的重要战略机遇期，为维护地区和世界和平提供了强大力量支撑。

人民军队一路走来，紧跟党和人民事业发展步伐，在战斗中成长，在继承中创新，在建设中发展，革命化、现代化、正规化水平不断提高，威慑和实战能力不断增强。人民军队已经由过去单一军种的军队发展成为诸军兵种联合的强大军队，由过去"小米加步枪"武装起来的军队发展成为基本实现机械化、加快迈向信息化的强大军队。

相关链接：
从人民军队90多年历史中汲取强军智慧

三、我国武装力量构成

武装力量是国家或政治集团各种武装组织的总称，是国家机器的重要组成部分，一般以军队为主体，由军队和其他正规的与非正规的武装组织构成。武装力量建设是指为建立和加强国家武装力量所采取的一系列举措。它以军队建设为主体，是国防建设的重要组成部分。武装力量建设的目的是提高武装力量的作战能力、为国家的根本利益服务。

（一）我国武装力量的体制

《国防法》第二十二条规定："中华人民共和国的武装力量，由中国人民解放军现役部队和预备役部队、中国人民武装警察部队、民兵组成。"中国武装力量实行"三结合"的基本体制，在国家安全和发展战略全局中具有重要地位和作用，肩负着维护国家主权、安全、发展利益的光荣使命和神圣职责。

1. 中国人民解放军

中国人民解放军是中华人民共和国武装力量中最基本、最核心的力量，是抵抗侵略、保卫祖国、维护国家主权和安全的主要力量。中国人民解放军由现役部队和预备役部队组成，由中央军委统一指挥。现役部队是国家的常备军，预备役部队是以现役军人为骨干、预备役官兵为基础，按照军队统一的体制编制组成，是战时首批动员的后备力量。解放军预备役部队组建于1983年，实行军队与地方党委、政府双重领导制度，经过多年建设与发展，预备役部队已成为建设祖国、保卫祖国的重要后备力量。

近年来，中国人民解放军按照履行使命任务和信息化建设发展要求，积极稳妥推进军队改革。推进新型作战力量建设，调整优化各军兵种规模结构，改革部队编组模式，推动作战力量编成向精干、联合、多能、高效方向发展；完善新型军队人才培养体系，深化军事人力资源和后勤政策制度调整改革，加强高新技术武器装备建设，努力构建中国特色现代军事力量体系。

2. 中国人民武装警察部队

中国人民武装警察部队是党领导的人民武装力量的重要组成部分，主要承担执勤、处突、反恐怖、抢险救援、防卫作战等任务，在维护国家安全和社会稳定、保卫人民美好生活中肩负着重大职责，在维护政治安全特别是政权安全、制度安全中具有重要作用。尤其是党的十八大以来，武警部队始终牢记习近平主席建设一支听

武警部队

党指挥、能打胜仗、作风优良的现代化武装警察部队的殷切嘱托，坚持以国家安全和社会稳定核心需求为导向，扎实铸牢忠诚、扎实履行使命、扎实推进改革、扎实改进作风，开创了跨越发展新局面，完成了各项重要任务，向党和人民交出了合格答卷。

2018年1月1日，党中央决定，调整武警部队领导指挥体制，党中央和中央军委对武警部队实行集中统一领导，实行"中央军委—武警部队—部队"领导指挥体制。武警部队归中央军委建制，不再列入国务院序列。这是党中央从全面落实党对全国武装力量的绝对领导、坚持和发展中国特色社会主义军事制度出发作出的重大政治决定，对实现党在新时代的强军目标、推进国家治理体系和治理能力现代化、实现党和国家长治久安具有重大而深远的意义。

相关链接：
中国武警，永远和您在一起

3. 中国民兵

中国民兵是不脱产的群众武装组织，是人民解放军的助手和后备力量。民兵担负参加社会主义现代化建设、执行战备勤务、参加防卫作战、协助维护社会秩序和参加抢险救灾等任务。民兵建设注重调整规模结构，改善武器装备，推进训练改革，提高以支援保障打赢信息化局部战争能力为核心的完成多样化军事任务能力。民兵组织分为基干民兵组织和普通民兵组织。基干民兵组织编有应急队伍，联合防

中国民兵

空、情报侦察、通信保障、工程抢修、交通运输、装备维修等支援队伍，以及作战保障、后勤保障、装备保障等储备队伍。

近年来，民兵建设坚持改革创新，调整规模结构，改善武器装备，突出质量建设。优化组织结构，加强支援保障部队作战力量和应急处突力量建设。调整民兵组织布局，工作重心逐步由农村向城镇、交通沿线和重点地区转移。提高科技含量，注重在新兴企业和高科技行业建立民兵组织。加大武器装备建设投入，按照成系统配套、成建制配备的原则，为主要方向和重点地区配发新型高炮和便携式防空导弹等一批新式民兵防空装备，加强应急维稳装备建设，对部分武器进行技术升级改造。

相关链接：
中国民兵——人民战争的力量之基

（二）中国人民解放军的编成

中国人民解放军由陆军、海军、空军、火箭军、战略支援部队和联勤保障部队组成。

1. 中国人民解放军陆军

陆军

中国人民解放军陆军成立于1927年8月1日，是人民解放军的主要军种，是陆地作战的主力，也是中国人民解放军的中坚力量。经过数次改革，目前，解放军陆军已由单一兵种发展成为诸兵种合成的现代陆军。

中国人民解放军陆军现主要由步兵（摩托化步兵、机械化步兵）、炮兵（地面炮兵、高射炮兵）、装甲兵、工程兵、通信兵、防化兵、电子对抗兵等兵种和侦察、汽车、测绘、气象等专业部队组成。

2015年12月31日，中国人民解放军陆军领导机构正式成立，标志着陆军单独作为一个军种正式亮相世界，从此迈入新的历史发展阶段。2017年4月27日，陆军原有的18个集团军番号撤销，调整组建为13个集团军，新番号同时公布。全新的军旅营体制、崭新的合成作战力量，中国陆军正从"大陆军"时代走进"强陆军"时代。陆军全体官兵弘扬陆军光荣传统和优良作风，适应信息化时代陆军建设模式和运用方式的深刻变化，探索陆军发展特点和规律，按照机动作战、立体攻防的战略要求，加强顶层设计和领导管理，优化力量结构和部队编成，加快实现区域防卫型向全域作战型转变，努力建设一支强大的现代化新型陆军。

相关链接：

新型陆军，换羽远飞

2. 中国人民解放军海军

中国人民解放军海军成立于 1949 年 4 月 23 日，是中华人民共和国的海上武装力量。以舰艇部队和海军航空兵为主体，主要任务是独立或协同陆军、空军防御敌人从海上的入侵，保卫领海主权，维护海洋权益。中国人民解放军海军由水面舰艇部队、潜艇部队、海军航空兵、海军岸防兵、海军陆战队等兵种及专业部队构成。

海军

建设一支强大的人民海军，寄托着中华民族向海图强的世代夙愿。在中国共产党坚强领导下，人民海军全面深化改革，大力推进科技创新，加快发展新型作战力量，着力构建现代海上作战体系，努力增强遂行多样化军事任务的能力和水平。全面落实战斗力标准，大抓实战化军事训练，保持高度戒备状态，时刻听从党和人民召唤。人民海军一路劈波斩浪，纵横万里海疆，勇闯远海大洋，大踏步赶上时代发展潮流。改革开放 40 年来，"辽宁舰"入列，052D 型导弹驱逐舰、056 型护卫舰、072 型登陆舰等一批新型舰艇相继列装，中国海军的面貌发生了日新月异的变化。近年来，中国海军越来越多地参加国际人道主义救援、远海护航、国际维和等行动，有效履行了与自身能力和国际地位相适应的国际责任和义务。亚丁湾护航、菲律宾风灾救援、也门撤侨等，人民海军正在为维护世界和地区和平稳定作出新的更大的贡献。

相关链接：

钢铁舰队，驶向深蓝

3. 中国人民解放军空军

中国人民解放军空军成立于 1949 年 11 月 11 日。经过 60 年的建设，人民空军已经发展成为一支由航空兵、地空导弹兵、高射炮兵、空降兵、雷达兵、电子对抗兵、气象兵等多兵种合成，由歼击机、强击机、轰炸机、运输机等多机种组成的现代化的高技术军种。其主要任务是担负国土防空，支援陆、海军作战，对敌后方实施空袭，进行空运和航空侦察。

空军作为有效塑造态势、管控危机、遏制战争、打赢战争的重要力量，正在向全疆域作战的现代化战略性军种迈进。2018 年，奋飞在强军路上的人民空军高擎新时代精神旗帜，深入学习贯彻习近平新时代中国特色社会主义思想，牢固确立习近平强军思想指导地位，坚决落实军委主席负责制，在强军路上笃定前行。维护国家主权、安全、发展利益，是人民空军 40 万官兵的神圣使命。人民空军近年来警巡东海、战巡南海、前出西太、绕岛巡航，忠实履行使命任务，积

极回应人民期待。"国字号"歼-20、运-20、歼-16、歼-10C、歼-11B 和轰-6K、空警-500 等新型战鹰，陆续列装空军部队，投入新时代练兵备战。改革强军，科技兴军，空军实战化训练正在向高原、大海和远洋拓展延伸。国家利益拓展到哪里，空军战略能力就延伸到哪里，为国家发展提供可靠的空天安全保障。

空军

相关链接：
大国之翼，振翅空天

4. 中国人民解放军火箭军

中国人民解放军第二炮兵也称地地战略导弹部队，是人民解放军中装备地地战略导弹武器系统，遂行战略核反击任务的部队。这支部队组建于 20 世纪 60 年代中期。它对实现积极防御战略方针、加强国防和提高我国的国际地位起着重要作用。中国人民解放军火箭军，由中国人民解放军第二炮兵更名而来，于 2015 年 12 月 31 日正式成立，是中国大国地位的战略支撑，是维护国家安全的重要基

火箭军导弹发射现场

石。火箭军全体官兵的职责使命是，把握火箭军的职能定位和使命任务，按照核常兼备、全域慑战的战略要求，增强可信可靠的核威慑和核反击能力，加强中远程精确打击力量建设，增强战略制衡能力，努力建设一支强大的现代化火箭军。

成立火箭军是党中央和中央军委着眼实现中国梦、强军梦作出的重大决策，是构建中国特色现代军事力量体系的战略举措。

相关链接：
"东风快递"，使命必达

5. 中国人民解放军战略支援部队

中国人民解放军战略支援部队于 2015 年 12 月 31 日正式成立，是维护国家安全的新型作战力量，是我军新质作战能力的重要增长点，主要是将战略性、基础性、支撑性都很强的各类保障力量进行功能整合后组建而成的。成立战略支援部队，有利于优化军事力量结构、提高综合保障能力。

战略支援部队

战略支援部队主要的使命任务是支援战场作战，使我军在航天、太空、网络和电磁空间战场能取得局部优势，保证作战的顺利进行。具体地说，战略支援部队的任务包括：对目标的探测、侦察和目标信息的回传；承担日常的导航行动，以及北斗卫星和太空侦察手段的管理工作；承担电磁空间和网络空间的防御任务。这些都是决定我军在未来战场上能否取得胜利的新领域。

2016 年 8 月 29 日，习近平主席在视察战略支援部队机关时强调，要以党在新形势下的强军目标为引领，贯彻新形势下军事战略方针，坚持政治建军、改革强军、依法治军，把握部队建设特点和规律，担负历史重任，瞄准世界一流，勇于创新超越，努力建设一支强大的现代化战略支援部队。

6. 中央军委联勤保障部队

2016 年 9 月 13 日，中央军委联勤保障部队成立。联勤保障部队是实施联勤保障和战略战役支援保障的主体力量，是中国特色现代军事力量体系的重要组成部分。构建具有中国军队特色的现代联勤保障体制，对把中国军队建设成为世界一流军队、打赢现代化局部战争具有重大而深远的意义。

联勤保障部队臂章

在某种意义上讲，打仗就是打保障。从近几场现代战争实践看，联勤保障已经成为影响部队作战能力生成的重要因素。联勤保障是一体化联合作战的内在要求，也是世界各国军队实现后勤转型的普遍选择。中国军队最新一轮改革，凝聚了我军多年来联勤保障实践探索经验，集中全军官兵智慧，着力推动军队后勤保障模式实现根本性转变，构建以联勤部队为主干、军种为补充，统分结合、通专两线的保障体制，不但与新的领导指挥体制相适应，而且有利于实现联战联训联保一体、平战一体，有利于解决后勤保障体制不顺、力量分散、管理粗放等问题，有利于全面实施体系保障、联合保障、精准保障。

第五节　国防动员

国防动员，简称动员，是国家或政治集团为应对战争或其他军事威胁，采取非常措施将社会诸领域全部或部分由平时状态转入战时状态，使国防潜力转化为国防实力而进行的准备、实施及其他相关活动。国防动员是国防活动的重要组成部分，是国家实现寓军于民、军民融合的国防发展战略，保持国防与经济社会协调发展，有效增强国防能力，维护国家主权、统一、领土完整和安全的重大举措，在国家安全与发展中具有重要地位。

一、国防动员的内容

国防动员通常包括武装力量动员、国民经济动员、政治动员、交通战备动员和人民防空动员等。

（一）武装力量动员

武装力量动员是指国家为了适应战争的需要，将军队及其他武装组织由平时体制转为战时体制所采取的措施。通常包括现役部队动员、后备兵员动员和群众武装动员及相应的武器装备和物资等动员。武装力量动员是战争初期夺取战略主动权和取得战争胜利的关键环节，对战争的进程和结局都有着极其重要的影响。在我国，武装力量动员主要是指现役部队动员、后备兵员动员和民兵动员。现役部队动员，是指国家为适应战争的需要，将现役部队平时编制转为战时编制，基本任务是按战时编制体制补充兵员和扩编。后备兵员动员，是指国家为进行战争而征集或招募适龄公民到军队服现役所采取的措施。民兵动员，是指国家根据战争需要，动员民兵参战支援前线的活动。

（二）国民经济动员

国民经济动员是国家为了保障战争的物资需求和稳定战时经济秩序，促使国民经济的有关部门和体制乃至整个国民经济转入为战争服务的轨道，调整经济资源配置，增加武器装备及其他军用物资生产所进行的活动。经济是战争赖以进行的物质基础。国民经济动员主要是重新配置经济资源，充分调动国家的经济力量，最大限度地满足战争需要。做好国民经济动员工作，必须坚持平战结合、军民结合，平时就要兼顾战时需要，实现民用经济与军事经济协调发展。

（三）政治动员

政治动员是国家为进行战争而开展的宣传、教育、组织工作和外交活动。政治动员是国防动员的一项重要内容，并为其他领域的动员活动提供思想和组织保证。政治动员对于充分调动和发挥本国军民的精神力量、尽可能地争取国际社会的同情和支持、瓦解敌方的战斗意志，具有重要作用。政治动员在平时主要表现为国防理论、国防知识、国防历史、军事技能和国防法规等方面的国防教育。政治动员的目的是对全体军民进行爱国主义和革命英雄主义教育，使之增强国防观念，坚定打败敌人、夺取胜利的决心和信心。

（四）交通战备动员

交通战备动员是国家为了适应战争需要，组织和利用各种交通运输线路、设施和工具，进行人员、物资、装备输送的活动。它是国民经济动员的重要组成部分。交通战备动员的主要内容包括：交通战备网络规划与建设，交通战备工程设施建设，交通保障队伍建设，交通保障物资和器材的筹措、储备以及保障计划、方案的撰写，军事运输设备的研制和改进，战时交通保障计划的拟制与落实，运力动员筹划与落实，交通保障队伍的组织与训练，战时交通运输指挥机构的设置与转换预演，国防交通教育与科研、法规建设，等等。

（五）人民防空动员

人民防空动员也称群众性防卫动员（或民防动员），是指国家为了防备敌人空袭、消除空袭后果，发动和组织公民所采取的一切措施。人民防空动员是国防动员的重要组成部分，其主要任务是依据国家有关法律法令，动员社会力量，进行防空设施建设。人民防空动员主要内容包括：人防机构平战转换；实行战时人防管制；扩编、集结群众防空组织；启用人防设施、设备；组织、分配社会人防资源；开展人防临战教育。

二、国防动员的意义

习近平总书记在党的十九大报告中强调指出，"完善国防动员体系，建设强大稳定的现代化边海空防"。高效的国防动员实力就是战斗力，必须真正把国防动员的潜力转化为保障打赢的战争实力。

（一）动员是增强国防实力的重要措施

国防实力是国家防御外来侵略的力量，是国家军事、政治、经济、科学技术等力量的总和。在和平时期，国家把动员准备纳入经济建设和社会发展的总体规划，贯彻军民结合、平战结合的方针，以增强战争潜力。同时通过动员准备，激发人民的爱国主义和国防观念，使国家政局稳定、经济发达、科技进步，迅速增强综合国力。由于平时奠定了良好的基础，一旦战争爆发，通过战时动员，就能迅速地把战争潜力转化为战争实力。采用常备军和后备力量相结合的原则，平时保持精干的常备军作为战时动员扩建部队的骨干力量，同时积极训练、储备后备力量，以便战时根据需要组编参战。这样既可以加速国民经济发展，又可以从根本上增强国防实力。

（二）动员是增强国防威慑力的有效手段

一个国家的国防威慑力，不仅取决于常备军的数量和质量，而且取决于军队后备力量和其他动员潜力，取决于常备军与后备力量动员准备的有机结合，以及动员机制健全完善的程度和运行效率。平时充分做好战时动员的准备工作，建立强大的后备力量和健全的动员体制，可以使敌人望而生畏，不敢轻举妄动和贸然发动进攻。目前，一些国家主张采取"不战而屈人之兵"的军事战略，就是这个道理。特别是处于防御地位和反对侵略的国家，更应该采取积极的对策，以充分有效的动员显示应对战争的能力和拼死抵抗的决心，迫使敌人延缓或放弃侵略战争。我国的后备力量，既是潜力又是实力。例如，我国的民兵是现实力量和后备力量的统一体。平时，加强国防后备力量建设，做好战争动员准备，无疑可以增大威慑力量，从而达到制约战争爆发和维护和平的目的。

（三）动员是夺取战争主动权的可靠保障

决定战争胜负的因素是多方面的，其中动员的准备和实施的好坏，是一个重要因素。随着现代科学技术的飞速发展及其在军事领域的广泛应用，现代战争的突发性和速决性显著增大，发动战争的一方往往先发制人，迫使对方在无戒备或准备不充分的情况下仓促应战，力求取得速战速决的效果。处于防御地位的一方，如果战时动员工作的准备和实施不当，在战争初期往往处于被动地位，甚至来不及实施动员和完成战略部署，其武装力量和经济命脉就已经陷于瘫痪。历史表明，在现代战争中，谁能保持强大的后备力量，并以最快的速度动员起来投入战争，谁就能取得战争的主动权。

思考题

1. 国防的内涵是什么？它有哪些类型？
2. 从我国的国防历史中可以得到哪些启迪？
3. 什么是国防法规？国防法规的主要任务是什么？
4. 什么是国防建设？国防建设的主要内容是什么？
5. 简述军民融合发展。
6. 简述人民军队的光辉战斗历程。
7. 什么是国防动员？国防动员的内容有哪些？

第二章　国家安全

教学目标

正确把握和认识国家安全的内涵，理解我国总体国家安全观，提升学生防间保密意识；深刻认识当前我国面临的安全形势。了解世界主要国家军事力量及战略动向，增强学生忧患意识。

军事讲坛

昔之善战者，先为不可胜，以待敌之可胜。不可胜在己，可胜在敌。故善战者，能为不可胜，不能使敌之必可胜。故曰：胜可知，而不可为。

——孙子

【译文】从前擅长用兵的人，先要做到不会被敌人战胜，然后再伺机去战胜敌人。不被敌人战胜取决于己，能不能战胜敌人要看对方是否有隙可乘。所以高明的用兵者，只能做到自己不可战胜，而做不到敌人一定会被战胜。所以说，胜利可以预见，但不可强求于敌。

第一节　国家安全概述

国家安全是人民幸福安康的基本要求，是安邦定国的重要基石。维护国家安全是全国各族人民的根本利益所在。习近平总书记强调："我们党要巩固执政地位，要团结带领人民坚持和发展中国特色社会主义，保证国家安全是头等大事。"

一、国家安全的内涵

"国家安全"一词自用于法律文件以来，其内涵和外延并未达成共识。从一些国家的安全战略和安全立法中，也能看出其中存在很大差异。如何界定"国家安全"的内涵和外延，通常受到客观因素和主观因素的影响。从客观因素来说，包括国家所处的国际战略环境、国家的发展战略、国家核心利益的内外威胁、国家能力的大小等。从主观因素来说，包括对威胁的主观感知、认知主体的意识形态和价值观、国民的历史记忆、社会大众的政治情绪等。

总体国家安全观语境下的国家安全，是个"大安全"概念，既指国家处于安全状态，又指国家维持这种安全状态的能力。维护国家安全的根本着眼点是，维护国家核心利益和国家其他重大利益，有的国家称之为"生死攸关的利益""极端重要利益"。由于国家核心利益和国家其他重大利益涉及国家的生存、独立和发展，任何政府都会把它们列为维护国家安全的首要核心目标，在维护上述利益时，都会态度坚决、不容争议、不容妥协、不容干涉。在新形势下维护国家安全，必须坚持以总体国家安全观为指导，坚决维护国家核心和重大利益。

《中国的和平发展》白皮书首次系统地阐述了"国家核心利益"的内涵。我国的核心利益包括：国家主权；国家安全；领土完整；国家统一；宪法确立的国家政治制度和社会大局稳定；经济社会可持续发展的基本保障。《中华人民共和国国家安全法》（以下简称《国家安全法》）第二条明确规定："国家安全是指国家政权、主权、统一和领土完整、人民福祉、经济社会可持续发展和国家其他重大利益相对处于没有危险和不受内外威胁的状态，以及保障持续安全状态的能力。"这里的"国家政权、主权、统一和领土完整、人民福祉、经济社会可持续发展"，就是我国的核心利益。

相关链接：
国家普法教育之《国家安全法》

二、正确理解和把握总体国家安全观

习近平总书记指出，坚持总体国家安全观，必须坚持国家利益至上，以人民安全为宗旨，以政治安全为根本，统筹外部安全和内部安全、国土安全和国民安全、传统安全和非传统安全、自身安全和共同安全，完善国家安全制度体系，加强国家安全能力建设，坚决维护国家主权、安全、发展利益。这一重大论断，准确把握新时代国家安全形势变化的新特点新趋势，深刻揭示了总体国家安全观的原则要求和丰富内涵。

（一）坚持统筹发展和安全两件大事

这是治国理政的一个重大原则，也是推进国家安全工作的必然要求。安全和发展是一体之两翼、驱动之双轮。发展是安全的基础。建立在发展基础上的安全才更可靠、更可持续。要从国情出发，坚持发展是解决中国一切问题的关键，坚持在改革发展中促进国家安全，增强发展的全面性、协调性、可持续性，从源头上预防和减少安全问题的产生。安全是发展的保障。一个国家选择什么样的国家安全战略，决定了这个国家生存、发展与兴盛之路。实施发展和安全并重的国家安全战略，既要善于运用发展成果夯实国家安全的实力基础，又要善于塑造有利于经济社会发展的安全环境，做到坚持发展不停步、维护安全不懈怠。

（二）坚持人民安全、政治安全、国家利益至上有机统一

人民安全是国家安全的宗旨，政治安全是国家安全的根本，国家利益至上是国家安全的准则。以人民安全为宗旨，就是要坚持以人民为中心，维护人民根本利益，保障人民当家作主各项权利，保障人民生命财产安全和其他合法权益，为人民创造良好生存发展条件和安定生产生活环境。以政治安全为根本，就是要坚持党的领导和中国特色社会主义制度不动摇，把制度安全、政权安全放在首要位置，为国家安全提供根本政治保证。以国家利益至上为准则，就是要把国家利益作为制定国家安全战略的出发点，牢固树立捍卫国家利益的机遇意识，强化捍卫国家利益的底线思维，创新捍卫国家利益的方式方法，更坚决更有效地维护好捍卫好国家利益尤其是核心利益。习近平总书记强调，要坚持人民安全、政治安全、国家利益至上的有机统一，实现人民安居乐业、党的长期执政、国家长治久安。

（三）坚持维护和塑造国家安全

这是新时代国家安全的基本定位，塑造是更高层次更具前瞻性的维护。当前我国正处于中华民族伟大复兴的关键阶段，也处于从发展中大国迈向社会主义现代化强国的关键时期。新时代国家安全，既要解决好大国发展进程中面临的安全共性问题，更要处理好中华民族伟大复兴关键阶段面临的特殊安全问题。要立足国际秩序大变局来把握规律，立足防范风险大前提来谋划思路，立足我国发展历史机遇期大背景来统筹工作，做到国家利益延伸到哪里，安全保障就跟进到哪里，为国家发展创造良好外部安全环境。

（四）坚持科学统筹的根本方法

坚持总体国家安全观，要求始终把国家安全置于中国特色社会主义事业全局中来把握，充分调动各方面积极性，形成国家安全合力。要统筹外部安全和内部安全，对内求发展、求变革、求稳定，建设平安中国；对外求和平、求合作、求共赢，维护世界和平与发展。统筹国土安全和国民安全，坚持以民为本、以人为

总体国家安全观

本，坚持国家安全一切为了人民、一切依靠人民，真正夯实国家安全的群众基础。统筹传统安全和非传统安全，构建集政治安全、国土安全、军事安全、经济安全、文化安全、社会安全、科技安全、网络安全、生态安全、资源安全、核安全、海外利益安全等于一体的国家安全体系。统筹自身安全和共同安全，构建人类命运共同体，推动各方朝着互利互惠、共同安全的目标相向而行。

（五）维护重点领域国家安全

习近平总书记强调，前进的道路不可能一帆风顺，越是前景光明，越是要增强忧患意识，做到居安思危，全面认识和有力应对一些重大风险挑战。要聚焦重点，抓纲带目，着力防范各类风险挑战内外联动、累积叠加，不断提高国家安全能力。全面贯彻落实总体国家安全观，着力推进新时代国家安全事业全面发展进步，维护重点领域国家安全是主阵地、主战场。要把确保政治安全作为首要任务，从维护政治安全高度谋划和推进各重点领域国家安全工作；以防控风险为主线，既要防控本领域主要安全风险，又要防范不同领域安全风险叠加共振；落实国家安全政策，织密国家安全网。当前和今后一个时期，要着重抓好政治安全、国土安全、经济安全、社会安全、网络安全、外部安全等重点领域的国家安全工作。

相关链接：
《总体国家安全观》宣传片

三、维护国家安全工作的基本原则

按照总体国家安全观的要求，根据《宪法》《国家安全法》和有关法律法规的规定，维护国家安全工作，应当坚持以下原则。

（一）坚持党的绝对领导是国家安全工作的根本政治原则

中国共产党是中国特色社会主义事业的领导核心。"中国由共产党领导，中国的社会主义现代化建设事业由共产党领导，这个原则是不能动摇的；动摇了中国就要倒退到分裂和混乱，就不可能实现现代化。"国家安全工作既是中国特色社会主义事业的重要组成部分，也是中国特色社会主义事业的坚强安全保障，坚持党对国家安全工作的绝对领导必然成为国家安全工作必须遵循的根本政治原则。《国家安全法》通过并施行后，这一原则以法律形式进一步得到确认。《国家安全法》第四条明确规定："坚持中国共产党对国家安全工作的领导,建立集中统一、高效权威的国家安全领导体制。"新形势下国家安全面临新问题新挑战,围绕坚持党对国家安全工作的绝对领导,从理论上和实践上搞清"是什么、为什么、怎么办",对于正确理解和坚决贯彻好这一根本政治原则具有重大现实意义。

(二)坚持法治和保障人权

维护国家安全,核心是"遵守宪法和法律""尊重和保障人权"。宪法是国家根本大法,依法执政首先要依宪执政。2015年7月1日,全国人大常委会通过了关于实行宪法宣誓制度的决定,明确了国家工作人员要向宪法宣誓,忠于宪法,维护宪法权威,履行法定职责。"遵守宪法和法律",要旨在于加强维护宪法体制,加强对国家机构及其工作人员行使公权力的约束,把权力关进制度的笼子里。维护国家安全,涉及所有国家机构,特别是在"进入紧急状态""宣布战争状态""决定全国总动员或者局部动员"的情况下,要采取法律规定或者全国人大常委会规定的特别措施,更要注重对公权力行使的约束,依法保护公民的权利和自由。同时,也要防止平常工作中重打击犯罪、轻人权保障的现象,以提高国家安全工作法治化水平。公民和组织,也要履行宪法和法律规定的维护国家安全的义务,接受有关机关必要时依法采取的特别措施。

(三)坚持维护安全与发展相协调,统筹各领域安全

安全是发展的条件,发展是安全的基础。要通过不断提高维护国家安全能力,为发展提供稳定的环境,实现可持续发展与可持续安全相互支撑、良性互动。习近平总书记指出,应聚焦发展主题,夯实安全的根基,以可持续发展促进可持续安全。《国家安全法》规定,"维护国家安全,应当与经济社会发展相协调",集中体现了坚持发展是解决中国所有问题的关键这一重大战略判断。

按照总体国家安全观的要求,内部安全和外部安全、国土安全和国民安全、传统安全和非传统安全、自身安全和共同安全,是相互交织的,必须统筹应对。一方面要把主权、领土、政治安全作为国家安全的重中之重,牢牢抓住不放;另一方面要统筹兼顾、综合施策,有效应对来自经济、文化、社会、科技、网络、生态、资源领域以及恐怖主义、核武器扩散、跨国犯罪、贩毒走私等非传统安全问题。

(四)坚持促进共同安全

习近平总书记指出:"各国和各国人民应该共同享受安全保障。……对错综复杂的国际安全威胁,单打独斗不行,迷信武力更不行,合作安全、集体安全、共同安全才是解决问题的正确选择。"维护我国国家安全,需要立足国内,放眼国际,高举和平发展、合作共赢的旗帜,坚持互信、互利、平等、协作的原则,在维护自身利益的同时,同各国政府和国际组织开展安全交流合作,履行国际安全义务,促进共同安全。

（五）坚持预防为主、标本兼治、专群结合

坚持把预防和治乱结合起来，既防患于未然，又正本清源。坚持充分发挥专门机关和其他有关机关维护国家安全的职能作用，广泛动员公民和组织，防范、制止和依法惩治危害国家安全的行为，建立起维护国家安全的强大防线。

第二节　国家安全形势

国家安全是我们生存和发展之本，在当今风云变幻的国际形势下如何认清国家安全形势和规律，意义重大，且与每个人息息相关。认清国家安全形势，维护国家安全，要立足国际秩序大变局来把握规律，立足防范风险的大前提来统筹，立足我国发展重要战略机遇期大背景来谋划。

一、我国地缘环境基本概况

国家的地缘环境是持久地影响国家安全的基本因素之一。因此，研究国家的周边安全环境，必须从研究地缘环境入手。只有充分了解地缘环境对周边安全环境的影响，才能对周边安全情况作出客观的判定。

（一）中国是边界线较长，相邻国家最多的国家之一

中国地处亚洲东部，与周围各国有漫长的边界线。与中国有共同陆上边界的国家有 14 个，共有陆地边界线约 2.2 万 km，按照与中国的共同边界的长短，这些国家及其与中国的陆地边界的情况是：蒙古，4670km；俄罗斯，约 4300km；越南，约 2000km；缅甸，约 2000km；印度，约 2000km（未划定）；哈萨克斯坦，1700km；尼泊尔，约 1400km；朝鲜，1334km；吉尔吉斯斯坦，1100km；老挝，710km；巴基斯坦，约 600km；不丹，约 550km；塔吉克斯坦，约 400km；阿富汗，92km。中国还分别隔黄海、东海、南海与韩国、日本、菲律宾、印度尼西亚、马来西亚、文莱相望。中国有海疆线约 32000km，其中大陆海岸线长约 18000km，面积 500m^2 以上的海岛约 6500 个，中国的黄海、东海、南海总面积为 468 万 km^2。此外，由于历史等方面的原因，有些国家虽然与中国无共同边界或海疆，但与中国的关系素来比较密切，如柬埔寨、孟加拉国、泰国等。

我国周边国家分布情况

众多邻国对中国安全的影响是复杂的。在这些国家中，有的过去曾经侵略中国，并且目前仍然是经济大国或军事大国，有着雄厚的综合国力和军事实力，具有对中国安全造成重大影响的能力；有的邻国之间积怨很深，严重对立，剑拔弩张，一旦它们之间爆发战争或武装冲突，必将影响中国边境安全；有的国家内部不稳定因素很多，且发生大的内乱，必将对中国边境造成很大压力；有的国家的居民与中国边境地区的居民属于同一民族，这虽然有利于与邻国开展友好往来，改善国家关系，但是，一旦这些邻国国内的狭隘民族主义泛起，可能会引起中国国内的民族纠纷；有的国家的居民与中国某些地区的居民信奉不同宗教，一旦这些国家内的宗教派别斗争加剧或者某些极端教派掌权，就可能增加中国国内相关地区的不稳定因素。还有一些国家与中国之间存在历史遗留下的边界领土争议和海洋国土划界的争议，存在可能引发边界事件甚至武装冲突的隐患。

（二）中国周边地区人口众多，是世界上人口最集中的地区

中国周边的人口大国及其人口数量为：印度，13.24 亿；印度尼西亚，2.62 亿；菲律宾，1.98 亿；俄罗斯，1.46 亿；日本，1.26 亿；巴基斯坦，2.08 亿；孟加拉国，1.6 亿（据 2019 年 1 月中华人民共和国外交部网站的统计数据）。中国周边地区是世界上拥有上亿人口国家最集中的地区。此外，还有越南、泰国、韩国和缅甸等国，其人口都在 5000 万～1 亿，也是人口相对较多的国家。它们和中国的人口加起来，占世界人口的一半以上。

在中国周边国家中，俄罗斯、日本、印度等国都是世界或地区大国，此外，美国也是一个值得特别重视的因素。俄罗斯是一个拥有大量尖端科技、先进武器和核武器的世界大国，又与中国有着 4300 多千米的共同边界。日本是当今世界的一个经济大国，其经济实力仅次于美国和中国，列世界第三，与中国有着历史文化和经济的密切关系，是一个曾经侵略中国的国家。近年来，日本不仅巩固了其经济大国地位，而且谋求成为世界政治大国，并为此不断加强其军事实力。印度是仅次于中国的最大的发展中国家和人口大国，也是南亚次大陆举足轻重的国家，其政治、经济、军事潜力巨大。世界最强大的国家美国虽然不与中国相邻，但其军事力量却在中国周边一些国家长期部署，并与某些国家签订有军事同盟协定。美国一向以世界领袖自居，认为它在东亚有重大的战略利益，所以对东亚地区事务一直不断地进行干涉，与中国在台湾问题以及其他一些重大问题上存在分歧。

中国及其周边不仅是世界人口最密集、大国最集中的地区，也是世界热点和潜在热点最多的地区之一。朝鲜半岛、千岛群岛、台湾海峡、南沙群岛、克什米尔等热点都位于这一地区；世界公认的五大力量中心，除欧洲外，美、中、俄、日均交会于此；世界核俱乐部的主要成员，事实上的有核国家和核门槛国家在中国周边构成了世界上最密集的核分布圈。这些因素汇集在一起，必然加大对我国安全环境的

压力。

（三）中国周边国家政治制度及经济发展水平差距很大，民族、宗教矛盾交织，安全环境复杂

中国的周边地区也是政治制度差别很大的地区，既有社会主义国家，也有资本主义国家；既有发达国家，也有发展中国家；既有富国，也有穷国；既有老牌的经济强国，也有崛起的新兴国家。中国是亚太地区中心的大国，亚太地区是同中国安全关系最为密切的外部环境，特别是周边国家形势同我国安全直接相关。中国邻国众多，周边国家和地区所奉行的国家安全战略和外交政策各不相同。这种复杂的周边环境对中国的安全造成了一定的不利影响。

中国周边地区民族分布和构成不同，宗教信仰和文化传统各异，存在区域内和区域间的巨大差异和复杂矛盾。这些矛盾所导致的冲突将不可避免地对我国的安全带来消极影响，而且这种影响还日益突出，因为我国是个多民族、多宗教国家，不少民族和宗教还有跨境联系。近年来，在国际战略格局变化的大背景下，我国周边地区各种极端的民族、宗教势力日益蔓延，并向我国境内渗透，这必将对我国边境地区的安全与稳定带来直接的影响。与国际反华势力相勾结、相呼应的宗教极端主义、民族分裂主义和国际恐怖主义"三股势力"的破坏活动是对我国社会稳定和民族团结的严重威胁。

（四）中国位于世界两大地缘战略区的交接处，既受其他大国关系的影响，又影响其他大国关系

目前，世界可划分为两大地缘战略区，即海洋地缘战略区和欧亚大陆地缘战略区。美国属于海洋地缘战略区，而且是世界超级海洋强国，具有全球性影响。而世界上其他强国大都集中在欧亚大陆地缘战略区，俄罗斯则位于该战略区的心脏地带。中国属于欧亚大陆地缘战略区，背靠欧亚大陆，面向浩瀚的太平洋，是连接东北亚、东南亚、南亚和中亚的枢纽，处于两大战略区的交接处。这种特殊的地缘关系，使得中国在历史上曾经遭到两大战略区强国的侵略和压迫，也使得今天的中国成为能够对两大战略区关系产生重要影响和作用的国家。

冷战时期，美国企图通过控制欧亚大陆边缘地带，构成对苏联的遏制包围圈，把苏联困死在欧亚大陆中心；而苏联也企图控制大陆边缘地带，然后千方百计向海洋地缘战略区扩展自己的势力。所有处在边缘区的国家都不能摆脱美苏两个超级大国争霸的影响，中国也不例外。那时，如何处理与两个超级大国的关系是中国国家安全政策的中心问题。中国根据形势的变化和自身安全的需求，多次调整安全政策。中国的政策反过来又影响美苏两方的力量对比和战略态势，形成了著名的"大三角关系"。冷战结束后，美国成为世界上唯一的超级大国。处于大陆心脏区的俄罗斯虽然暂时力量衰弱，但它仍然是世界第二军事大国，它的重新崛起只是时间问

题。与中国同处在欧亚大陆东部边缘的日本，是世界第三经济大国，并且正在向政治军事大国迈进。中国处在这些大国交接处，如何处理好与美、俄、日三大国的关系，不仅关系到中国自身的安全，而且关系到东亚、亚太地区乃至世界的安全与稳定。

二、我国周边安全环境

冷战结束后，世界格局和安全形势发生了深刻变化，和平与发展成为新时代的主题。我国周边安全环境得到进一步改善。缓和已成为我国周边安全环境的主流，但是影响我国周边安全环境的威胁与挑战依然存在。

（一）缓和是我国安全环境的主流

进入20世纪90年代，和平与发展的时代主题进一步强固，多极化趋势继续发展，综合国力竞争成为国家间关系的中心，世界总体和平的格局得以巩固和加强。尽管世界形势动荡不安，有些地区的局势还相当紧张，但在我国周边却出现了一个相对和平的局面，我国周边安全环境处在新中国成立以来最好的时期之一，并有望继续延续。

1. 大国关系取得新进展

中美关系牵动世界目光，关乎各国利益。面对美方挑起贸易摩擦等消极动向，中方顶住压力、保持定力，既坚定维护自身正当权益，又着力稳住中美关系大局。2018年底，习近平主席同特朗普总统在二十国集团领导人峰会期间举行会晤，双方进行了深入战略沟通，同意共同推进以协调、合作、稳定为基调的中美关系，为解决中美间存在的问题，推动中美关系健康发展作出了规划，指明了方向。双方就经贸问题的讨论富有建设性，有效阻止了经贸摩擦进一步扩大，推动重回对话协商解决问题的轨道，确立了谋求合作共赢的共同目标，对外释放了积极正面的预期。中俄全面战略协作伙伴关系保持高水平运行，两国元首举行四次会晤并实现互访，擘画了两国关系发展全新蓝图。战略性合作项目顺利实施，内生合作动力不断增强，国际战略协作持续深化，为世界注入更多稳定力量。中欧以建立全面战略伙伴关系15周年为契机全面加强合作，双方经贸合作深化拓展，利益纽带更加紧密。双方在共同支持多边主义和自由贸易、携手应对全球性挑战等方面达成广泛共识、发出积极声音。

2. 周边外交实现新突破

2018年，我国周边环境出现全面向好的积极势头。中印领导人首次非正式会晤圆满成功，增进了彼此的互信和认知，引领中印关系实现健康稳定发展。中日展开一系列高层往来，回应日方希望改善两国关系的强烈意愿，推动中日关系重回正常轨道。中朝领导人年内三度会晤，传统友好迸发新活力，中韩合作呈现新气象，中日韩三边合作重现积极势头。习近平主席访问文莱、菲律宾，李克强总理出席东亚合作领导人系列会议，中国与东盟关系实现提质升级，澜湄合作从培育期迈向成长期。"南海行为准则"磋商步入快车道，海上合作取得新进展，南海局势日趋稳定。以高层交往为引领，以上海合作组织为平台，以务实合作为纽带，我国同中亚国家关系进入新阶段，深化了中亚方向伙伴关系布局。

3. 多边区域合作机制稳步发展

经济全球化、一体化是一个趋势，这个趋势总的原则是将资源在世界范围内进行优化配置，这样的结果是资源更多流向发达国家，而贫穷落后国家将越来越穷。面对这样一种情况，世界许多地区形成了地域性的多边合作机制，成立某种组织，建立某种关系。这些年，中国积极参与和注重建立多边区域和次区域合作机制，为中国和平发展创造了良好的外部条件。上海合作组织就是一个比较成功的合作组织。该组织以相互信任、裁军与合作为主要内容的新型安全观，以结伴但不结盟为核心的新型国家关系，以大小国共同倡导、安全先行为特征的新型区域合作模式"三新"为特征，倡导互信、互利、平等的"上海精神"，在国际上的影响日益增大。2018年6月9日至10日，上海合作组织成员国元首理事会会议在中国青岛举行。习近平主席指出，上海合作组织是世界上幅员最广、人口最多的综合性区域合作组织，并同联合国等国际和地区组织建立了广泛的合作关系，国际影响力不断提升，已经成为促进世界和平与发展、维护国际公平正义不可忽视的重要力量。

上海合作组织标志图

（二）我国周边安全环境仍存在威胁和挑战

我国地处亚太地区，尽管当前形势相对稳定，短期内不至于发生牵涉我国的战乱，外敌入侵我国的可能性基本可以排除，但是，周边地区一些固有的矛盾并没有完全解决，影响和平安全的因素依然存在，我国周边安全与稳定仍面临不同对象和不同程度的现实的潜在威胁。在和平环境下更需要居安思危，增强忧患意识，这样才能使国防更加巩固，国家更加安全。

1. 西方军事强国对中国的安全环境具有威胁

美国与我国虽远隔重洋，但对我国安全的影响却无处不在。在各大国与我国关系向前发展的同时，在以美国为首的西方世界仍然有一股企图遏制中国的逆流，顽固地坚持冷战思维，不愿意正视我国政治、经济的发展以及在国际社会中的积极作用。散布所谓的"中国威胁论"，以"人权"为幌子，干预中国的内政，继续坚持对台军售，阻挠中国统一大业。美国对华政策的两面性，是我国安全环境不稳定的主要因素之一。

2. 周边"热点"地区威胁因素增加

（1）朝鲜半岛。

朝鲜半岛问题，其根源在于南、北方的分裂局面，表现为朝鲜和韩国的对立及朝鲜与美国的对立。朝鲜与美国签署了关于核问题的框架协议后，朝鲜和韩国由对峙走向对话，随着"六方会谈"断断续续，朝鲜半岛的局势有趋向缓和的可能，也存在爆发战争的隐患。特别是近年来关于朝鲜的核武器实验及导弹试射的传闻不断，更给半岛局势蒙上了阴影。

2018 年，朝鲜半岛局势发生了巨大的变化。尽管分歧犹存，但半岛和平机遇之窗依然敞开，世人对前景充满期待。这一年，金正恩成为踏上韩国土地的首位朝鲜最高领导人，并与韩国总统文在寅三次举行会晤，先后发表《板门店宣言》和《9月平壤共同宣言》。南北离散家属会面、设立南北共同联络事务所、撤除非军事区哨所、着手连接韩朝铁路公路……尽管受联合国制裁决议等限制，但朝韩和解合作与交流的大门已经再次打开。同年 6 月，朝美两国领导人历史性会晤。朝鲜国务委员会委员长金正恩与美国总统特朗普在新加坡举行首次会晤，就朝鲜半岛无核化及和平机制构建等事务展开磋商。两国领导人会后发表联合声明，宣布努力建立新的朝美关系，构建朝鲜半岛持久稳固的和平机制。美方承诺向朝方提供"安全保障"，朝方承诺向着半岛完全无核化方向努力。2019 年，金特在越会谈无果而终。

朝鲜最高领导人金正恩在板门店跨过军事
分界线，与韩国总统文在寅会晤

实现朝鲜半岛无核化、构筑半岛和平机制，已成为国际社会普遍共识。历史站在新的起点，但朝鲜半岛和平稳定的目标注定不会一蹴而就。我们应清醒地认识到，朝美联合声明仅仅确定了一个积极的总体框架，缺乏在朝鲜半岛建立和平机制、实现无核化的具体路径规划。朝鲜半岛问题的本质是安全问题，实现半岛和平的关键在于妥善、平衡解决好各方的合理安全关切。作为朝核问题直接当事方，朝美双方要缓解乃至彻底扭转半个多世纪以来的敌视与对抗，仅靠一两次谈判显然不切实际，需要双方增进互信，不断投入"积极因子"，少反复、多落实，其中美国方面的立场和举措尤为重要。同时由于朝美缺乏互信，国际合作才能有效填补双方"信任赤字"。

（2）印度和巴基斯坦的对立。

印度和巴基斯坦都致力于本国经济的发展，不希望彼此间爆发新的战争。但是由于历史原因，印巴两国既存在民族怨恨，又存在宗教纠纷，还存在领土争端，在短时间内难以得到解决。两国独立后发生过三次战争，现在仍陈重兵对峙于边境。多年来，印巴军事摩擦时有发生。尽管后来印巴军方于 2017 年 11 月曾达成一致，同意必须恢复 2003 年停火协议的"精神"以保护无辜平民。但 2018 年新年伊始，

双方仍然沿实际控制线频繁发生交火，两国军队更是连续四天在边境地区进行激

印巴军队激烈交火

战，造成双方人员伤亡惨重。2018年5月30日，印度和巴基斯坦同意在克什米尔地区停止交火，双方同意落实于2003年达成的停火协议。2019年，空战又起。但我们同时也要冷静地看待，因为毕竟在过去印巴多次就实控线达成停火协议。印巴对立出现的反复性，对我国的安全环境产生了不利影响。克什米尔地区是印度和巴基斯坦争夺的焦点，如果战争爆发，必然对我国边境安全构成较大威胁。

3. 边界和海洋权益争端尚存

我国与一些邻国的边界争议及海洋权益的争议情况复杂，解决起来难度很大，这些争议始终是威胁我国边境和领海安全的不稳定因素。

（1）中印边界争端问题。

由于历史的原因，中印边界从未正式划定过，边界全线都存在争议。冷战结束后，随着中印关系的不断改善，1993年9月，中印正式签署了《关于在中印边境实际控制线地区保持和平与安宁的协定》。1996年11月，两国签署了《关于在中印边境实际控制线地区军事领域建立信任措施的协定》。但是1998年3月，人民党执政的印度政府上台伊始就大肆渲染"中国威胁论"，无端指责我国侵占印度的领土，对印度安全构成严重的威胁，为其发展核武器寻找借口。

2017年6月18日，印度边防人员在中印边界锡金段越过边界线进入中方境内，阻挠我国边防部队在洞朗地区的正常活动。针对这一损害我国领土主权、威胁我国安全利益的行为，中国本着最大善意，保持高度克制并迅速表明态度且划出底线。2017年8月28日14时30分许，印方将越界人员和设备全部撤回边界印方一侧，中方现场人员对此进行了确认。

应当看到，由于双方确信边界问题的早日解决符合两国的基本利益，因此将其视为共同战略目标，这为两国边界问题的解决奠定了基础。但是两国领土争端面积较大，对两国利益有重要影响，确定边界的工作复杂，问题的最终解决还需要两国一定时间的努力。

相关链接：
印度再炒"洞朗对峙"

（2）中日钓鱼岛争端问题。

中日钓鱼岛争端是日本侵犯中国领土所引发的争端。钓鱼岛及其附属岛屿自古以来就是我国的固有领土，我国对此拥有充分的历史和法理依据。但是，日本方面

无视大量历史事实，竟声称钓鱼岛为日本的"固有领土"。随着钓鱼岛战略地位被重视和资源被发现，日方通过"购岛"等闹剧，妄图窃取钓鱼岛主权。随着美国"重返亚太"战略的实施，美国在钓鱼岛问题上横加干涉，致使问题越发复杂。

相关链接：

2012 年中日钓鱼岛争端回顾

2018 年 1 月 11 日，日本政府声明，有一艘不明国籍潜艇进入钓鱼岛 12nm 毗连区，中国军舰很有可能进入了同一区域，日方已就此提出抗议。我国外交部回应，当日日本海上自卫队两艘舰艇先后进入赤尾屿东北侧毗连区活动，我国海军对日方活动实施了全程跟踪监控。尔后，日方舰艇离开有关毗连区。我国外交部强调，钓鱼岛及其附属岛屿是中国固有领土，中国对钓鱼岛的主权拥有充分的历史和法理依据。日方有关做法丝毫改变不了钓鱼岛属于中国的客观事实，也丝毫动摇不了中方维护钓鱼岛领土主权的坚定决心。中方敦促日方停止在钓鱼岛问题上制造事端，按照双方 2014 年达成的四点原则共识精神，与中方相向而行，以实际行动为两国关系改善发展作出努力。钓鱼岛问题是目前中日关系中的核心问题之一，关系着中日关系的健康发展。

（3）南海权益争端问题。

中国南海诸岛主权，是中国人民在长期的历史发展进程中，通过最早发现、最早命名、最早经营开发，并由历代中国政府行使连续不断的行政管辖的基础上逐步形成的。这一发展过程有充分、确凿的历史依据，国际社会也是长期予以承认的。事实上，第二次世界大战之后相当长时期内，并不存在所谓南海问题。南海周边没有任何国家对我国在南海诸岛及其附近海域行使主权提出过异议，世界上绝大多数国家都对中国在南海诸岛的主权予以承认和尊重。越南在 1975 年以前明确承认中国对南沙群岛的领土主权，直至 1974 年的越南教科书中仍表述："南沙、西沙各岛到海南岛、台湾、澎湖列岛、舟山群岛形成的弧形岛环，构成了保卫中国大陆的一道长城。"菲律宾和马来西亚等国在 20 世纪 70 年代以前没有任何法律文件或领导人讲话提及本国领土范围包括南沙群岛。而美国与西班牙 1898 年签订的《巴黎条约》和 1900 年签订的《华盛顿条约》明确规定菲律宾的领土范围，其中并未包括南沙群岛。马来西亚直到 1978 年 12 月，才在其公布的大陆架地图上将南沙群岛的部分岛礁和海域标在马来西亚境内。

20 世纪 50 年代，"东亚和东南亚沿岸和近海地学计划委员会"（CCOP）在南沙海域进行地质和地球物理勘探，发现了储量丰富的石油天然气资源。1968 年，联合国亚洲暨远东经济委员会下属"亚洲外岛海域矿产资源联合探勘协调委员会"完成的报告进一步揭示了南海海域石油储藏前景。此后，越南、菲律宾、马来西亚等国以军事手段占领南沙群岛部分岛礁，在南沙群岛附近海域进行大规模资源开发活动并提出主权要求，南沙群岛领土主权争端由此产生并日趋激烈。

20世纪70年代末，特别是1982年的《联合国海洋法公约》赋予沿岸国200海里专属经济区和大陆架的管辖权，南海周边国家据此纷纷提出各自的200海里专属经济区和大陆架主张，并公然把其主张范围扩大到我国南沙群岛及其附近海域，侵犯我领土主权并与我国在南海主张的管辖海域形成大面积重叠，围绕南海出现新一轮角逐。

20世纪90年代以来，以南沙岛屿归属和海域划界为核心的南海争议，与战略资源的攫取以及地缘安全交织在一起，日趋复杂和激烈。

时至今日，由于南海周边国家主权要求和利益诉求不断扩大化、专属经济区和大陆架主张重叠所产生的矛盾冲突不断扩大化、以海洋权益为核心的竞争不断扩大化以及以美国为首的域外国家插手南海问题的趋势不断扩大化，南海地区的和平与稳定面临重大挑战。

军海泛舟

中国对南沙群岛及其附近海域拥有无可争辩的主权。中国始终坚持通过谈判协商和平解决争议，坚持通过制定规则和建立机制管控争议，坚持通过互利合作实现共赢，坚持维护南海和平稳定及南海航行和飞越自由。中国与东盟国家就南海问题保持密切沟通对话，在全面有效落实《南海各方行为宣言》框架下深化海上务实合作，稳步推进"南海行为准则"磋商，不断取得积极进展。中国坚决反对个别国家为一己私利在本地区挑动是非。对于侵犯中国领土主权和海洋权益、蓄意挑起事端破坏南海和平稳定的挑衅行动，中国将不得不作出必要反应。任何将南海问题国际化、司法化的做法都无助于争议的解决，相反只会增加解决问题的难度，危害地区和平与稳定。

众所周知，南海海权之争近年来十分敏感。有的域外大国以维护海上航行自由为名，频频插手南海争端，激发矛盾，挑拨离间。2016年所谓"南海仲裁案"一度甚嚣尘上，但是得益于我国和菲律宾等相关方作出的大量努力，南海紧张局势逐渐呈现缓和态势，使得这一问题被炒作的空间逐渐缩小。

尽管如此，域外大国仍不甘心，继续派军舰挑战我国在南海的主权。2018年1月17日，美国海军"霍珀"号导弹驱逐舰擅自进入我国黄岩岛附近海域，中方立即有力回应——我国军舰对美舰进行识别查证，并予以警告驱离。我国维护本国领土主权和海洋权益的决心坚定不移，维护南海和平稳定的意志坚定不移，同争端直接当事方以对话协商解决问题的抉择也坚定不移。针对南海问题，我国未曾有过半点退缩犹豫，如今更不可能动摇战略定力。如果有关方面一再在本地区无事生非、制造紧张，最终只会让中方得出这样的结论：为切实维护南海和平，中方在南海的相关能力建设确实有必要加强、加快。

4.恐怖主义和民族分裂势力活动威胁存在

我国是一个多民族的国家，国家统一、民族团结、社会稳定始终是国家安全和发展的重要前提。但恐怖主义和民族分裂势力对中国安全统一的危害不容低估。当前，出现了民族分裂主义、国际恐怖主义和宗教极端主义合流的趋势，这"三股势力"内外勾结、相互借重，对世界和平与发展构成了更加严重的威胁。中东、中亚、南亚和东南亚成为恐怖活动的高发区。我国也处于恐怖主义和民族分裂势力活动的威胁之中，境外"东突"恐怖组织和"藏独"分子正加紧向我国境内渗透。恐怖主义和民族分裂势力活动已对我国改革、发展、稳定构成最直接和最现实的威胁。

乌鲁木齐发生打砸抢烧严重暴力犯罪事件

三、祖国必须统一，也必然统一

台湾问题的产生和演变同近代以来中华民族命运休戚相关。1840年鸦片战争后，西方列强入侵，中国陷入内忧外患、山河破碎的悲惨境地，台湾更是被外族侵占长达半个世纪。为战胜外来侵略、争取民族解放、实现国家统一，中华儿女前仆后继，进行了可歌可泣的斗争，台湾同胞在这场斗争中作出了重要贡献。1945年，中国人民同世界各国人民一道，取得了中国人民抗日战争暨世界反法西斯战争的伟大胜利，台湾随之光复，重回祖国怀抱。其后不久，由于中国内战延续和外部势力干涉，海峡两岸陷入长期政治对立的特殊状态。

（一）70年来两岸关系发展历程

70年来，中国共产党、中国政府、中国人民始终把解决台湾问题、实现祖国完全统一作为矢志不渝的历史任务。我们团结台湾同胞，推动台海形势从紧张对峙走向缓和改善，进而走上和平发展道路，两岸关系不断取得突破性进展。

1.实现全面直接双向"三通"

顺应两岸同胞共同愿望，推动打破两岸隔绝状态，实现全面直接双向"三通"，开启两岸同胞大交流大交往大合作局面，两岸交流合作日益广泛，相互往来日益密切，彼此心灵日益契合。台湾同胞为祖国大陆改革开放作出重大贡献，也分享了大陆发展机遇。

2.达成"九二共识"

秉持求同存异精神，推动两岸双方在一个中国原则基础上达成"海峡两岸同属一个中国，共同努力谋求国家统一"的"九二共识"，开启两岸协商谈判，推进两岸政党党际交流，开辟两岸关系和平发展道路，实现两岸领导人历史性会晤，使两岸政治互动达到新高度。

3. 坚持"一国两制"和推进祖国统一基本方略

把握两岸关系发展时代变化，提出和平解决台湾问题的政策主张和"一国两制"科学构想，确立了"和平统一、一国两制"基本方针，进而形成了坚持"一国两制"和推进祖国统一基本方略，回答了新时代推动两岸关系和平发展、团结台湾同胞共同致力于实现民族伟大复兴和祖国和平统一的时代命题。

相关链接：
"一国两制"概念正式提出

4. 坚持一个中国原则

高举和平、发展、合作、共赢的旗帜，在和平共处五项原则基础上发展同各国的友好合作，巩固国际社会坚持一个中国原则的格局，越来越多国家和人民理解和支持中国统一事业。

5. 坚决反对"台独"分裂活动

始终着眼于中华民族整体利益和长远利益，坚定维护国家主权和领土完整，团结全体中华儿女，坚决挫败各种制造"两个中国""一中一台""台湾独立"的图谋，取得一系列反"台独"、反分裂斗争的重大胜利。

两岸关系发展历程证明：台湾是中国一部分、两岸同属一个中国的历史和法理事实，是任何人任何势力都无法改变的！两岸同胞都是中国人，血浓于水、守望相助的天然情感和民族认同，是任何人任何势力都无法改变的！台海形势走向和平稳定、两岸关系向前发展的时代潮流，是任何人任何势力都无法阻挡的！国家强大、民族复兴、两岸统一的历史大势，更是任何人任何势力都无法阻挡的！

（二）推进祖国统一进程的五项重大主张

回顾历史，是为了启迪今天、昭示明天。祖国必须统一，也必然统一。这是70载两岸关系发展历程的历史定论，也是新时代中华民族伟大复兴的必然要求。两岸中国人、海内外中华儿女理应共担民族大义、顺应历史大势，共同推动两岸关系和平发展、推进祖国和平统一进程。

1. 携手推动民族复兴，实现和平统一目标

民族复兴、国家统一是大势所趋、大义所在、民心所向。一水之隔、咫尺天涯，两岸迄今尚未完全统一是历史遗留给中华民族的创伤。两岸中国人应该共同努力谋求国家统一，抚平历史创伤。广大台湾同胞都是中华民族一分子，要做堂堂正正的中国人，认真思考台湾在民族复兴中的地位和作用，把促进国家完全统一、共谋民族伟大复兴作为无上光荣的事业。

台湾前途在于国家统一，台湾同胞福祉系于民族复兴。两岸关系和平发展是

维护两岸和平、促进两岸共同发展、造福两岸同胞的正确道路。两岸关系和平发展要两岸同胞共同推动，靠两岸同胞共同维护，由两岸同胞共同分享。中国梦是两岸同胞共同的梦，民族复兴、国家强盛，两岸中国人才能过上富足美好的生活。在中华民族走向伟大复兴的进程中，台湾同胞定然不会缺席。两岸同胞要携手同心，共圆中国梦，共担民族复兴的责任，共享民族复兴的荣耀。台湾问题因民族弱乱而产生，必将随着民族复兴而终结！

2. 探索"一国两制"台湾方案，丰富和平统一实践

"和平统一、一国两制"是实现国家统一的最佳方式，体现了海纳百川、有容乃大的中华智慧，既充分考虑台湾现实情况，又有利于统一后台湾长治久安。

制度不同，不是统一的障碍，更不是分裂的借口。"一国两制"的提出，本来就是为了照顾台湾现实情况，维护台湾同胞利益福祉。"一国两制"在台湾的具体实现形式会充分考虑台湾现实情况，会充分吸收两岸各界意见和建议，会充分照顾到台湾同胞利益和感情。在确保国家主权、安全、发展利益的前提下，和平统一后，台湾同胞的社会制度和生活方式等将得到充分尊重，台湾同胞的私人财产、宗教信仰、合法权益将得到充分保障。

两岸同胞是一家人，两岸的事是两岸同胞的家里事，当然也应该由家里人商量着办。和平统一，是平等协商、共议统一。两岸长期存在的政治分歧问题是影响两岸关系行稳致远的总根子，总不能一代一代传下去。两岸双方应该本着对民族、对后世负责的态度，凝聚智慧，发挥创意，聚同化异，争取早日解决政治对立，实现台海持久和平，达成国家统一愿景，让我们的子孙后代在祥和、安宁、繁荣、尊严的共同家园中生活成长。

在一个中国原则基础上，台湾任何政党、团体同我们的交往都不存在障碍。以对话取代对抗、以合作取代争斗、以双赢取代零和，两岸关系才能行稳致远。我们愿意同台湾各党派、团体和人士就两岸政治问题和推进祖国和平统一进程的有关问题开展对话沟通，广泛交换意见，寻求社会共识，推进政治谈判。

我们郑重倡议，在坚持"九二共识"、反对"台独"的共同政治基础上，两岸各政党、各界别推举代表性人士，就两岸关系和民族未来开展广泛深入的民主协商，就推动两岸关系和平发展达成制度性安排。

3. 坚持一个中国原则，维护和平统一前景

尽管海峡两岸尚未完全统一，但中国主权和领土从未分割，大陆和台湾同属一个中国的事实从未改变。一个中国原则是两岸关系的政治基础。坚持一个中国原则，两岸关系就能改善和发展，台湾同胞就能受益。背离一个中国原则，就会导致两岸关系紧张动荡，损害台湾同胞切身利益。

统一是历史大势，是正道。"台独"是历史逆流，是绝路。广大台湾同胞具有光荣的爱国主义传统，是我们的骨肉天亲。我们坚持寄希望于台湾人民的方针，一如既往尊重台湾同胞、关爱台湾同胞、团结台湾同胞、依靠台湾同胞，全心全意为

台湾同胞办实事、做好事、解难事。广大台湾同胞不分党派、不分宗教、不分阶层、不分军民、不分地域，都要认清"台独"只会给台湾带来深重祸害，坚决反对"台独"分裂，共同追求和平统一的光明前景。我们愿意为和平统一创造广阔空间，但绝不为各种形式的"台独"分裂活动留下任何空间。

中国人不打中国人。我们愿意以最大诚意、尽最大努力争取和平统一的前景，因为以和平方式实现统一，对两岸同胞和全民族最有利。我们不承诺放弃使用武力，保留采取一切必要措施的选项，针对的是外部势力干涉和极少数"台独"分裂分子及其分裂活动，绝非针对台湾同胞。两岸同胞要共谋和平、共护和平、共享和平。

4. 深化两岸融合发展，夯实和平统一基础

两岸同胞血脉相连。亲望亲好，中国人要帮中国人。我们对台湾同胞一视同仁，将继续率先同台湾同胞分享大陆发展机遇，为台湾同胞、台湾企业提供同等待遇，让大家有更多获得感。和平统一之后，台湾将永保太平，民众将安居乐业。有强大祖国作依靠，台湾同胞的民生福祉会更好，发展空间会更大，在国际上腰杆会更硬、底气会更足，更加安全、更有尊严。

我们要积极推进两岸经济合作制度化，打造两岸共同市场，为发展增动力，为合作添活力，壮大中华民族经济。两岸要应通尽通，提升经贸合作畅通、基础设施联通、能源资源互通、行业标准共通，可以率先实现金门、马祖同福建沿海地区通水、通电、通气、通桥。要推动两岸文化教育、医疗卫生合作，社会保障和公共资源共享，支持两岸邻近或条件相当地区基本公共服务均等化、普惠化、便捷化。

5. 实现同胞心灵契合，增进和平统一认同

国家之魂，文以化之，文以铸之。两岸同胞同根同源、同文同种，中华文化是两岸同胞心灵的根脉和归属。人之相交，贵在知心。不管遭遇多少干扰阻碍，两岸同胞交流合作不能停、不能断、不能少。两岸同胞要共同传承中华优秀传统文化，推动其实现创造性转化、创新性发展。两岸同胞要交流互鉴、对话包容，推己及人、将心比心，加深相互理解，增进互信认同。要秉持同胞情、同理心，以正确的历史观、民族观、国家观化育后人，弘扬伟大民族精神。亲人之间，没有解不开的心结。久久为功，必定能达到两岸同胞心灵契合。

支持和追求国家统一是民族大义，应该得到全民族肯定。伟大祖国永远是所有爱国统一力量的坚强后盾！我们真诚希望所有台湾同胞，像珍视自己的眼睛一样珍视和平，像追求人生的幸福一样追求统一，积极参与到推进祖国和平统一的正义事业中来。国家的希望、民族的未来在青年。两岸青年要勇担重任、团结友爱、携手打拼。我们热忱欢迎台湾青年来祖国大陆追梦、筑梦、圆梦。两岸中国人要精诚团结、携手同心，为同胞谋福祉，为民族创未来！

长期以来，香港同胞、澳门同胞和海外侨胞关心支持祖国统一大业，作出了积极贡献。希望香港同胞、澳门同胞和海外侨胞一如既往，为推动两岸关系和平发

展、实现祖国和平统一再立新功。世界上只有一个中国，坚持一个中国原则是公认的国际关系准则，是国际社会普遍共识。国际社会广泛理解和支持中国人民反对"台独"分裂活动、争取完成国家统一的正义事业。中国政府对此表示赞赏和感谢。中国人的事要由中国人来决定。台湾问题是中国的内政，事关中国核心利益和中国人民民族感情，不容任何外来干涉。中国的统一，不会损害任何国家的正当利益包括其在台湾的经济利益，只会给各国带来更多发展机遇，只会给亚太地区和世界繁荣稳定注入更多正能量，只会为构建人类命运共同体、为世界和平发展和人类进步事业作出更大贡献。

中国"一点都不能少"

历史不能选择，现在可以把握，未来可以开创！新时代是中华民族大发展大作为的时代，也是两岸同胞大发展大作为的时代。前进道路不可能一帆风顺，但只要我们和衷共济、共同奋斗，就一定能够共创中华民族伟大复兴美好未来，就一定能够完成祖国统一大业！

四、新形势下的国家安全

党的十九大报告把"坚持总体国家安全观"，作为中国特色社会主义基本方略的重要内容，凸显了新时代国家安全在治国安邦中重要基石的地位作用，对有力应对国内外各种安全挑战、有效维护国家安全赋予了新使命，提出了更高要求。我们要准确把握新时代国家安全面临的新形势新任务新要求，牢牢掌握维护国家安全的战略主动权，奋力开拓国家安全工作新局面，为实现中国梦提供坚实安全保障。

（一）准确把握我国国家安全面临的形势变化，不断强化维护国家安全的政治担当

中国特色社会主义进入新时代，中华民族从站起来、富起来到强起来，对国家安全提出前所未有的新要求。只有准确把握我国国家安全形势面临的新变化，才能与时俱进提升维护国家安全的战略能力，担起维护国家安全的历史责任。

1. 国家安全内涵新拓展

国家安全内涵新拓展，要求提升维护大国安全所具备的战略能力。我们在"站起来"的时代，主要是实现民族解放、维护国家独立和新生政权安全；在"富起来"的时代，主要是维护日益拓展的国家利益、捍卫改革发展取得的重要成果；在"强起来"的时代，去应对全方位安全、新疆域安全、"走出去"后安全、地区性安全乃至全球性安全问题等。特别是随着我国向强国迈进，必须以全球视野，增强处理应对国际与地区安全问题的主动权，大力推进全球治理体系深层变革，建设与我

国国际地位相称、与国家安全和发展利益相适应的大国安全战略能力。

2. 国家安全面临新挑战

国家安全面临新挑战，要求提升管控化解多重风险的综合能力。进入中国特色社会主义新时代，每一步战略目标的实现都必然伴随高风险的重大安全挑战。这些重大安全挑战，既有来自国内的，也有来自国际的，既包括经济、政治、文化、社会风险等，也包括军事领域各种风险等，并且各种风险很可能内外联动、相互交织、共生演化，形成风险综合体，产生连锁反应。如果发生重大风险扛不住，强国进程就可能被迫中断。这就要求我们必须把防范风险提升到新高度，力争不出现重大风险或在出现重大风险时扛得住、过得去，力争把风险化解在源头。

3. 国家安全提出新要求

国家安全提出新要求，要求提升维护国家安全的创新能力。当前我国仍处于社会转型期，各种矛盾错综复杂，同时处于中国国际地位提升与世界结构秩序和规则重构的特殊时期，国家安全呈现出国际性、系统性、全面性、交互性等特点，要求我们必须提升对国家安全重要性紧迫性的认识，增强忧患意识、危机意识和使命意识；深化对新形势下国家安全特点规律的研究，推进国家安全理论创新和思路创新，以新发展理念指导运筹国家安全，以全局视角定位国家安全，以整体思路规划国家安全；加强国家安全的全面合作，不断提升维护国家安全的综合能力和合作水平。

（二）深刻把握维护国家安全面临的新任务新要求，坚定不移走中国特色国家安全道路

党和国家的事业进入新时代，必须坚持以总体国家安全观为指导，更新价值理念，完善工作思路，健全制度机制，坚定不移走中国特色国家安全道路。

1. 坚持党对国家安全工作的领导

习近平主席指出："坚持党对国家安全工作的领导，是做好国家安全工作的根本原则。"党的十八大以来，中央决定成立国家安全委员会，研究部署国家安全工作，领导制定《国家安全法》等，目的就是建立集中统一、高效权威的国家安全体制，加强党对国家安全工作的领导。面对当前错综复杂的国内外安全环境及新任务新要求，必须不断强化党对国家安全工作领导的政治意识，健全完善党委统一领导的国家安全工作责任制，加强国家安全干部队伍建设，完善国家安全战略和国家安全政策，健全风险防控机制，切实做到守土有责、守土尽责。

2. 全面贯彻落实总体国家安全观

新时代有效维护国家安全，必须全面贯彻落实总体国家安全观，始终坚持国家利益至上，以人民安全为宗旨，以政治安全为根本，科学运筹国内与国际、发展与安全，统筹外部安全与内部安全、国土安全与国民安全、传统安全与非传统安全、自身安全与共同安全，完善国家安全制度体系，加强国家安全能力建设，坚决维护国家主权、安全、发展利益。要把人民安危置于最重要位置，严密防范和坚决打击

各种渗透颠覆破坏活动、暴力恐怖活动、民族分裂活动、宗教极端活动，强化底线思维，有效防范、管理和处理国家安全风险，满足人民追求美好生活的安全需要。

3. 牢牢把握军事实力这个保底手段

国防和军队建设是国家安全的坚强后盾，军事手段始终是维护国家利益和战略底线的保底手段，是实现"两个一百年"奋斗目标和中国梦的战略支撑。必须适应国家安全环境深刻变化，适应强国强军时代要求，全面贯彻习近平强军思想，建设一支听党指挥、能打胜仗、作风优良的人民军队，把人民军队全面建设成为世界一流军队，不断提高有效塑造态势、管控危机、遏制战争、打赢战争的战略能力。

（三）用全球思维统筹发展和安全，把维护国家安全的战略主动权牢牢掌握在自己手中

当今世界处于大发展大变革大调整时期，呼唤与大国安全相适应的战略远见和全球视野。只有用全球思维统筹国家安全与发展问题，把握世界格局演变趋势，洞悉未来世界可能走向，才能牢牢掌握维护国家安全的战略主动权。

1. 始终立足国际秩序大变局统筹国家安全

当前，世界多极化、经济全球化、社会信息化深入发展，和平发展大势日益强劲，同时，地区动荡、恐怖主义、金融风险等人类共同面临的问题愈加突出。各国既享有前所未有的发展机遇，也面对全球性安全挑战，没有哪个国家可以置身事外、独善其身。随着我国发展由大向强跃升，与世界联系更加密切，对国家安全的国际环境要求更高。新时代维护国家安全，应当着眼推动构建人类命运共同体，宣扬和确立共同、综合、合作、可持续的新安全观，加强国际安全合作，坚持原则性和策略性相统一，始终做世界和平的建设者、全球发展的贡献者、国际秩序的维护者，为建设一个普遍安全的世界提供中国方案。

2. 始终立足防范风险的大前提谋求国家安全

国家安全是在应对、防范和化解风险中赢得的。当前，随着我国日益走近世界舞台中央，一些国家和国际势力对我阻遏、忧惧、施压增大；国内改革攻坚突破利益藩篱和体制性障碍，触"地雷"、涉"险滩"等风险增加。特别是各种矛盾风险挑战源、挑战点相互交织，如果防范不及、应对不力，就可能传导叠加，演变为系统性风险，甚至危及党的执政地位和国家安全。必须预先发现并尽早化解苗头性、倾向性风险，从应对最困难情况着想制定相关应急防范措施，把主要精力放在应对重大挑战、抵御重大风险、解决重大矛盾上，不断消除风险隐患。

3. 始终立足维护我国发展重要战略机遇期塑造国家安全

塑造国家安全，说到底是为了维护国家发展重要战略机遇期，确保中华民族伟大复兴进程不被滞缓或打断。党的十九大规划了我国未来30多年的发展战略，并强调："我国发展仍处于重要战略机遇期，前景十分光明，挑战也十分严峻。"实现党

的十九大描绘的宏伟蓝图，要求我们必须以积极的战略运筹塑造国家安全环境，阐述和传播新型安全观，构建深度交融的经贸技术互利合作网络，扩大和拓展与各国的共同利益、交叉利益，妥善处理国家间利益冲突，加强国际安全领域合作，构建安全共享、安全共担、安全共建、安全共赢的理念和格局。

4. 始终立足实现国家长远发展目标保持战略定力

越是接近奋斗目标，我们面对的前进阻力和风险压力就会越大，特别是当前影响我国国家安全的热点增多、焦点多变，容易带来各种影响和干扰，越是要有高超政治智慧和战略定力。我们要善于从政治全局上观察问题、分析问题，善于从战略上把握大势、研判走势，善于从纷繁复杂表象中把握事物本质，善于在重大问题上深思熟虑、谋定而动，保持战略定力、战略自信、战略耐心，不断提升国家安全工作的前瞻预见力、战略谋划力、主动塑造力和综合施策力，从而把维护国家安全的战略主动权牢牢掌握在自己手中。

五、新兴领域的国家安全

新兴领域是国家安全和发展利益的拓展区，是世界大国争夺战略主动权的博弈区，谁能占领先机、最先在此领域取得突破，谁就能占据战略主动权。未来战争胜负不再取决于陆、海、空等传统领域作战实力的大小，而是取决于对深海、太空、网络等全球公域深、远、新边疆的控制能力。海洋、太空、网络空间等领域成为未来战争胜负新的较量场，也是新质战斗力生成的新空间。当前世界各大国已围绕新兴安全领域战略主导权展开激烈竞争。

（一）捍卫国家海洋安全

海洋是国家安全的重要屏障，关系国家长治久安和可持续发展。维护海洋安全必须突破重陆轻海的传统思维，高度重视经略海洋、维护海权。建设与国家安全和发展利益相适应的现代海上军事力量体系，维护国家主权和海洋权益，维护战略通道和海外利益安全，参与海洋国际合作，为建设海洋强国提供战略支撑。

进入新时代，世界安全形势风云变幻，我国的海洋安全问题也呈现出一系列新的特征和变化。习近平总书记审时度势，着眼实现中华民族伟大复兴的中国梦，在深刻分析海洋安全重要地位和作用的基础上，强调要顺应国家发展需要、顺应党心民意，强调要坚决维护海洋权益的既定战略和政策不动摇。着眼从维护国家安全全局高度，从加强海上力量建设维度，从制定海洋总体战略角度来布局海洋安全。

相关链接：
实现中华民族海洋强国梦

（二）维护国家太空安全

太空是国际战略竞争制高点。有关国家发展太空力量和手段，太空武器化初显端倪。中国一贯主张和平利用太空，反对太空武器化和太空军备竞赛，积极参与国际太空合作。密切跟踪掌握太空态势，应对太空安全威胁与挑战，保卫太空资产安全，服务国家经济建设和社会发展，维护太空安全。

直面新形势、新挑战，我们必须以总体国家安全观为指导，着眼国家安全全局与长远发展，从战略高度对国家太空安全进行科学筹划。当前，应重点从以下几方面加快推进国家太空安全体系建设：全面实施"太空优先"国家战略；加快健全太空军事力量体系；全方位培养造就太空安全人才；高度重视太空安全软实力建设。

（三）保障网络空间安全

网络空间是经济社会发展新支柱和国家安全新领域。网络空间国际战略竞争日趋激烈，不少国家都在发展网络空间军事力量。中国是黑客攻击最大的受害国之一，网络基础设施安全面临严峻威胁，网络空间对军事安全影响逐步上升。要加快网络空间力量建设，提高网络空间态势感知、网络防御、支援国家网络空间斗争和参与国际合作的能力，遏控网络空间重大危机，保障国家网络与信息安全，维护国家安全和社会稳定。保障网络空间安全主要包括以下几个方面内容：坚定捍卫网络空间主权；坚决维护国家安全；保护关键信息基础设施；完善网络治理体系；夯实网络安全基础；提升网络空间防护能力；强化网络空间国际合作。

第三节　国际战略形势

当今世界是一个变革的世界，是一个新机遇新挑战层出不穷的世界。国际形势正处在新的转折点上，各种战略力量加快分化组合，国际体系进入了加速演变和深刻调整的时期。世界经济在深度调整中曲折复苏，新一轮科技革命和产业变革蓄势待发，全球治理体系深刻变革，对国家面临的安全挑战和维护安全的方式产生了深远影响。

一、国际战略形势的现状

世界总体和平态势可望保持。发展中国家群体力量继续增强，国际力量对比深刻变化并朝着有利于和平与发展的方向变化。国际金融危机深层次影响在相当长时期依然存在。2008年金融危机以来，全球主要力量均受到不同程度影响，发展势头

日益出现分化。全球治理体系结构、亚太地缘战略格局和国际经济科技、军事竞争格局正在发生历史性变化。维护和平的力量上升，制约战争的因素增多，在可预见的未来，世界大战打不起来。

世界依然面临现实和潜在的局部战争威胁。霸权主义、强权政治和新干涉主义有新的发展，各种国际力量围绕权力和权益再分配的斗争趋于激烈，民族宗教矛盾、边界领土争端等热点复杂多变，小战不断、冲突不止、危机频发仍是一些地区的常态。

非传统安全威胁上升，引起国际社会的高度重视。一方面，世界各国把注意力转向气候变化、恐怖主义、经济发展、金融危机、网络安全、能源与粮食安全、重大传染性疾病等全球性挑战，以联合国为主要平台开展各种国际合作；另一方面，应对因地区冲突、环境恶化、自然灾害等因素而导致的人道主义问题，世界各国和国际组织的解决力度不断加强。

在前所未有的世界大变局中，世界新军事革命也在深入发展。这场世界新军事革命，以信息化为核心，以军事战略、军事技术、作战思想、作战力量、组织体制和军事管理创新为基本内容，以重塑军事体系为主要目标，几乎覆盖战争和军队建设全部领域。这场新军事革命，速度之快、范围之广、程度之深、影响之大，为第二次世界大战结束以来所罕见，直接影响各国的军事实力和综合国力对比，关乎战略主动权。

分析世界发展态势和国际格局变化，要树立世界眼光把握时代脉搏，要善于从当今世界的风云变幻中发现本质认清长远趋势。在充分估计国际格局发展演变的复杂性、世界经济调整的曲折性的同时，更要看到政治多极化、经济全球化深入发展的趋势不可逆转。在充分估计国际矛盾和斗争的尖锐性、国际秩序之争的长期性的同时，更要看到和平与发展的时代主题、国际体系变革方向不会改变。

二、国际战略形势的发展趋势

进入21世纪以来，世界发生了深刻而复杂的变化，和平与发展仍然是时代主题，国际社会日益成为"你中有我、我中有你"的命运共同体，和平、发展、合作、共赢成为不可阻挡的时代潮流。

（一）多极化趋势继续发展

多极化进程能否继续，取决于美国与其他国际战略力量之间的对比。目前，美国不顾世界多样性的实际情况，凭借自己的强大实力，把其意识形态、价值观念、发展模式和社会制度强加于国情不同的世界各国，企图建立美国一家独霸的单极世界。

从长远看，世界上从来就没有永远的"霸权"，大英帝国的衰落就是历史见证。国际体系产生后，国际格局出现过多次变化，到第二次世界大战后，形成了以美苏两极格局为基础的雅尔塔体系。苏联解体后，世界一度形成了以美国为唯一超级大国和多个强国并存的态势，战略力量对比严重失衡。从1991年到2018年，经过多年演变，大国实力对比和大国战略关系这两个决定国际格局的要素出现了重大变化，国际格局出现新的重大调整。美国经历了"9·11"事件、阿富汗战争、伊拉克战争、金融危机和利比亚战争等，国力大不如前。美国政府企图力挽颓势，但面临重重困难。受金融危机的冲击，美、欧、日之间的矛盾和摩擦呈现新特点，在全球事务上的影响力进一步减弱，但西方实力上的总体优势依然存在。

相关链接：
美国发动或参与的几场战争花销

美、欧、日的相对衰落和发展中大国的群体性崛起，使一度严重失衡的全球战略力量对比得到一定改变，推动全球战略格局向着有利于多极化的方向演变。这一变化大势如果不断延伸和扩大，会从根本上改变1500年来由西方殖民侵略造成的国际体系中的"北强南弱"的战略态势，为构建公正合理的国际新秩序提供更好的力量基础。

（二）未来国际战略格局中各方关系将日趋复杂

两极格局解体后，当今世界的五大力量都在通过调整对外政策来寻求自己的有利地位。美国虽然认为它是"唯一有能力进行全球干预的超级大国"，但也开始承认世界多极化的现实。近年来，美国的对外政策也在进行调整。特别是"9·11"事件后，美国出于"反恐"的需要，也在局部调整其外交政策和安全战略，并将战略重心转移至亚太地区。在欧洲，美国一方面积极推进北约东扩，另一方面也顾及俄罗斯在原苏联地区的特殊利益。同时，美国还改变了过去只要西欧联盟尽"义务"而不给"权利"的做法，支持西欧联盟在维护欧洲安全方面发挥更大的作用。在亚洲，美国着手建立美日之间的新型同盟关系，支持日本在参与亚太事务中承担更多的权利和义务；对中国主张采取"全面接触"战略，使中美关系得到一定程度的改善。另外，俄罗斯也在积极调整对外政策，努力恢复其大国地位和作用。坚持俄罗斯在原苏联地区的"特殊责任和特殊利益"，反对北约东扩。欧盟在积极推进欧洲政治、经济一体化的同时，也在加强欧洲自身的防务力量，逐步削弱美国对欧洲的控制和影响。日本为了谋求政治大国和军事大国地位，一方面加强日美同盟关系；另一方面也积极寻求改善与亚洲各国之间的关系，企求在参与国际和地区事务中发挥更大的作用。中国在加大改革力度、加速经济发展的同时，通过开展灵活的、全方位的外交，明显改善了与周边国家的关系，进一步提高了国际地位和对国际事务的发言权。

以上情况说明，随着冷战后国际形势的发展，大国间的相互制约关系显著增强，并日趋复杂。今后，维护世界和平和推动经济发展，主要靠美国、俄罗斯、欧盟、日本、中国等各大战略力量的协调与合作。其中，美、中、俄的协调与合作尤为重要。世界各大战略力量对外政策和战略关系的调整，将使未来国际战略格局呈现新的特征：一是关系复杂化。在多极格局中，各大战略力量之间将形成交叉多边关系，各国政策变化取向不确定。二是集团松散化。政治与军事集团内部关系相对松散，各国对外政策独立性增强，因各自利益关系，同盟国之间和非同盟国之间的距离有所接近。三是外交多边化。多边机构和组织的作用突出，双边关系受多边事务和多边关系的制约日益增大，各国政策将由双边政策为主转向多边与双边政策并重。四是合作区域化。区域化成为新地缘政治的动力，地域和文化同一性有可能取代意识形态的同一性，地区或次地区经济合作和安全合作将成为对外合作的重点。

（三）全球化深入发展，但也存在负面影响

近年来，经济全球化进程加速发展，对世界格局和国际安全产生了深刻影响，为今天世界的结构提供了重要的前提和催化动力。一方面，全球化扩大了各大国之间的利益联系，使得大国的相互依存性增强，有力地制约了大国间发生战争的可能性。另一方面，全球化使得财富进一步向发达国家集中，加剧了弱势国家的贫穷落后。高技术在冷战后成为发达国家财富的强力吸纳器，美国凭借其高科技优势，在全球化进程中获利最大。经济全球化促使世界自由大市场的形成，优质资源进一步向美国集聚，反过来又推动了其科技进一步发展和军事实力进一步提升，为其推行霸权主义提供了物质资本。这一结果使得本已失衡的世界战略力量格局更加失衡，使美国在国际安全中更加我行我素、为所欲为。贫富悬殊和霸权主义者的肆意攻击，使得宗教、民族和国家之间的矛盾尖锐化，导致恐怖主义、极端宗教势力和极端民族主义猖獗泛滥。以信息技术为代表的先进技术和手段拉近了穷人和富人、不同宗教和文化传统的距离，增大了摩擦和碰撞的概率，使得恐怖主义分子、资金、技术能够在全球流动，组织更容易，进行恐怖活动更为便捷。因此，打击恐怖主义和防扩散将面临更加困难而复杂的形势。

（四）国际反恐斗争影响国际战略格局演变

"9·11"事件现场图片

"9·11"事件对国际战略格局产生了重大影响。国际恐怖主义与民族分裂主义和宗教极端主义相互勾结，滥打滥杀，威胁地区的和平与稳定。在"反恐"的旗帜下，大国关系分化组合，合作倾向加强。伊斯兰民众反美情绪强烈，宗教极端组织大力实施暴力行动。美国以"反恐"为借口，将一些国家列入"邪恶轴心""支持恐怖主义国家""被奴役国

家""失败国家"黑名单，肆意发动攻击，企图建立单极统治的世界，对国际安全构成重大威胁。这些在本质上都是南北矛盾激化的表现，是全球范围内贫富两极分化的必然结果。美国以暴反恐、单边主义的做法，必然导致激进势力采取以恐反霸、以暴抗暴的态度和恐怖主义的泛滥。

在21世纪的最初10年中，重大恐怖袭击事件相继发生，呈现出国际恐怖主义的一些新动向：本土恐怖威胁国际化和国际恐怖威胁本土化恶性互动，小规模、低成本、"刀刀见血"的"微恐怖主义"兴起，网络恐怖给国际安全造成越来越大的危害，海盗成为威胁国际安全的顽疾……这些，正在使国际社会加强协调，加强反恐合作，调整反恐策略，同时也使人们认识到国际反恐斗争任重道远，世界各国尤其是大国之间必须加强合作，缓和矛盾，调整部署，才能更好地应对这种复杂情况。但近几年来，美国注意到中国迅速崛起的影响，在某些方面继续与中国合作的同时，加紧调整军事部署以加强对中国的遏制和围堵。

（五）中国在多极格局中的地位与作用将愈显突出

中国是一个发展中的社会主义大国，也是当今世界维护和平的重要力量。作为未来多极格局中的一极，中国对世界的影响是多方面的，其主要作用体现在三个方面。

1. 在反对霸权主义和强权政治上起制约作用

当前，霸权主义和强权政治依然存在，世界并不安宁，原来被两极格局掩盖的各种矛盾都暴露出来。在各种政治力量的矛盾与冲突中，在中美俄、中美日等三角关系中，中国将起到平衡与制约作用，并成为抑制霸权主义和强权政治的重要因素。我国始终坚持独立自主的和平外交政策，始终不渝走和平发展道路、奉行互利共赢的开放战略，坚定维护国际关系基本准则，维护国际公平正义。我国实现由封闭半封闭到全方位开放的历史转变，积极参与经济全球化进程，为推动人类共同发展作出了应有贡献。党的十八大以来，我国积极推动建设开放型世界经济、构建人类命运共同体，促进全球治理体系变革，旗帜鲜明反对霸权主义和强权政治，为世界和平与发展不断贡献中国智慧、中国方案、中国力量。我国日益走近世界舞台中央，成为国际社会公认的世界和平的建设者、全球发展的贡献者、国际秩序的维护者。

相关链接：
维护世界和平的中国军队

2. 在经济发展上起引领作用

改革开放40年来，中国的社会主义现代化建设取得了世界瞩目的成就，经济和社会面貌发生了深刻的变化。仅就经济发展而言，过去40年中，世界的经济增长率为2%～3%，而中国的经济增长率基本保持在7%～10%，相当于世界经济增长率的 3 倍。因此，中国的经济改革经验受到国际社会的普遍关注。许多国家领导人和专家、学者认为，中国的经济改革是"历史上最大的实验"，具有引领作用，不可避免地要引起连锁反应，对世界上其他国家特别是发展中国家正在或将会"产生重大影响"。

2013 年秋，习近平总书记提出共建"一带一路"倡议，为改善全球经济治理和构建人类命运共同体贡献了中国智慧和中国方案。五年来，中国坚持共商、共建、共享原则，不断扩大与"一带一路"国家的合作共识，推进"一带一路"建设逐渐从理念转化为行动，从愿景转化为现实，从谋篇布局的"大写意"走向深耕细作的"工笔画"新阶段，取得了令人瞩目的成就。2018 年又有 60 多个国家和国际组织与中国签署"一带一路"合作文件，使签署文件总数达到近 170 个。在各方支持下，"一带一路"精神被写入联合国、中非合作论坛、上海合作组织、亚欧会议等重要国际机制成果文件，中巴经济走廊、中老铁路、中泰铁路、匈塞铁路、雅万高铁等一大批标志性项目稳步推进，多个发达国家主动与我开展三方合作，"一带一路"国际商事争端解决机制启动建立。经过夯基垒台、立柱架梁的 5 年，共建"一带一路"的成果越来越多，人气越聚越旺，道路越走越宽，展现出更加广阔的发展前景。2019 年，意大利成为七国集团中首个签署"一带一路"倡议谅解备忘录的国家。

3. 在维护第三世界权益的斗争中发挥重要作用

中国始终坚持大小国家一律平等的原则，坚决反对恃强凌弱的行为，并为维护第三世界国家的权益进行了不懈的努力和斗争。与此同时，中国对第三世界国家之间的分歧和争端从不介入，真诚地希望他们通过和平协商求得公平、合理的解决，防止和避免外来势力的插手、干涉和利用。中国还主张加强"南南合作"和"南北对话"，推动全球经济均衡、协调和可持续发展，实现各国共享成果、普遍发展、共同繁荣。为此，中国曾先后提出对外援助的"八项原则"和开展经济技术合作的"四项原则"。中国坚决维护第三世界国家权益的主张和行动，受到第三世界国家和人民的高度赞扬。

三、世界主要国家军事力量及战略动向

第二次世界大战结束后形成的以美苏为首的两极格局支配世界国际关系近半个世纪。苏联解体和东欧剧变使两极格局被打破，国际社会的各种力量进行新的组合，世界处于新旧格局交替的动荡时期，国际战略格局逐渐呈现出"一超多强"的态势。同时，世界多极化在曲折中发展。

（一）美国军事力量及战略动向

美国是当今世界唯一的超级大国，虽然其实力地位和国际影响力相对有所下降，但从经济实力、科技实力、军事实力及国防影响力、文化扩散力等方面看，仍

是各极力量中最强大的一极。

1. 美国军事力量

美国武装力量由现役部队、预备役和文职人员三个部分组成。截至2016财年，美国武装力量总兵力285.04万人。其中现役部队130.13万人，预备役部队81.1万人，文职人员73.81万人。美国武装部队由陆军、陆战队、海军、空军和海岸警卫队五个军种组成。美国陆战队归海军部领导和指挥；美国海岸警卫队平时由国土安全部领导，战时归国防部指挥。

美国拥有一支全球进攻性军事力量，其战略核力量拥有洲际弹道导弹、弹道导弹潜艇、潜射弹道导弹、战略轰炸机等，是世界上最强的"三位一体"核进攻力量。美军具有很强的远程精确打击、隐身攻击、电子战、联合作战和综合保障能力。海军能够控制世界各大洋和海峡咽喉要道，空军能够全球到达和全球攻击，陆军能够在世界各地区实施作战，后勤力量能够有效保障美军在海外的作战行动。美国把全球划分为六大战区，企图建立以美国为领导的单极世界，充当世界领袖。其战略构想是：以美洲大陆为依托，以北约和美日军事同盟为两大战略支柱，从欧亚大陆向全球进行新的战略扩张，把美国的领导作用扩展到全世界，遏制新的全球性竞争对手出现，长期保持美国唯一的超级大国地位。

美国"大力神"地对地洲际弹道导弹

2. 美国战略动向：确保独霸全球

美国防务战略体系包括国家安全战略（即"重振美国，领导世界"）、国防战略（即"平衡再平衡"）、军事战略（即"重振军事领导地位"）、战区战略（即"量身打造"）、军种战略（即"凸显军种特色"）和各特定领域的战略（联盟战略为"寻求支持"，威慑战略为"慑止战争"，核战略为"打造新'三位一体'"，太空战略为"维持优势"，网空战略为"争夺主动权"，北极战略为"适度参与，灵活应对"）。

2018年，美国发布多份重量级战略文件：1月，美国国防部发布新版《国防战略报告》；2月，美国国防部发布新版《核态势评估报告》；7月，美国国防部发布最新《国家军事战略报告》；10月，白宫发布总统特朗普签署的《国家网络战略》。这些战略报告认为，美国面临冷战结束之后最复杂的国际安全局势，都把大国竞争作为"首要关切"。在美国出台的新版《国防战略报告》中，明确将俄罗斯、中国作为战略竞争对手。在该战略指引下，美军加快调整全球兵力部署，缩减中东和非洲驻军规模，优先保障亚太和欧洲兵力需求，并以退出《中导条约》向中俄施压，亚太和欧洲地区的地缘政治博弈持续升温。

亚太方向，美军继续加强海空军力量，维持双航母战斗群部署，巩固联盟体系，发展新型伙伴，特别是将太平洋司令部更名为印太司令部，意图将印度纳入其

战略轨道。特朗普政府正式将"印太"纳入国家安全战略和国防战略，提出要将"印太"地区盟友伙伴"发展成为一个安全网络，以慑止侵略、维护稳定、确保全球公域的自由进入权"。目前，美国正积极推动美国、日本、澳大利亚、印度形成四边安全网，从"亚太"拓展到"印太"，以期在更大范围、更大空间筹划战略布局。此外，美军舰机多番进入南海，其导弹驱逐舰还在时隔31年后再次进入彼得大帝湾附近水域，故意激化大国地缘政治矛盾。

欧洲方向，美军宣布重建第二舰队，在时隔5年后重新增兵欧洲战区，加强武器装备战略预置，敦促北约盟友大幅增加国防开支，与苏联国家频繁开展大型军演并提供军援，逐步加大对俄战略压力。作为回应，俄军加强里海、波罗的海等战略方向军事部署，靠前配置新型战略武器，派遣图-160战略轰炸机飞赴美国拉美后院，针锋相对地开展军事演习。此外，俄罗斯利用叙利亚牵制美国等西方国家，加强俄伊合作，破坏土耳其与北约关系。

此外，特朗普政府强势推进"重建美军"计划，2019财年国防预算达7170亿美元，连续两个财年超过7000亿美元；大规模更新老旧装备，增加军事训练强度，提升军队战备水平；连续第二年扩军，2019财年美军现役部队规模近134万；强力推动组建太空军，意图通过力量整合维持太空主导权；加快发展高超声速、人工智能、定向能等颠覆性技术，确保美军长期竞争优势。

（二）俄罗斯军事力量及战略动向

苏联解体后，俄罗斯的实力和国际影响力大大削弱。但是，从总体上看，俄罗斯仍具有较强的综合国力。它继承了苏联在联合国安理会常任理事国的席位，以及苏联76%的领土和70%的国民经济总资产，幅员横跨欧、亚两大洲，国土总面积1709.82万 km^2（截至2019年1月），自然资源极其丰富，物质技术基础雄厚，燃料动力、冶金、机械制造、化学和交通运输业十分发达，科技实力较强，人民受教育程度较高，在航空、航天、核能、生物工程和新材料等领域居世界先进水平之列，仍具有巨大的发展潜力。

1. 俄罗斯军事力量

俄罗斯联邦武装力量被划分为三个军种（陆军、海军、空军）和三个独立的兵种（战略火箭兵、空天防御兵、空降兵）。截至2018年，俄罗斯武装力量人数为190.3万人，其中现役军人为101.4万人。2014年底，俄罗斯在北方舰队基础上组建新的联合战略司令部，海军的整体面貌开始发生实质性变化。2015年8月1日，俄军在空军和空天防御兵基础上正式组建空天军，由此开启了空天防御力量建设发展的新纪元。

俄军仍然是目前世界上能与美国抗衡的军事力量。其战略核力量拥有陆基弹道导弹、远程战略轰炸机、弹道导弹潜艇、潜射弹道导弹等。俄军"三位一体"的核力量足以毁灭任何国家。俄军整体作战能力较强，武器装备较先进，部分高技术武器装备不亚于美军。俄军依据叙利亚战场作战经验持续推进结构编成改革，突出快反精兵力量建设，为空降兵增编陆航、电子战、防空反导等力量，提升空降兵综合作战能力。重视发展"撒手锏"武器，率先部署"匕首"高超声速导弹和反卫星激光武器，加快发展"先锋"高超声速导弹和"萨马尔特"洲际弹道导弹等战略武器。为维护远东利益，俄军2018年在东部军区多次组织大规模军演，特别是"东方-2018"战略演习，以显示战略决心，提升部队战备水平。此外，俄罗斯还积极介入朝鲜问题、阿富汗问题等热点问题，作为与美国博弈的杠杆。

2. 俄罗斯战略动向：力保大国地位

俄罗斯认为，国家当前面临的外部战略压力持续加大，美国和北约仍是俄首要外部威胁，除北约东扩、美国部署反导系统和推行太空军事化外，俄还面临美加紧构建"全球快速打击系统"、信息攻击与舆论煽动，以及跨境极端恐怖主义活动、非法武器及毒品流通、谍报渗透及反俄勾连等多样化威胁。西方国家企图"扰乱俄罗斯政治稳定""激化宗教与种族矛盾"也成为国家面临的重要内部安全威胁。目前，美国和北约对俄罗斯的打压政策并没有出现实质性变化，反而是其方式方法更为灵活多样，行动空间较之前也有所拓展，以网络空间为核心的信息安全领域已成为西方对俄罗斯进行渗透进攻的新战场。

俄罗斯的主要任务是防止战争，消灭入侵之敌，遏制境外武装冲突向国内蔓延，力保周边势力范围的特殊利益与稳定。虽然俄罗斯综合国力受到削弱，但其军事力量尚能够有效支撑其大国地位。目前，俄罗斯已调整了亲西方政策，力求在世界和地区事务中发挥其大国的影响力，加速推进独联体军事一体化，反对美欧染指独联体国家。为弥补综合国力的不足，俄罗斯越来越把核武器作为恢复国家地位的支柱，放弃不首先使用核武器的承诺，研制并发射新型导弹，试图以此遏制北约东扩，维护国家利益和自身安全，保持其大国影响力。新的"积极遏制"军事战略为俄罗斯的大国复兴与"强军梦想"提供了强有力的战略支撑。

普京正迅速巩固俄罗斯的大国地位

（三）日本军事力量及战略动向

1. 日本军事力量

日本军队称自卫队，是第二次世界大战后在美国扶植下重建和发展起来的。随着日本经济实力的迅速增强，日本军队建设得到长足发展，在"质重于量"和"海空优先"的建军方针指导下，自卫队已发展成为一支装备精良、训练有素、作战能力较强的武装力量。

陆上自卫队：编制15.9万人，其中，现役15.1万人，应急预备役0.8万人。增

强机动作战力量，机动作战部队由原来的1个中央快反集团和1个装甲师，增加到3个机动师、4个机动旅、1个装甲师、1个空降旅、1个两栖机动旅及1个直升机旅；减少地面固定部署力量，缩小规模，增强其灵活性和机动性，固定部署部队由8个师、6个旅减少至5个师、7个旅。地空导弹部队由8个防空导弹群或团减少到7个，岸舰导弹部队保持5个团；坦克由700辆减少到300辆，主要火炮由600门减少到300门。2014—2018年，引进机动战车99辆、装甲车24辆、水陆两栖突击车52辆、"鱼鹰"运输机17架、CH-47JA运输直升机6架、坦克44辆、火炮31门，为9个连装备岸舰导弹、5个连装备中程地空导弹。

海上自卫队：主战部队保持4个护卫队群（8个护卫队），护卫队由5个增加到6个，潜艇队由5个增加到6个，保持1个扫雷队群、9个飞行队。主要装备：驱逐舰和护卫舰由47艘增至54艘（其中，"宙斯盾"驱逐舰由6艘增至8艘），潜艇由16艘增至22艘，飞机保持170架左右。

航空自卫队：航空警戒管制部队由8个警戒群20个警戒队调整为28个警戒队，警戒航空队由2个飞行队增加到3个，新增1个；战斗机部队由12个飞行队增加到13个，新增1个；航空运输部队保持3个飞行队，空中加油运输部队由1个飞行队增至2个，把航空侦察部队的1个飞行队并入空中加油运输部队，以便在必要时能实施航空侦察、空中运输等有效作战支援；地空导弹部队保持6个防空导弹群；作战飞机由340架增至360架，其中战斗机由260架增至280架，增加20架。

用于反弹道导弹的主战装备和基干部队包括：8艘"宙斯盾"驱逐舰，航空警戒管制部队的28个警戒群和地空导弹部队的6个防空导弹群。

2. 日本战略动向：加速走向政治军事大国

日本是世界上仅次于美国和中国的第三大经济体，外汇储备居世界第二。日本工业高度发达，科技实力雄厚。在机器人、半导体元件、光纤通信等方面的科技水平居世界前列。随着经济和科技实力的增强，日本已经不满足于经济大国的地位，提出了以经济力量为后盾，以自主外交为手段，逐步发展成为世界性政治军事大国的战略目标。

2012年底安倍内阁再次上台后，为了摆脱战后体制束缚，实现"普通国家化"的国家战略目标，对日本国家安全战略进行了战后以来最大幅度的调整。从组建"国家安全保障会议"并发布战后日本首份《国家安全保障战略》，对日本的国家安全战略作出长远规划，到出台2013年版《防卫计划大纲》，解禁集体自卫权的行使，进而构建起新安保法制的一系列操作，日本的国家安全战略视野已经扩大到全球维度，开始构筑起多领域、全方位的国家安全体制。

2018年12月18日，日本内阁会议正式批准了新版《防卫计划大纲》及《中期防卫力量整备计划》。新版《防卫计划大纲》提出要构筑"多次元统合防卫力量"，取代了2013年版大纲的"统合机动防卫力量"构想。新版《防卫计划大纲》提出，对于日本而言，打造能够进行"跨域作战"的能力，适应宇宙、网络、电磁波这些新领域和陆、海、空传统领域相结合的战争形态至关重要。为此，日本在今后 5 年内，将调整陆海空自卫队的编制和指挥机构，进一步提升联合作战能力；还将扩编网络防卫队，组建专门的太空部队，形成新的作战力量，从而构筑起真正有效的"多次元统合防卫力量"。这意味着今后日本不仅继续提升陆、海、空的联合作战能力，还将加强太空、网络和电磁波等新领域战斗力，意在建立"六维一体"的全方位综合防卫体制，大幅度提升自卫队的整体实力。

新版《防卫计划大纲》的出台，既是对此前安倍内阁增强防卫力量的一系列举措的既成事实加以追认，也是日本进一步推进国家安全战略调整、实现"军事大国"目标的重要步骤。其主要战略手段为进一步强化日美同盟，深化和拓展日美安全合作，提高日美同盟的"威慑力和应对能力"。同时，日本在战略上已视中国为主要对手，遏制中国成为今后日本谋求重新崛起的基本着力点。

此外，日本要求成为联合国安理会常任理事国，竭力在国际政治舞台上扮演重要角色，力争在关系世界稳定和发展的重大问题上拥有不次于其他大国的发言权，成为在未来国际战略格局中"支撑国际秩序的一极"。

相关链接：
日本三大痼疾怎做政治大国？

（四）印度军事力量及战略动向

印度是南亚地区性大国，其国土面积约 298 万平方千米（截至 2019 年 1 月），人口居世界第二位，资源较丰富，科技力量较强，具有较快发展综合国力的客观条件。

1. 印度军事力量

印度武装力量由现役部队、预备役部队和文职人员组成。截至 2015 年底，印军现役部队总兵力约 128 万人，由陆、海、空三军组成。其中陆军 110 万人，约占总兵力的 86%；海军 5.6 万人，约占总兵力的 4.3%；空军 12.5 万人，约占总兵力的 9.7%。此外，预备役部队 115.5 万人，包括陆军预备役 96 万人，海军预备役 5.5 万人，空军预备役 14 万人；文职人员约 20 万人。准军事部队约 109 万人，后备力量约 300 万人。印军加快推进现代化建设。陆军正酝酿启动独立后规模最大的编制体制改革，大幅压缩陆军总部规模，改善作战与后勤力量比例，优先发展网络战、信息战、心理战等新型作战力量，计划在未来 3～5 年裁军 10 万。海军谋求大幅扩大舰艇规模，计划到 2027 年将军舰数量从 117 艘增至 200 艘。空军在未来战争中的作用被高度重视，提出了要"能够在超越洲际的空间内作战"的发展口号。

2. 印度战略动向：大国崛起

莫迪政府在 2018 年积极调整外交政策，围绕"印太愿景"谋篇布局。一方面大力推进印美、印日战略合作；另一方面发展印俄、印中关系，维持大国平衡，同时加强与东盟、非洲的区域合作，强化周边外交，凸显战略自主性。印度为了确保在南太平洋和印度洋地区的优势，积极谋求"亚洲核心"和世界大国的地位，争取成为联合国安理会常任理事国，进一步加快军队现代化步伐，增强军事力量。

思考题

1. 国家安全的内涵是什么？
2. 怎样正确理解和把握总体国家安全观？
3. 我国地缘环境的基本概况是什么？
4. 简述我国周边安全环境。
5. 为什么祖国必须统一，也必然统一？
6. 新形势下的国家安全包括哪些内容？
7. 国际战略形势的发展趋势有哪些？
8. 简述世界主要国家的军事力量及战略动向。

第三章　军事思想

教学目标

了解军事思想的内涵和形成与发展历程，了解外国代表性军事思想，熟悉我国军事思想的主要内容、地位作用和现实意义，理解习近平强军思想的科学含义和主要内容，使学生树立科学的战争观和方法论。

军事讲坛

夫未战而庙算胜者，得算多也；未战而庙算不胜者，得算少也。多算胜，少算不胜，而况于无算乎？吾以此观之，胜负见矣。

——孙子

【译文】未战之前就能预料取胜的，是因为筹划周密，条件充分；未开战而估计取胜把握小，是具备取胜的条件少。条件充分的取胜就大，准备不充分的就会失败，何况一点条件也不具备的呢？我根据这些现象来观察战争，胜败也就清楚了。

第一节　军事思想概述

军事思想是军事科学的重要组成部分，在军事科学体系中占指导地位，是研究军事科学体系中其他各门具体军事学科的理论基础和根本方法。

一、军事思想的基本概念

（一）军事思想的定义和分类

1. 军事思想的定义

军事思想是关于战争、军队和国防的基本问题的理性认识，是人们长期从事军事实践的经验总结和理论概括。

军事思想揭示战争的本质、基本规律以及指导战争的规律，阐明军队建设的基本理论和原则，从总体上反映战争和军事问题的研究成果。军事思想是战争与军事实践经验的理论概括，主要来源于战争与军事活动的实践，又给战争和军事实践以理论指导，并随着战争和军事实践的发展而发展，是军事科学的基础部分。

2. 军事思想的分类

从不同的研究角度出发，军事思想可以有不同的分类方法。按时代来划分，可分为古代军事思想、近代军事思想和现当代军事思想；按阶级性质来划分，可分为

孙武

奴隶主阶级军事思想、封建地主阶级军事思想、资产阶级军事思想和无产阶级军事思想等；按地域和国家来划分，可分为外国军事思想和中国军事思想；按人物来划分，可分为孙子军事思想、拿破仑军事思想、克劳塞维茨军事思想和毛泽东军事思想等。总的来说，任何军事思想都是对战争和军事问题的理性认识。它以一定的哲学世界观和方法论为指导，反映一定时代、阶级、国家、人物对战争性质、战争准备与实施等所持的基本观点。

（二）军事思想的内容

军事思想的内容大体可以分为两个层次：一是军事哲学问题，主要内容有战争观、军事问题的认识论和方法论；二是军事实践基本指导原则问题，主要内容有战争指导的基本方针和原则、军队建设的基本方针和原则、国防建设的基本方针和原则等。

（三）军事思想的特性

1. 鲜明的阶级性

军事思想来源于社会实践，在阶级社会中，人们为了各自阶级的利益，所奉行和推崇的军事思想必然要反映各个阶级对战争和军队建设的认识与立场。因此，不同阶级、国家或政治集团必然有不同的军事思想。

2. 强烈的时代性

军事思想是一定时代发展阶段的产物。由于不同历史时期的战争形态不同，军

队的组织原则和编制体制也不尽相同。因此，不同历史时期的军事思想各有特征。军事思想的这种特征往往最能反映一定时代的经济、政治、意识形态的现状，特别是军事科学技术的发展水平。也就是说，不同历史时期的军事思想体现着不同时期的生产力水平和军事科学发展水平。因此，军事思想具有强烈的时代性。

3. 明显的继承性

战争的特征之一，就是强制人们的主观认识与客观实际相一致。因此，在战争中，人们必须按事物的客观规律办事。古代著名军事家孙武曰："先知者，不可取于鬼神，不可象于事，不可验于度，必取于人，知敌之情者也。"因为只有这样，才能做到"知彼知己，百战不殆，知天知地，胜乃无穷"。所以，历史上形成的具有规律性的军事原则、概念和范畴被流传下来为后人所用，并不断地加以丰富和发展。

二、军事思想的发展历程

人类对军事问题的认识，随着社会生产力的发展，战争的日益频繁和战争规模的不断扩大，以及人们科学文化水平的提高，有一个从简单到复杂的发展过程。军事思想作为独立的意识形态出现，始于奴隶社会。"攻""守""战术""统率"等军事概念就产生于奴隶社会时期。此时，人们已开始探讨战争与物质力量的关系，在一定程度上认识到军队的多寡，武器的数量和质量，对于战争胜负具有重要作用。"强胜弱""众胜寡"成为一般的作战原则。它标志着这时出现的军事思想已具有朴素的唯物主义性质。但是在奴隶社会时期，在军事思想中占据重要地位的是宗教迷信观念，加上战争规模较小，作战形式单一，这时的军事思想还比较简单。

在奴隶社会向封建社会发展过程中，一些强大的奴隶制国家在战争中衰亡。这促使人们认识到，战争胜负不仅取决于物质力量的强弱，而且同政治因素、战争的性质、力量的运用及其强弱转化，有着密切关系。这一认识是由中国奴隶社会向封建社会过渡时期的军事著作首先在理论上加以阐明的。以《孙子兵法》为代表的军事论著，总结了当时军事斗争的经验，揭示了战争中众寡、强弱、虚实、攻守、胜败等范畴的对立和转化关系，提出了"知彼知己，百战不殆""攻其无备，出其不意"等军事原则。这说明中国古代军事思想中已经饱含着朴素的辩证法思想。

资本主义工业革命的发展，使大量火器和众多人力投入战争成为现实。在资产阶级推翻封建统治的大革命中，在资本主义国家对外扩张的战争中，战争规模空前扩大，战争的本质也暴露得更加充分。以普鲁士军事理论家克劳塞维茨所著《战争论》为代表的资产阶级军事理论，运用当时的哲学和历史学成果，总结了拿破仑战争及以前的一些战争经验，阐明了战争与政治、战争与经济、暴力运用与科学技术的相互关系，并提出了若干作战原则。由克劳塞维茨和与其同时代的军事家若米尼等人所阐发的资产阶级军事思想的基本观点，代表了资本主义上升时期资产阶级的进取精神，他们的著述已成为公认的军事名著，至今仍被许多资本主义国家的军事家奉为经典。其中，"战争无非是政治通过另一种手段的继续"等论点，也为列宁和毛泽东所肯定。资本主义进入帝国主义阶段后，随着科学技术的进步，又经过两次世界大战实践经验的积累，资产阶级军事思想有了进一步发展，它更加重视先进科学技术在战争中的作用，并在现代战争的作战方法、技术运用、组织指挥以及军队现代化建设等方面，提出了一些值得重视的理论和原则。但是，由于其阶级的偏见和认识论、方法论的片面性，资产阶级军事思想一般都掩盖战争的阶级本质，并且过分强调武器和技术在战争制胜因素中的作用，从而贬低了人民群众的作用。

无产阶级在争取自身解放的过程中，不断总结革命战争经验，并且吸取了军事思想史上的积极成果，形成了自己的军事思想。无产阶级革命导师马克思、恩格斯、列宁、斯大林、毛泽东以及其他无产阶级革命领袖人物，在创立、运用和发展无产阶级军事思想方面作出了杰出贡献。他们应用辩证唯物主义和历史唯物主义的基本原理，科学地论证了战争的社会历史根源，指明了暴力对新社会诞生的促进作用和对经济的依赖性，指出社会生产方式和物质条件对于战争的制约作用，明确区分战争的政治性质，揭示阶级社会战争的阶级本质，阐发了战争的基本规律，并且高度重视人民群众在战争中的作用，强调建设人民军队的重要性，提出了无产阶级的军事斗争纲领和作战方法。在中国共产党领导中国革命战争中形成的毛泽东军事思想，包含了一整套关于建设人民军队、进行人民战争和人民战争的战略战术的理论和原则，并且包含研究战争与指导战争的认识论和方法论。中国人民及其军队，运用在战争实践中不断得以丰富和发展的毛泽东军事思想，经过艰苦卓绝的革命战争，终于战胜来自国内外的所有反动武装力量，建立并且巩固了中华人民共和国。这一历史事实，充分显示了毛泽东军事思想的科学性和真理性。

探索新情况和新问题。任何军事思想都是一定历史发展阶段的产物。随着社会生产力的不断提高和科学技术的飞速进步，要求军事思想在继承历史上一切优秀遗产的基础上，不断地有所创新和发展。但是，军事思想的发展历史表明：一般来说，在和平时期军事思想的发展往往落后于社会生产力和科学技术的发展；上一场战争中曾经赢得胜利的经验，远远不能满足下一场战争的要求。因此，在和平环境中，防止和克服保守倾向，积极探索军事领域出现的新情况和新问题，努力使军事思想适应新的历史条件，才能保证它对未来战争发挥正确的理论指导作用。

三、军事思想的地位和作用

军事思想在军事科学中居于重要地位，对军事实践具有宏观的和根本的指导作用。它具体表现在以下三个方面。

（一）为认识军事问题提供基本观点

人们总是基于一定的思想观念去评判军事问题的是非与价值，进而确定对其采取何种态度和行动。军事思想提供的正是这种思想观念。运用马克思列宁主义的理论去看待战争，就能全面认识战争在人类社会生活中的作用，正确判断正义战争与非正义战争，坚持以正义的、进步的、革命的战争去反对非正义的、反动的、反革命的战争。如果用否定一切战争暴力的和平主义或"强存弱汰"的社会达尔文主义之类的观点看待战争，就不可能有正确的态度和行动。

（二）为进行军事预测提供思想方法

科学的军事思想揭示了军事领域矛盾运动的规律，为人们正确地认识战争和进行军事预测提供了科学的认识论和方法论工具。恩格斯和列宁关于资本主义列强之间的争夺将导致世界大战的预见，毛泽东关于中国人民抗日战争进程与结局的论断，就是科学地进行宏观预测的范例。非科学的军事思想因不能揭示甚至歪曲军事领域矛盾运动的规律，必然导致错误的预测结果。

（三）为从事各项军事实践活动提供全局性指导

人们从事军事实践活动离不开军事思想的指导。军事实践的成败与军事思想的科学与否关系甚大。以科学的军事思想作指导，军事实践就能保持正确的方向，并能达到预期目的。否则，军事实践的方向就难免发生全局性的偏差，达不到预期目的。军事思想之所以能对军事实践起指导作用，就在于它是军事实践的能动反映，是军事实践经验的理论概括，并揭示军事领域的一般规律。军事思想对军事领域的规律反映得越深刻、越正确，它对军事实践的指导作用也就越大。

第二节　外国军事思想

外国军事思想，主要是指除中国以外的世界其他国家政治家、军事家和思想家关于战争、国防和军队等问题的理性认识，一般包括战争观、战略思想、作战思想、建军思想和研究战争与军事问题的方法论等。

一、外国军事思想的主要内容

外国军事思想经历了漫长的历史时期，大致可以分为古代军事思想、近代军事思想和现代军事思想等发展阶段。

（一）古代军事思想

外国古代军事思想的发展悠久漫长，大致从公元前 4000 年至公元 1640 年，最早萌芽于古埃及、巴比伦、亚述等国。其中，最有影响的军事思想来自公元前 8 世纪至公元 5 世纪西方的奴隶社会时期欧洲的希腊和罗马，即古希腊的军事思想和古罗马的军事思想。

古希腊的军事思想的代表性观点概括起来主要有：战争是由根本利害矛盾引起的；战争的目的是为了征服和谋求城邦的霸主地位；战争的胜负取决于政治、经济、军事、精神等条件；作战双方必须对双方的军力、财力、人力等方面的长处和短处进行认真的分析对比；注意激励军队的士气，立足以优势力量建立己方胜利的信心；采取敌人出乎意料的行动，使之惊慌失措等。古罗马的军事思想源于此又有所发展，主要表现在：战争有正义与非正义之分；把军事作为实现政治目的的工具，而政治又是配合军事行动达到军事目的的手段；通过外交广泛联盟，孤立对手，恩威并举，实现目的；主张以进攻为主、防御为辅；在被迫处于防御地位时，总是通过向敌后等薄弱处进攻，力求改变攻防态势，变防御为进攻；主张建立一支忠于自己的部队，以金钱、土地、建筑、妇女等物质利益保证部队的忠诚，以精神鼓励、严格的纪律保持部队的战斗力。其中具有代表性的人物及著作有古希腊希罗多德的《希腊波斯战争史》、修昔底德的《伯罗奔尼撒战争史》等，记录了古希腊奴隶主所进行的多次战争史实。

（二）近代军事思想

从 1640 年英国资产阶级革命至 1917 年俄国十月革命，为世界近代史。在这一时期，外国近代军事思想主要包括资产阶级军事思想和无产阶级军事思想两大体系。

1. 资产阶级军事思想

从 17 世纪中叶至 19 世纪中叶，西方走向资本主义，并逐步向帝国主义发展。意大利文艺复兴运动打破了封建礼教与宗教神学的禁锢，解放了人们的思想，呈现百家争鸣的景象；封建与反封建的战争、资本主义与反资本主义的战争、殖民地与反殖民地的战争以及帝国主义国家之间的战争频繁爆发；加上工业文明和科技进步，以火药为主的热兵器广泛运用，也促进了军事思想的迅猛发展。代表著作有：普鲁士克劳塞维茨的《战争论》、瑞士若米尼的《战争艺术概论》、美国马汉的《海权对历史的影响》、俄国苏沃洛夫的《制胜的科学》等。这一时期，人们反对战争认识问题的不可知论，提出军事科学的概念；主张探讨战争的本质、规律，研究军队、装备、地理、政治和士气等因素在战争中的作用；重视研究战史，认为战争是政治的工具，是迫使敌人服从己方意志的暴力行为，具有必然性和偶然性；认识到民众武装在战争中的重要作用，但也不是万能的，使用是有条件的；要建立一支能反映资产阶级利益的军队，重视和平时期的军队建设和战争准备，以随时应对战争；认识到新发明对军队武器装备和组织编制的影响，必然也会引起战术的变化；认为海权是推动国家乃至历史发展的重要因素，控制了海洋就控制了整个世界；树立歼灭战思想，认为军事行动的目的就是消灭敌人的军队，而不是占领敌人的领土和要塞；认为作战应打击敌人重心、保持预备队等。

2. 无产阶级军事思想

在近代，无产阶级军事思想的主要代表人物是马克思、恩格斯和列宁。马克思、恩格斯处在资本主义高度发展并走向反动、无产阶级开始登上历史舞台的时代，列宁则生活在帝国主义与无产阶级革命的时代。他们坚持唯物主义，以唯物辩证法研究军事，吸收资产阶级军事思想的精华，因而对战争的一系列重大问题都有了深刻认识：认为战争和军事都是历史范畴，随着私有制和阶级的产生而产生、消灭而消亡；战争是政治通过另一种手段的继续，因而要拥护正义战争，反对非正义战争；在帝国主义时期，帝国主义成了战争根源；无产阶级必须用暴力才能推翻资产阶级，建立起自己的统治；要以城市工人武装起义为中心，先占领城市，再夺取国家政权；无产阶级夺取和巩固政权都要有自己的新型军队；无产阶级代表人民利益，有能力有条件把广大人民武装起来开展人民战争；认识到科技进步必然引发战略战术的变革；战争的奥秘在于集中兵力；主张积极防御、主动进攻，慎重决战，灵活机动等。

（三）现代军事思想

俄国十月革命以后，外国军事思想进入了现代时期。第一次世界大战表明，国家的综合实力已经成为决定战争胜负的主要因素，新式武器装备对战争胜负的影响也日益突出。第一次世界大战后，西方军事家纷纷预测未来战争的可能作战样式和作战方法，进而总结提出了一系列全新的作战理论。

1. "空中战争"理论

"空中战争"理论，又称空军制胜理论。意大利的杜黑、美国的米切尔、英国的特伦查德被认为是这一理论的先驱，特别是杜黑在其著作《制空权》中较为详细地阐述了这一理论。该理论的主要观点是：飞机的广泛应用，将出现空中战争，空中战争的胜负决定战争结局，因此要建立与陆军、海军相并列的空军；夺取制空权是赢得战争的必要条件，空军的首要任务是夺取制空权；空中战争是进攻性的，空军的核心是轰炸机部队，要对敌国纵深政治、军事、经济目标实施战略轰炸，迫使其屈服。

2. "机械化战争"理论

"机械化战争"理论，又称坦克制胜论。英国的富勒、奥地利的艾曼贝格尔、法国的戴高乐、德国的古德里安等是这一理论的倡导者，该理论的主要观点是：装甲坦克是战争的决定性力量，是陆军的主体；大量集中使用坦克和航空兵，实施突然有力的突击，可以迅速突破对方主要集团的防线，深入其纵深，摧毁战备不足的国家；主张军队改革，建立少而精的机械化部队。

3. "总体战"理论

"总体战"理论是德国的鲁登道夫在其著作《总体战》中提出的。该理论的主要观点是：现代战争是总体战，它既针对军队，也针对平民，战争具有全民性，强调民族的团结在战争中的重要性；主张实行国民经济军事化；要建设好一支平时就准备好的军队；重视统帅在总体战中的作用；战争的突然性意义重大，力求闪击对方。

4.“核武器制胜”理论

第二次世界大战后至1991年苏联解体的冷战时期，霸权主义成为局部战争的根源，高技术在作战中逐步运用，世界处在核阴影之中，美苏两霸动辄进行核恫吓。此时的军事理论研究往往围绕核武器及高技术的发展进行。例如，美国就以核实力确定军事战略，在杜鲁门时期，美国的核力量处于绝对优势，提出核遏制战略，对苏联及其他社会主义国家实施核讹诈；处于核优势时期，美国认为自己能打赢全面核战争，主张削减常规武器，重点发展核武器和战略空军；而当苏联打破其核优势、局部战争不断时，美国又在确保核威慑的前提下，不断发展常规力量，认为核战争会造成灾难性后果，核时代的战争必然是有限战争。

二、《战争论》的主要思想精髓

卡尔·冯·克劳塞维茨，德国著名军事理论家和军事历史学家，普鲁士军队少将。他曾参加过欧洲反法联盟对拿破仑的战争，后任柏林军官学校校长，先后研究了130多个战例，总结了法国革命和拿破仑战争的经验教训。在此基础上，他写成了一部体系庞大、内容丰富的军事巨著《战争论》。《战争论》共8篇124章，其基本思想有战争是政治的继续；战争的目的就是消灭敌人，而消灭敌人必然是通过武力决战，通过战斗才能达到；战略包括精神、物质、地理、数学、统计五大要素；战略战术的基本原则；战争中的攻防。进攻和防御是战争中的两种基本作战形式；要积极向战史学习。克劳塞维茨认为，战争理论是成长于战争经验土壤里的果实。

第三节　中国古代军事思想

中国古代军事思想是中国在奴隶社会、封建社会时期，各阶级、集团及其军事家和军事论著者对于战争与军队问题的理性认识。它随着社会的前进、战争的发展而不断深化。

一、中国古代军事思想的发展历程

中国古代军事思想是指从夏王朝至鸦片战争期间产生、形成的军事思想。其发展经历了三个阶段。

（一）萌芽时期

从公元前 21 世纪到前 8 世纪的奴隶制社会，是中国古代军事思想的萌芽时期。随着私有制、阶级的出现，中国先后建成了夏、商、周三个奴隶制王朝，建立了军队，出现了真正意义上的战争。如商灭夏的鸣条之战、周灭商的牧野之战等。在长期战争中，逐渐产生了"攻""守""兵法""统帅"等概念，人们开始探讨军队的多寡、武器的数量、质量与战争胜负的关系。据考证，西周出现了《军志》《军政》《令典》等兵书，标志着中国古代军事思想的萌芽。这一时期，人们对战争的认识还处于低级阶段，受迷信思想的影响，经常通过占卜或观察星象来决定作战行动，从而产生了以"天命观"为指导的战争思想。

（二）形成时期

从公元前 8 世纪至前 3 世纪的春秋战国时期，是中国古代军事思想的形成时期。各诸侯国之间的兼并与争霸，以及封建地主阶级推翻奴隶主阶级统治的战争持续不断，军事思想发展迅速，大量兵书论著问世。最杰出的就是春秋末期的《孙子兵法》，战国后又出现了《吴子》《司马法》《孙膑兵法》《尉缭子》《六韬》等兵书，把中国古代兵学理论推向高峰。这一时期，人们提出了重战、慎战、备战的战争观；探讨了战争的起因、本质、性质，以及对待战争的态度；提出了"不战而屈人之兵"全胜战略思想；强调以仁为本、恩威并用、严明赏罚的治军思想等。这都为中国古代军事思想的形成奠定了坚实基础。

（三）丰富发展时期

从公元前 3 世纪末至 1840 年的封建社会时期，是中国古代军事思想的丰富发展时期。进入封建社会后，随着生产力的不断发展，军事技术进入铁器时代。军兵种日益丰富，战争类型和作战样式多种多样，客观上促进了军事思想的发展和兵书的繁荣。从秦、汉到唐末有《三略》《李卫公问对》《太白阴经》等；从宋朝到清朝又出现了《武经总要》《武备志》《练兵纪实》《三十六计》《海国图志》等。这一时期的兵书门类齐全、内容丰富，战略思想更加成熟、完善，军事理论更加综合化、体系化，对现当代中国军事思想的发展有着重要影响。

二、中国古代军事思想的基本内容

中国古代军事思想内容极为丰富，主要包括战争观、治军理论、将帅修养的理论、治军、战略战术等。

（一）战争的起因、性质和作用

1.战争的起因

《吴子》兵法认为："一曰争名，二曰争利，三曰积恶，四曰内乱，五曰因饥。"就是说引起战争的原因有五个方面：一是争夺霸主地位；二是争夺土地、财产和人口；三是积恨深怨；四是国家发生了内乱；五是国家发生了饥荒。《吴子》兵法虽然未能揭示战争的本质，但对我国奴隶社会和封建社会初期战争起因的归纳、论述还是很精辟的。

2. 战争的性质

《吴子》兵法指出："一曰义兵，二曰强兵，三曰刚兵，四曰暴兵，五曰逆兵。"禁暴除乱，拯救危难的叫义兵；仗恃兵多，征伐别国的叫强兵；因怒兴兵的叫刚兵；背理贪利的叫暴兵；不顾国乱氏疲，兴师动众的叫逆兵。虽然没有明显地区分正义战争与非正义战争，但已经明确指出义兵与强兵、刚兵、暴兵、逆兵的界线。

3. 战争的作用

《司马法》指出："是故杀人安人，杀之可也；攻其国爱其民，攻之可也；以战止战，虽战可也。"《尉缭子》则明确指出："故兵者，所以诛暴乱，禁不义也。"它们都明确指出了在阶级社会中用战争制止战争这一重要思想。

（二）战争与政治、经济、主观指导的关系

1. 战争与政治

《司马法》指出："以义治之之谓正，正不获意则权，权出于战，不出于中人。"意思是说采用合于正义的措施治理国家，这是正常的方法，用正常的方法达不到目的就采取特殊的手段，特殊手段是以战争方式表达出来的，而不是以和平方式表现出来的。《孙子兵法》指出："善用兵者，修道而保法，故能为胜败之政。"《尉缭子》指出："兵者，以武为植，以文为种；武为表，文为里。"《淮南子·兵略训》指出："兵之胜败，本在于政。为存政者，虽小必存；为亡政者，虽大必亡。"我国古代军事思想家虽然对战争与政治的关系有比较深刻的认识，但还不能从阶级的实质上提示战争与政治的关系，即不同阶级的政治给予不同阶级战争的影响。

2. 战争与经济

经济是战争的基础，战争是以巨大的物质消耗为代价的，这一点我国古代军事思想家认识是比较深刻的。《孙子兵法》中指出："凡用兵之法，驰车千驷，革车千乘，带甲十万，千里馈粮；则内外之费，宾客之用，胶漆之材，车甲之奉，日费千金，然后十万之师举矣。"又指出："善用兵者，役不再籍，粮不三载，取用于国，因粮于敌，故军食可足也。"春秋时期齐国著名军事家管仲对此也有比较深刻的论述，他说："地之守在城，城之守在兵，兵之守在人，人之守在粟。"因此，他明确指出："一期之师，十年之蓄积殚；一战之费，累代之功尽。"正因为战争对经济如此依赖，所以，《孙子兵法》明确指出"非利不动，非得不用，非危不战"的惊战思想和"因粮于敌""务食于敌"的补给原则。这些原则在消耗十分巨大的现代战争中仍然值得借鉴。

3. 战争与主观指导

战争的胜负除了受军事、政治、经济等基本因素制约外，还取决于战争组织者

的主观指导。《孙子兵法》明确指出："兵无常势，水无常形，能因敌变化而取胜者，谓之神。"因为"兵无常势"，指挥者必须不断根据敌情、我情的变化修正主观指导，采取克敌制胜的有效手段。《草庐经略》指出："夫敌情叵测，常胜之家必先翻敌之情也。其动其静，其强其弱，其治其乱，其严其懈，虚虚实实，进进退退，变态万状，烛照数计，或谋虑潜藏而直钩其隐状，或事机未发而预揣其必然。盖两军对垒，胜负攸悬，一或不审，所失匪细。必观其将帅察其才，因其形而用其权；凡军心之趋向，理势之安危，战守之机宜，事局之究竟，算无遗漏，所谓运筹帷幄，决胜千里也。"掌握客观规律，充分发挥主观指导作用，才能赢得胜利。

（三）将帅修养

古代军事思想家特别重视将帅在战争中的地位和作用，认为"知兵之将，民之司命，国家安危之主也"。为此，古代军事思想家从封建统治阶级的利益出发，提出了将帅修养的标准："将者，智、信、仁、勇、严也。"同时，也提出了考核将帅的标准：《武经总要·选将》中提出"九验"，即"远使之以观其忠，近使之以观其恭，繁使之以观其能，卒然问焉以观其智，急与之期以观其信，委之以货财以观其仁，告之以危以观其节，醉之以酒以观其态，杂之以处以观其色"。

军海泛舟

三国时期，蜀汉名相诸葛亮认为遵守军纪军规、珍惜个人声誉是将帅能够领兵打仗的必备条件，并在其《将苑》中细数"侵竭府库，擅给其财"等九蠹，认为"三军之蠹，有之必败也"。明朝戚继光在《练兵实纪·练将》中指出，为将者须"恪守正道，立身行己，凡百点检，务可以率下事上，以身为众人之法程，以官为众人之视效。否则人心解体，万法丛脞"。翻开灿若繁星的中国古代兵家圣典，如果说从严治军之道是其中最具特色的组成部分，那么坚持严兵先严官、严下先严上、严军先严将则是其精髓所在。正所谓"故将者，必本乎率身以励众士，如心之使四肢也"。

（四）治军

关于治军理论，古代军事思想家突出了两个方面：一是严明军纪。《尉缭子》一书中设有"重刑令""伍制令""勒卒令"和"兵令"等，就是为了"明刑事，处分罚，正功赏"。《司马法》指出："从命为士上赏，犯命为士上戮，故勇力不相犯。"即对坚决执行命令者给予奖励，对违抗命令者给予严厉惩罚。二是加强军队训练。《吴子》指出："故用兵之法，教戒为先。一人学战，教成十人；十人学战，教成百人；……万人学战，教成三军。"《兵略丛言提纲》指出："不教则不明，不练则不习。"要求从实战出发训练士兵，在训练方法上主张"教得其道""练心""练胆""练

艺",逐步提高作战能力。

(五)战略战术

古代兵书中关于战争谋略与战术的论述,有许多是很有见地的。例如,"上兵伐谋""以全争于天下""不战而屈人之兵"的全胜论;"度势""料势""为势"的"胜可为"论;"先人有夺人之心"的"兵贵先"的先发制胜论;"后人发,先人至"的后发制胜论;"制人者,握权也;见制于人者,制命也""致人而不致于人"的掌握战争主动权论;"战势不过奇正,奇正之变,不正胜穷也""善用兵者,无不正,无不奇,使敌莫测"的奇正相变论;"我专而敌分,我专为一,敌分为十,是以十攻其一也"的"以众击寡"论;"避其锐气,击其惰归""以治待乱,以静待哗""以近待远,以佚待劳,以饱待饥""无邀正正之旗,勿击堂堂之阵"的"治气""治心""治力""治变"的四治论等。

(六)关于取得战争胜利的其他保障

在战争中的物质储备和后勤保障方面,《孙子·军争》指出:"军无辎重则亡,无粮食则亡,无委积则亡。"《六韬·军略》指出:"三备用备,主将何忧。"因此提出"取用于国,因粮于敌"的作战原则。在重视和利用地形方面,《孙子·地形》指出,"夫地形者,兵之助也","知天知地,胜乃不穷"。《武经总要·九地》提出:"夫顿兵之道有地利焉。我先据胜地,则敌不能以胜我;敌先居胜地,则我不能以制敌。"在重视和使用间谍方面,《孙子·用间》提出:"三军之事,莫亲于间。""先知者,不可取于鬼神,不可象于事,不可验于度,必取于人,知敌之情者也。""无所不用间也。"《行军须知·用间》指出:"间谍之法,于兵家尤为切要也。"此外,我国古代军事思想中还有有关阵法、守城、攻城、乡导、行军、安营、警戒等方面的论述。

三、《孙子兵法》的主要思想精髓

孙武,字长卿,汉族,中国春秋时期齐国人,吴国将领,著名军事家、政治家被尊称为孙子、兵圣、东方兵学鼻祖等。孙武领兵打仗,战无不胜,五战五捷,曾率领吴军大破强楚,占领了楚都郢城,北威齐晋,南服越人,显名诸侯。其著作《孙子兵法》,为后世兵法家所推崇,被誉为"兵学圣典",置于《武经七书》之首。

据《汉书·艺文志》记载,《孙子兵法》共82篇,图9卷,现仅存13篇,6076字,其他的如八阵图、战斗六甲法等已失传。13篇可分为3个部分:第一部分包括"计""作战""谋攻""形""势"和"虚实"篇,着重论述军事学的基础理论和战略问题,强调战略速决和伐谋取胜,也包含对战争总体、实力计算和威慑力量的深刻认识;第二部分包括"军争""九变""行军""地形"和"九地"篇,侧重论述运动战术、地形与军队配置,攻防战术和胜败关系,如奇正、虚实、勇怯、专分、强弱、治乱、进退、动静和死生等辩证关系；第三部分包括"火攻"和"用间"篇，论述了战争中的两个特殊问题。《孙子兵法》的军事观点主要有以下五个方面。

（一）揭示了战争制胜之本

孙子在开篇写道："兵者，国之大事，死生之地，存亡之道，不可不察也。"指出战争是国家之大事，关系到国家的生死存亡，必须慎重考察。通过对"道，天，地，将，法"五个方面的分析，以及对"主，将，天地，法令，兵众，士卒，赏罚"七种情况的比较，即可知道战争的胜负。他认为，"道"乃政治也，是制胜之首。上下同心，生死与共，乃制胜之本。

（二）揭示了战场制胜之道

孙子的"知彼知己，百战不殆"以及"知天知地，胜乃无穷"都揭示了战场制胜之道，也成为人们耳熟能详的至理名言。他指出："如知胜有五：知可以战与不可以战者胜；识众寡之用者胜；上下同欲者胜；以虞待不虞者胜；将能而君不御者胜"，进一步揭示了"知"与"胜"的辩证关系。

（三）提出了作战制胜之要

孙子提出了一系列作战指导原则，即："速战速决"的作战原则，"先胜而后求战"的求战原则，"致人而不致于人"的力争主动原则，"我专而敌分"的集中用兵原则，"避实而击虚"的攻击原则，"因敌而制胜"的灵活用兵原则。孙子在"谋攻"篇中提出了"不战而屈人之兵"的全胜原则，也成为后人追求的最高目标。

（四）反映了朴素的唯物论和辩证法

孙子的朴素唯物论主要表现在：一是主张无神论，反对天命论；二是从主客观条件探索战争的胜负。在唯物的基础上也表现出辩证思想。

（五）提出了"令文齐武"的治军思想

在治军问题上，孙子提倡"令文齐武"和"士卒熟练"，主张要明法审令，恩威兼施，刑赏并用，爱护士卒，善待俘虏，重视对将帅队伍的建设，主张将帅拥有战场机断指挥权；重视对士卒的训练和管理，主张统一号令，令行禁止。这些都为后世封建社会的军队建设奠定了坚实的理论基础。

《孙子兵法》被誉为古今中外现存古书中最有价值、最具影响力的古代第一兵书。中国历代兵家名将都极为重视对其研究和应用，其也先后被译成几十种语言，成为国际间最著名的兵学典范之书。

相关链接：
《孙子兵法》简介及作者之谜

第四节　当代中国军事思想

没有革命的理论，就不会有革命的行动。我们党在创建和领导人民军队的长期实践中，坚持把马克思主义军事思想同中国革命战争和人民军队建设实践相结合，创造了具有中国特色的马克思主义军事理论成果，形成了毛泽东军事思想、邓小平新时期军队建设思想、江泽民国防和军队建设思想、胡锦涛国防和军队建设思想以及习近平强军思想。这些理论成果，既一脉相承又与时俱进，是各个历史时期我们党建军治军经验的凝练升华，集中体现了我们建设强大人民军队的一贯意志主张，是指引我军战胜一切险阻、不断发展壮大的强大思想武器。

一、毛泽东军事思想

我们党成立后，以毛泽东为代表的中国共产党人，在波澜壮阔的中国革命战争和新中国国防和军队建设的伟大实践中，创立和形成了毛泽东军事思想。毛泽东军事思想萌芽于土地革命战争前期，形成于土地革命战争后期和抗日战争时期，成熟于解放战争时期，建设国防和巩固国防时期又实现了新发展。毛泽东军事思想是我们党指导中国革命战争、人民军队和国防建设的理论奠基，实现了马克思主义军事理论中国化的第一次历史性飞跃。

（一）毛泽东军事思想的科学含义

毛泽东军事思想是以毛泽东为主要代表的中国共产党人关于中国革命战争、人民军队和国防建设以及军事领域一般规律问题的科学理论体系，是毛泽东思想的重要组成部分，是马克思列宁主义普遍原理与中国革命战争和国防建设实践相结合的产物，是中国共产党领导中国人民及其军队长期军事实践经验的科学总结和集体智慧的结晶。同时，它还从多方面汲取了古今中外军事思想的精华，是中国共产党领导中国革命战争、军队建设、国防建设和反侵略战争的指导思想。这一定义不仅科学地揭示了毛泽东军事思想的基本内涵，而且充分反映了毛泽东军事思想的本质特征。

1.毛泽东军事思想是马克思列宁主义普遍原理与中国革命战争实践相结合的产物

马克思列宁主义是毛泽东军事思想产生和发展的直接理论来源。毛泽东军事思想的根本性质属于马克思列宁主义范畴，其基本立场、观点、方法、内在逻辑、整个体系都体现了马克思主义的内在规律性。以毛泽东为代表的中国共产党人在领导中国革命的实践中，把马克思列宁主义同中国革命战争的具体实际相结合，正确地解决了在一个以农民为主要成分的半殖民地半封建国家里如何组织革命军队、进行革命战争的问题，形成了具有中国特色的、发展了的马克思主义军事理论——毛泽东军事思想。

2. 毛泽东军事思想是对中国共产党领导中国人民及其军队长期军事实践经验的科学总结

中国革命武装斗争和国防建设的伟大实践是毛泽东军事思想赖以产生和发展的基础。以毛泽东为首的中国共产党领导的中国革命武装斗争主要有国共合作的北伐战争，独立领导的土地革命战争、抗日战争、解放战争以及新中国成立后的抗美援朝战争和其他自卫战争。其时间之长、规模之大、道路之曲折、情况之复杂、内容之丰富、形式之多样、胜利之辉煌，在中外战争史上都是罕见的。既有同国内反动派作战的经验，又有同国外帝国主义作战的经验；既有小部队分散进行游击战的经验，又有大兵团进行运动战、阵地战的经验；既有"小米加步枪"战胜敌人的经验，又有"飞机加大炮"战胜敌人的经验；既有战争年代武装斗争的经验，又有和平时期国防建设的经验。伟大的军事实践必然产生伟大的军事理论。毛泽东军事思想是中国革命战争和国防建设丰富经验的理论升华。

3. 毛泽东军事思想是具有中国特色的马克思主义军事理论

马克思列宁主义是指导世界无产阶级革命的科学。马克思主义必须同各国的具体国情相结合，才能发挥作用。以毛泽东为代表的中国共产党人，运用马克思主义的立场、观点和方法来研究中国历史，分析中国的社会特点，探求中国革命战争的特点和规律，解决了在半殖民地半封建的中国组织人民军队、进行人民战争的一系列根本问题，创立了具有中国特色的马克思主义军事理论。毛泽东军事思想不是在学院里推究出来的，而是诞生于革命战争的枪林弹雨之中。毛泽东等老一辈无产阶级革命家把战争的实践与辩证思维紧密结合起来，通过对战争不断地实践、认识、再实践、再认识，逐步地深化和完善对战争规律的认识，使主观指导符合客观实际。美国前国防部部长助理菲利普·戴维逊在所著《毛泽东战略》中说，毛泽东是"一切战略家中最重实效、最主张批判地接受经验的一个"。毛泽东军事思想既不是书院式的学究文章，也不是照葫芦画瓢地照搬外国的军事条令，而是中国革命战争经验的理论升华。

4. 毛泽东军事思想是一个开放的体系

建立在辩证唯物主义和历史唯物主义基础之上的马克思主义无产阶级军队建设理论，是在实践与认识的交互作用中产生和向前发展的。马克思主义军事理论由马克思、恩格斯建立后，列宁、斯大林为这一理论增添了新内容。毛泽东把马克思列宁主义的普遍原理与中国革命战争的具体实践相结合，极大地发展了马克思列宁主义军事理论。这种发展的具有中国特色的马克思列宁主义军事理论，就是毛泽东军事思想。而毛泽东军事思想本身，随着时代的发展，也必然在实践中继续发展。邓小平新时期军队建设思想，江泽民国防和军队建设思想，胡锦涛国防和军队建设思想，习近平关于国防和军队建设的重要论述，都是对这一理论体系的继承和发展。

（二）毛泽东军事思想的主要内容

在长期的中国革命战争实践过程中产生的毛泽东思想，系统地解决了中国革命战争中的指导路线、方针政策、战略战术和建设与保卫国防等一系列问题，形成了认识与指导战争和国防建设的完整的理论体系。

1. 人民军队思想

毛泽东高度重视人民军队在夺取政权和保卫政权中的作用，提出了"没有一个人民的军队，便没有人民的一切""枪杆子里面出政权"等著名论断。主要强调人民军队是执行革命政治任务的武装集团，必须坚持党对军队的绝对领导，坚持全心全意为人民服务的宗旨，执行战斗队、工作队、生产队三大任务，开展强有力的政治工作，坚持官兵一致、军民一致、瓦解敌军，实行政治、经济、军事三大民主，实行建立在自觉基础上的严格纪律，等等。人民军队思想把我军同一切剥削阶级军队从根本上区别开来，坚持这一思想就能使我军永远保持人民军队的性质、宗旨和本色。

2. 人民战争思想

毛泽东极其重视广大人民群众在战争中的地位和作用，把马克思主义的群众史观创造性地用于中国革命战争实践，形成了以人民军队为骨干，依靠人民、武装人民进行人民战争的思想。其主要包括：革命战争是群众的战争，人民群众是战争的主体；战争伟力之最深厚的根源存在于民众之中，兵民是胜利之本；力量对比不但是军力和经济的对比，而且是人力和人心的对比；动员全国的老百姓，陷敌于人民战争的汪洋大海；实行主力军、地方军和民兵、自卫队"三结合"的武装力量体制；等等。人民战争思想为我们党宣传、动员、组织、武装人民，战胜强大的国内外敌人找到了不二法门。

相关链接：
雄才伟略毛泽东：人民战争篇

3. 人民战争的战略战术思想

毛泽东认为，战争的主要目的是保存自己、消灭敌人，其中消灭敌人是主要的，保存自己是第二位的。强调战略上藐视敌人、战术上重视敌人，要实行积极防御，力争主动、力避被动，慎重初战，集中优势兵力各个歼灭敌人，不打无准备、无把握之仗，坚持游击战、阵地战、运动战三种作战形式密切配合，灵活机动地使用兵力和变换战术，等等。人民战争的战略战术核心是"你打你的、我打我的"，有什么武器打什么仗，对什么敌人打什么仗。

经典战例

1946年8月下旬，国民党出动14个整编师共30万人的强大兵力，向晋冀鲁豫解放区发动进攻。当时刘邓大军刚刚打完陇海战役，人困马乏，粮弹两缺。为了粉碎敌人的进攻，刘伯承、邓小平决定集中现有兵力，首先歼灭孤军冒进、占领革命根据地大杨湖村的敌整编第三师，一举扭转我军在中原地区的被动局面。在刘、邓首长主持召开的各纵队司令员参加的作战会议上，时任六纵司令员的王近山主动要求担任主力，并勇立军令状。王近山慷慨领命，率部直扑整三师师部所在地——大杨湖。经过5天英勇奋战，第六纵队在友邻部队配合下，歼敌4个多旅共1.7万余人，其中俘敌中将师长赵锡田以下1.2万余人，创造了集中优势兵力、各个歼灭敌人的范例，彻底粉碎了敌人对我晋冀鲁豫解放区的进攻，打破了敌人东、西两路钳击我军的计划，沉重打击了敌人全面进攻的疯狂气焰。

4.国防建设思想

新中国成立后，在抵御外来侵略、维护国家独立和统一的斗争中，毛泽东提出"国防不可不有"，建设强大的国防军和建设强大的经济力量是全党全军和全国人民的两件大事，捍卫国家的独立、领土主权和安全是国防斗争的基本任务，强调国防建设要根据国家安全利益需要实行积极防御的战略方针，坚持独立自主的方针，实行军民结合、平战结合的原则，建设强大革命化、现代化、正规化的国防军，等等。毛泽东国防建设思想，及时解决了新中国如何确立国防建设目标的重大现实问题。

5.战争观和军事方法论

毛泽东指出，战争是政治的继续，政治是不流血的战争，战争是流血的政治；人类社会只有进步到消灭阶级、消灭国家的时候，战争才能从根本上消除；帝国主义和霸权主义是现代战争的根源；战争有正义和非正义之分，共产党人要拥护正义战争，反对非正义战争；指导战争要善于关照全局、把握关节；武器是战争的重要因素，人是战争的决定因素；等等。毛泽东的战争观和军事方法论，揭示了军事领域的基本规律，对研究和指导战争具有重大意义。

毛泽东军事思想是毛泽东思想的重要组成部分，主要回答了在中国处于半殖民地半封建的社会历史条件下，如何建设一支无产阶级新型人民军队和夺取武装斗争胜利，以及取得全国政权后如何建立现代国防的问题，是马克思主义军事理论宝库中极其光彩夺目的瑰宝，是被中国革命战争实践充分证明了的科学的理论体系。毛泽东军事思想不仅在中国，而且在世界上都有着重大影响。今天，人类战争已经转向信息化，战争的社会环境、政治内容、技术形态、战略战术特别是制胜机理，都发生了新的重大变化，但毛泽东军事思想蕴含的丰富思想和科学方法论，始终是我们认识军事领域各种矛盾运动规律，正确指导军事斗争和军队建设实践的基本遵循，是我国国防和军队建设必须始终遵循的指导思想和方针原则。

二、邓小平新时期军队建设思想

进入改革开放和社会主义现代化建设时期，邓小平在开创中国特色社会主义道路的历史进程中，正确把握战争与和平历史演进的客观规律，立足于中国的国情、军情和时代特征，以巨大的政治勇气和理论勇气，对国防和军队建设作出具有战略意义的重大决策，创造性地提出了一系列建军治军的方针原则，形成了邓小平新时期军队建设思想。邓小平新时期军队建设思想内容十分丰富，从不同侧面揭示了新时期军队建设和军事斗争的规律，构成了一个科学的军事思想体系。

（一）战争与和平思想

邓小平认为，霸权主义、强权政治严重威胁着世界和平，战争的危险依然存在，但是和平力量的发展超过了战争力量，争取一个较长时期的和平是可能的。为适应时代主题的变化与党和国家工作重心的转移，军队和国防建设的指导思想实行战略性转变，从立足"早打、大打、打核战争"的临战准备状态转到和平时期建设的轨道上来。邓小平强调，军队要服从整个国家建设大局，大局好起来了，国力大大增强了，再搞一点原子弹、导弹，更新一些装备，到那个时候就容易了；要坚持勤俭建军，精打细算，把有限的军费真正用在加强战斗力上。

（二）军事战略思想

邓小平强调，国家的主权、安全要始终放在第一位，军队要担当起维护国家主权和安全的历史责任。要实行积极防御的军事战略方针，坚持自卫立场，后发制人，把战略态势上的防御性和军事指导上的积极性结合起来，把和平时期遏制战争和战争时期赢得战争统一起来。坚持积极防御的战略方针，从根本上讲就是要坚持人民战争的战略思想；搞人民战争并不是不要军队现代化，装备的改进可以使人民战争更有力量；要立足以弱胜强，以劣势装备战胜优势装备的敌人。

（三）军队建设思想

邓小平明确提出，中国人民解放军必须建设成为一支强大的现代化、正规化革命军队。必须把革命化建设放在第一位，始终不渝地坚持人民军队的革命性质；中心是解决现代化的问题，不断提高军队建设的科学技术含量，提高现代化条件下的总体作战能力和水平；正规化建设是重要保证，要推动部队建设逐步走向法制化、制度化的发展道路，把军队训练得像个军队的样子。邓小平强调，在不打仗的情况下，军队素质的提高靠教育训练；要贯彻精兵、利器、合成、高效的原则；军队建设要讲质量，讲真正的战斗力，讲实战能力，搞少而精的真正顶用的、真正是现代化的东西。

相关链接:

1985 年百万大裁军

（四）国防建设思想

邓小平指出，在新的历史条件下，国防建设仍然要沿着毛泽东开创的道路前进，仍然要坚持全民办国防的指导思想，把建设精干的常备军与建设强大的后备力量结合起来，建立起人民解放军现役部队与预备役部队、人民武装警察部队和民兵组成的武装力量。要深入持久地开展全民国防教育，建立有效的国防动员体制，坚持平战结合、军民兼容的原则，把战争动员纳入国民经济和社会发展的总体规划，纳入整个国防建设包括军队建设和后备力量建设之中。要坚持军民一致、军政一致，恢复和发扬军政、军民之间紧密团结的优良传统，要广泛深入持久地开展拥政爱民、拥军优属活动。

邓小平新时期军队建设思想是邓小平理论的重要组成部分，主要回答了在和平与发展成为时代主题，国家实行改革开放的历史条件下，如何开创中国特色精兵之路，建设一支强大的现代化、正规化革命军队的问题，是对毛泽东军事思想的继承和发展，为我军开创了一条符合中国国情的、相对和平条件下的建军道路。邓小平新时期军队建设思想具有鲜明的时代性、深刻的实践性和科学的指导性，为正确认识和解决新时期军队建设与军事斗争问题提供了科学的立场、观点、方法。只要和平与发展这一时代特征没有改变，世界军事变革的发展趋势没有改变，邓小平新时期军队建设思想就仍然是国防和军队建设的指导思想，具有长远指导意义。

三、江泽民国防和军队建设思想

20 世纪 90 年代世界形势风云变幻，我国改革开放和现代化建设全面推进，给国防和军队建设带来许多前所未有的崭新课题。江泽民深入思考新的历史条件下，建设什么样的军队、怎样建设军队，未来可能打什么样的仗、怎样打仗的问题，对国防和军队建设一系列新的重大理论和实践问题作出了科学回答，形成了江泽民国防和军队建设思想。江泽民国防和军队建设思想，科学阐明了新的历史条件下国防和军队建设的地位作用、目标任务、指导方针、总体思路、发展动力和政治保证等，是关于新时期军事战略、军队建设和国防建设等基本问题的科学理论体系。

（一）解决好"打得赢、不变质"两个历史性课题

江泽民鲜明提出，"打得赢、不变质"是新的历史条件下我军建设必须着力解决好的两个历史性课题。"打得赢"，就是要把我军建设成为一支具有强大实战能力

和威慑能力的现代化军队，能够打赢现代条件特别是高技术条件下的局部战争。"不变质"，就是我军始终坚持党对军队的绝对领导，永远保持人民军队的性质、本色和作风，经得起任何政治风浪的考验。坚持"打得赢"与"不变质"相统一，反映了人民军队建设的本质要求，是我军存在和发展的全部意义与价值所在。

（二）按照"五句话"总要求全面加强军队建设

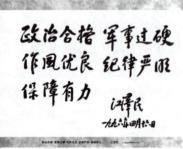

江泽民军队建设总要求

江泽民提出，军队建设的总要求是"政治合格、军事过硬、作风优良、纪律严明、保障有力"。强调党对军队的绝对领导是我军永远不变的军魂，要把思想政治建设摆在全军各项建设的首位，确保党从思想上、政治上、组织上牢牢掌握军队；要具有牢固的战斗队思想、精湛的军事技术、良好的军事素质和快速高效的反应能力；要有良好的思想作风、工作作风、战斗作风和生活作风；要严格遵守法律法规和条令条例，做到令行禁止，一切行动听指挥；要及时、准确、高效地保障军队建设和作战需要，建立和完善三军一体、军民兼容、平战结合的联勤保障体制。

（三）用新时期军事战略方针统揽军队建设全局

适应时代发展和中国安全环境的新形势，江泽民主持制定了新时期军事战略方针，把军事斗争准备的基点，从应对一般条件下的战争转变到打赢现代技术特别是高技术条件下的局部战争上。江泽民强调，必须紧紧抓住我军的现代化水平与打赢高技术战争的要求不相适应的矛盾，着力解决增强我军高技术条件下防卫作战能力的关键性问题。要以军事斗争准备为龙头，牵引和带动国防和军队现代化建设的整体推进，按照"整体谋求适度发展，局部争取大幅跃升"的原则，处理好军事斗争准备与现代化建设的关系、主要战略方向与其他战略方向的关系、重点项目建设与体系建设的关系，把军事斗争准备融入军队改革和现代化建设的全局中去。

（四）积极推进中国特色的军事变革

江泽民强调，要按照"三步走"的战略构想，争取在 21 世纪前 50 年逐步实现国防和军队的信息化。要积极推进中国特色的军事变革，走以信息化带动机械化、以机械化促进信息化的跨越式发展道路，通过深化改革，实现军队建设的整体转型。要实施科技强军战略，把依靠科学进步提高战斗力摆在国防和军队建设的战略位置，增强国家的军事科技实力，全面提高军队建设的科技含量，调整改革体制编制，抓好人才战略工程，加快我军武器装备现代化建设步伐，实现我军由数量规模型向质量效能型、由人力密集型向科技密集型的转变。

江泽民国防和军队建设思想是"三个代表"重要思想的组成部分，主要回答了在世界新军事变革蓬勃进行、我国社会主义市场经济深入发展的历史条件下，如何积极推动中国特色军事变革，保证人民军队打得赢、不变质的问题，是当代中国军事领域实践经验的科学总结，是新的历史条件下国防和军队建设基本规律的集中体现，实现了党的军事指导理论的与时俱进。在江泽民国防和军队建设思想指引下，我军经受住了政治斗争、军事斗争和同严重自然灾害斗争的严峻考验，向全面建设一支强大的人民军队迈出了新的步伐。

四、胡锦涛国防和军队建设思想

新世纪新阶段，我军使命进一步拓展，承担的军事任务更加繁重，这对军事斗争准备和我军现代化建设提出了历史性的新要求。胡锦涛紧紧围绕"新世纪新阶段军队履行什么样的使命、怎样履行使命，实现什么样的发展、怎样发展，未来打什么样的仗、怎样打仗"等重大问题深入思考探索，提出了一系列紧密联系、相互贯通的新思想、新观点、新论断，形成了胡锦涛国防和军队建设思想，把我们党对军事力量建设和运用规律的认识提升到了新高度。

（一）在全面建设小康社会进程中实现富国和强军的统一

胡锦涛强调，坚持和发展中国特色社会主义，必须大力加强国防和军队建设，不断提升国家战略能力特别是军事能力；实现富国和强军相统一，关键是科学统筹经济建设和国防建设，必须坚持以经济建设为中心，在经济发展的基础上努力推进国防建设，使国防和军队现代化进程与国家现代化进程相一致；要坚持走中国特色军民融合式发展路子，建立和完善军民结合、寓军于民的武器装备科研生产体系、军队人才培养体系和军队保障体系，完善国防动员体系。

（二）全面履行新世纪新阶段军队历史使命

胡锦涛提出，军队要为党巩固执政地位提供重要的力量保证，为维护国家发展的重要战略机遇期提供坚强的安全保障，为维护国家利益提供有力的战略支撑，为维护世界和平与促进共同发展发挥重要作用。各项建设都要围绕提高履行历史使命的能力来进行；要牢固树立与履行历史使命相适应的思想观念；要坚持把捍卫国家主权、安全、领土完整，保障国家发展利益和保护人民利益放在高于一切的位置，努力做到忠于使命、献身使命、不辱使命；要不断提高履行历史使命的能力，使我军真正做到适应新形势、肩负新使命、完成新任务、实现新进步。

（三）在国防和军队建设中贯彻落实科学发展观

胡锦涛强调，国防和军队建设贯彻落实科学发展观，必须全面准确把握科学发展观的深刻内涵和基本要求，把科学发展观贯彻落实到国防和军队建设的各个领域和全过程；坚持以推动国防和军队建设科学发展为主题、以加快转变战斗力生成模式为主线；按照革命化、现代化、正规化相统一的原则加强军队全面建设；把以人

为本作为重要的建军治军理念；提高军队建设的整体质量和效益，努力走出一条投入较少、效益较高的国防和军队现代化建设的路子。

（四）围绕"三个确保"时代课题加强军队思想政治建设

胡锦涛军队建设总要求

胡锦涛强调，军队思想政治建设要从思想上、政治上、组织上确保我军始终成为党绝对领导下的人民军队，确保国防和军队建设科学发展，确保有效履行新世纪新阶段我军历史使命。要始终坚持党对军队绝对领导的根本原则和人民军队的根本宗旨，坚持把用中国特色社会主义理论体系武装全军作为首要任务，把培育忠诚于党、热爱人民、报效国家、献身使命、崇尚荣誉的当代革命军人核心价值观作为基础工程，把发展先进军事文化作为重要任务，把我军优良传统教育作为建军育人的战略措施。坚持紧贴时代发展、紧贴使命任务、紧贴官兵实际，着力增强思想政治建设的科学性。

胡锦涛国防和军队建设思想是科学发展观的重要组成部分，主要回答了在世界大发展大变革大调整、我国全面建设小康社会的历史条件下，如何推进国防和军队建设科学发展、全面履行新世纪新阶段历史使命的问题。在胡锦涛国防和军队建设思想的指导下，中国特色军事变革取得了重大成就，军队革命化、现代化、正规化建设协调推进、全面加强，军事斗争准备不断深化，履行新世纪新阶段我军历史使命的能力不断提高，国防和军队建设取得了历史性成就。

五、习近平强军思想

习近平强军思想，明确了新时代国防和军队建设一系列根本性、方向性、全局性的重大问题，是习近平新时代中国特色社会主义思想的"军事篇"，是马克思主义军事理论中国化时代化的新飞跃，是党的军事指导理论的重大突破、重大创新、重大发展，为实现党在新时代的强军目标、把人民军队全面建成世界一流军队提供了科学指南和行动纲领。必须牢固确立习近平强军思想在国防和军队建设中的指导地位。

（一）深刻认识习近平强军思想的重大里程碑意义

习近平强军思想，植根强国复兴新时代，指引强军兴军新征程，在马克思主义军事理论中国化进程中，在党的军事指导理论创新发展中，在我们党治国理政实践中，具有重大政治意义、理论意义、实践意义。

立起了新时代维护核心、听党指挥的看齐基准。维护核心、听党指挥，最内在最根本的是自觉向党中央看齐，向习主席看齐，向党的基本理论、基本路线、基本方略看齐。习近平强军思想，作为习近平新时代中国特色社会主义思想的"军事篇"，集中体现了党的意志主张，反映了党和人民对军队的时代要求，指明了军队建设坚定正确的政治方向；从新时代坚持和发展中国特色社会主义基本方略的高度，突出强调坚持党对人民军队的绝对领导，要求军队坚决维护党中央权威和集中统一领导，坚决维护和贯彻军委主席负责制，揭示了人民军队从胜利走向胜利的根本力量所在；始终坚持从政治上建设和把握军队，以党的政治建设为统领全面加强军队党的建设，确立了新时代政治建军的大方略，为我们提升政治站位、增强政治能力提供了根本遵循。新时代，军队以党的旗帜为旗帜、以党的方向为方向、以党的意志为意志，必须坚持用习近平强军思想统一思想、统一步调，坚定维护习主席在党中央和全党的核心地位，更加自觉地对党忠诚、听党指挥。

实现了马克思主义军事理论中国化时代化新飞跃。坚持用鲜活的马克思主义军事理论指导实践，是党建军治军的一条根本经验。面对世情国情军情的深刻变化，面对强国强军的时代要求，习近平强军思想作出一系列新的重大判断、新的理论概括、新的战略安排，指出世界正发生前所未有之大变局、我国正处于由大向强发展的关键阶段、军队正经历着一场革命性变革，强调国防和军队建设进入了新时代；阐明新时代军队使命任务和强军的奋斗目标、建设布局、战略指导、必由之路、强大动力、治军方式、发展路径等重大问题，把党对军事力量建设和运用规律的认识提高到新水平。习近平强军思想把全面推进国防和军队现代化纳入强国复兴大战略、大布局，擘画了未来几十年军队建设发展的蓝图，为走好新的长征路确立了行动纲领。这些理论上的重大突破、重大创新、重大发展，为丰富和发展马克思主义军事理论作出原创性贡献，开拓了当代中国马克思主义军事理论和军事实践发展新境界。

提供了大踏步走中国特色强军之路的根本遵循。过去一个时期，军队一度存在许多突出矛盾和问题，这种状态任其发展下去，军队不但打不了仗，甚至有变质变色的危险。习主席以巨大政治勇气和强烈责任担当，带领全军重振政治纲纪，坚定不移推进政治整训，有效解决了弱化党对军队绝对领导的突出问题；重塑组织形态，大刀阔斧全面深化改革，有效解决了制约军队建设的体制结构突出问题；重整斗争格局，坚定捍卫国家核心利益，有效解决了军事力量运用方面的突出问题；重构建设布局，创新发展理念和方式，有效解决了军队建设聚焦实战不够、质量效益不高的突出问题；重树作风形象，强力推进正风肃纪反腐，有效解决了不正之风和腐败现象滋生蔓延的突出问题。党的十八大以来强军事业取得历史性成就、发生历史性变革，根本在于习主席的坚强领导，在于习近平强军思想的科学指引。全面贯彻习近平强军思想，军队才能跟上全面建设社会主义现代化强国进程，在世界新军事革命浪潮中勇立潮头、赢得战略主动，朝着世界一流军队扎实迈进。

丰厚了培养"四有"新时代革命军人的精神滋养。拥抱新时代，践行新思想，实现新作为，必须有一代新人来担当。习近平强军思想蕴含着巨大真理力量和人格力量，与官兵有着天然的亲和力，是武装人、培养人、提高人的最好"教科书"。这一思想，坚守中国共产党人的初心和使命，充满道路自信、理论自信、制度自信、文化自信，为新时代革命军人立起了坚不可摧的精神支柱；坚持人民军队性质、宗旨、本色，发扬党和军队的光荣传统与优良作风，为官兵传承红色基因、担当强军重任提供了思想政治营养；强调敢于斗争、敢于胜利，指出军队历来是打精气神的，一不怕苦、二不怕死的战斗精神永远都不能丢，为砥砺军人血性胆魄明确了努力方向；贯通中国梦强军梦我的梦，蕴含着观察世界、思考人生的科学方法，为书写军旅出彩人生提供了价值引领。用习近平强军思想铸魂育人，官兵心中就有了魂、脚下就有了根，培养"四有"新时代革命军人、锻造"四铁"过硬部队就有了根本保证。

相关链接：

微视频：习近平眼中的"四有"军人

（二）全面领会习近平强军思想的精神实质和丰富内涵

习近平强军思想内涵丰富、思想深邃，涵盖新时代国防和军队建设方方面面，构成一个系统完整、逻辑严密、相互贯通的科学军事理论体系。

明确强国必须强军，巩固国防和强大人民军队是新时代坚持和发展中国特色社会主义、实现中华民族伟大复兴的战略支撑。中华民族伟大复兴绝不是轻轻松松、敲锣打鼓就能实现的。国家越是发展壮大，面临的压力和阻力就越大。这是我国由大向强发展进程中无法回避的挑战，是实现中华民族伟大复兴绕不过的门槛。强国必须强军，军强才能国安。国防和军队建设是国家安全的坚强后盾，军事手段是实现伟大梦想的保底手段，军事斗争是进行伟大斗争的重要方面，打赢能力是维护国家安全的战略能力。军队必须服从服务于党的历史使命，把握新时代国家安全战略需求，为实现中华民族伟大复兴提供战略支撑。

铸牢听党指挥的军魂

明确党在新时代的强军目标是建设一支听党指挥、能打胜仗、作风优良的人民军队，必须同国家现代化进程相一致，力争到2035年基本实现国防和军队现代化，到本世纪中叶把人民军队全面建成世界一流军队。建设强大的人民军队是我们党的不懈追求。在各个历史时期，我们党都根据形势任务的变化，及时提出明确的目标

要求，引领军队建设不断向前发展。习近平主席在提出中国梦不久就提出强军梦，作出全面建设社会主义现代化强国战略部署的同时，提出实现党在新时代的强军目标，把人民军队全面建成世界一流军队。这是适应世界新军事革命发展趋势和国家安全需求，对军队建设目标作出的新概括新定位，内在要求建设强大的现代化陆军、海军、空军、火箭军、战略支援部队、联勤保障部队和武装警察部队，建设绝对忠诚、善谋打仗、指挥高效、敢打必胜的联合作战指挥机构，不断提高军队现代

化水平和实战能力。

明确党对军队绝对领导是人民军队建军之本、强军之魂，必须全面贯彻党领导军队的一系列根本原则和制度，确保部队绝对忠诚、绝对纯洁、绝对可靠。坚持党对军队的绝对领导是中国特色社会主义的本质特征，是党和国家的重要政治优势。抓军队建设首先要从政治上看，对党绝对忠诚要害在"绝对"二字。必须强化"四个意识"，严肃政治纪律和政治规矩，深入抓好军魂教育，坚决维护权威、维护核心，坚决维护和贯彻军委主席负责制，全面彻底肃清郭伯雄、徐才厚流毒影响，坚决抵制"军队非党化、非政治化"和"军队国家化"等错误政治观点的影响，提高坚持党对军队绝对领导的政治自觉和实际能力，确保党指挥枪的原则落地生根。军队高级干部必须对党忠诚、听党指挥，做对党最赤胆忠心、最听党的话、最富有献身精神的革命战士。

明确军队是要准备打仗的，必须聚焦能打仗、打胜仗，创新发展军事战略指导，构建中国特色现代作战体系，全面提高新时代备战打仗能力，有效塑造态势、管控危机、遏制战争、打赢战争。人民军队永远是战斗队，人民军队的生命力在于战斗力。必须贯彻新形势下军事战略方针，把备战与止战、威慑与实战、战争行动与和平时期军事力量运用作为一个整体加以运筹，牢固树立战斗力这个唯一的根本的标准，提高军事训练实战化水平，扎实做好各方向各领域军事斗争准备，聚力打造精锐作战力量，着力建设一切为了打仗的后勤，加快构建适应信息化战争和履行使命要求的武器装备体系，加快建设以联合作战指挥人才为重点的高素质新型军事人才队伍，发扬一不怕苦、二不怕死的战斗精神，锻造召之即来、来之能战、战之必胜的精兵劲旅。

明确作风优良是人民军队的鲜明特色和政治优势，必须加强作风建设、纪律建设，坚定不移正风肃纪、反腐惩恶，大力弘扬党和军队的光荣传统与优良作风，永葆人民军队性质、宗旨、本色。作风优良才能塑造英雄部队，作风松散可以搞垮常胜之师。军队要恪守全心全意为人民服务的宗旨，牢记为人民扛枪、为人民打仗的神圣职责，始终做人民信赖、人民拥护、人民热爱的子弟兵。把理想信念的火种、红色传统的基因一代代传下去，加强党史军史和光荣传统教育，永葆老红军的政治本色。军中绝不能有腐败分子藏身之地，要锲而不舍、驰而不息地把作风建设和反腐败斗争引向深入，努力铲除腐败现象滋生蔓延的土壤，积极培育风清气正的政治生态。严肃各项纪律，坚持严字当头、一严到底，下大气力治松、治散、治虚、治软，用铁的纪律凝聚铁的意志、锤炼铁的作风、锻造铁的队伍。各级领导干部要以行动作无声的命令，以身教作执行的榜样，带动形成崇尚实干、敢于担当、主动作为的良好氛围。

明确推进强军事业必须坚持政治建军、改革强军、科技兴军、依法治军，更加注重聚焦实战、更加注重创新驱动、更加注重体系建设、更加注重集约高效、更加注重军民融合，全面提高革命化、现代化、正规化水平。政治建军是军队的立军之本，任何时候任何情况下都不能有丝毫松懈；改革是决定军队未来的关键一招，必须大刀阔斧实施改革强军战略；科学技术是核心战斗力，必须下更大气力推进科技兴军、赢得军事竞争主动；军队越是现代化越要法治化，必须厉行法治、从严治军。贯彻"五个更加注重"战略指导，必须强化作战需求牵引，提高军队建设实战水平；下大气力抓理论创新、抓科技创新、抓科学管理、抓人才集聚、抓实践创新，靠改革创新实现新跨越；坚持成体系筹划和推进军事力量建设，全面提高军队体系作战能力；坚持以效能为核心、以精确为导向，提高国防和军队发展精准度；深入实施军民融合发展战略，加快把军队建设融入经济社会发展体系，实现国防和军队建设更高质量、更高效益、更可持续的发展。

全军战士坚决拥护支持投身改革

明确改革是强军的必由之路，必须推进军队组织形态现代化，构建中国特色现代军事力量体系，完善中国特色社会主义军事制度。深化国防和军队改革，是为了设计和塑造军队未来。领导管理和作战指挥体制改革，以重塑军委机关和战区为重点，强化中央军委集中统一领导和战略指挥、战略管理功能，建立"军委管总、战区主战、军种主建"的新格局，形成决策权、执行权、监督权既相互制约又相互协调的运行体系，构建平战一体、常态运行、专司主营、精干高效的战略战役指挥体系。规模结构和作战力量体系改革，按照调整优化结构、发展新型力量、理顺重大比例关系、压减数量规模的要求，推动军队由数量规模型向质量效能型、由人力密集型向科技密集型转变，部队编成向充实、合成、多能、灵活方向发展。军队政策制度调整改革，着力立起打仗的鲜明导向，营造公平公正的制度环境，使军事人力资源配置达到最佳状态，让军人成为全社会尊崇的职业，把军队战斗力和活力充分激发出来。

明确创新是引领发展的第一动力，必须坚持向科技创新要战斗力，统筹推进军事理论、技术、组织、管理、文化等各方面创新，建设创新型人民军队。创新能力是一支军队的核心竞争力，也是生成和提高战斗力的加速器。必须把创新驱动发展的引擎全速发动起来，善于运用新理念、新思路、新方法推进军队各项建设。要加快形成具有时代性、引领性、独特性的军事理论体系，依靠科技进步和创新把军队建设模式和战斗力生成模式转到创新驱动发展的轨道上来，下大气力推进军事管理革命，努力培养造就宏大的高素质创新型军事人才队伍，大力弘扬创新文化，激励官兵争当创新的推动者和实践者，使谋划创新、推动创新、落实创新成为全军的自觉行动。

明确现代化军队必须构建中国特色军事法治体系，推动治军方式根本性转变，提高国防和军队建设法治化水平。一支现代化军队必然是法治军队。强化法治信仰和法治思维，坚持依法治官、依法治权，领导干部带头尊法学法守法用法，引导官兵把法治内化为政治信念和道德修养，外化为行为准则和自觉行动。构建系统完备、严密高效的军事法规制度体系、军事法治实施体系、军事法治监督体系、军事法治保障体系，坚决维护法规制度权威性，强化法规制度执行力。推动实现从单纯依靠行政命令的做法向依法行政的根本性转变，从单纯靠习惯和经验开展工作的方式向依靠法规和制度开展工作的根本性转变，从突击式、运动式抓工作的方式向按条令条例办事的根本性转变，形成党委依法决策、机关依法指导、部队依法行动、官兵依法履职的良好局面。

相关链接：
一支现代化的军队必然是法治军队

明确军民融合发展是兴国之举、强军之策，必须坚持发展和安全兼顾、富国和强军统一，形成全要素、多领域、高效益军民融合深度发展格局，构建一体化的国家战略体系和能力。把军民融合发展上升为国家战略，是我们党长期探索经济建设和国防建设协调发展规律的重大成果，是从国家发展和安全全局出发作出的重大决策，是应对复杂安全威胁、赢得国家战略优势的重大举措。着眼经济实力和国防实力同步增长，强化统一领导、顶层设计、改革创新和重大项目落实，同步推进体制和机制改革、体系和要素融合、制度和标准建设，完善军民融合组织管理体系、工作运行体系、政策制度体系，逐步实现国家各领域战略布局一体融合、战略资源一体整合、战略力量一体运用，努力开创经济建设和国防建设协调发展、平衡发展、兼容发展新局面。

（三）努力掌握习近平强军思想蕴含的科学立场观点方法

习近平强军思想蕴含着辩证唯物主义和历史唯物主义的立场观点方法，凝结着共产党人的理想信念、价值追求、思想风范，体现了我们党新时代建军治军的先进理念、指导原则、高超艺术，为强军制胜提供了科学的思想方法和工作方法。

勠力强军兴军的使命担当。习近平强军思想，贯穿的一个高频词就是"担当"，嘱托最多的就是"使命"，生动展现了以党和人民为念，以国家主权、安全、领土完整为念，以国防和军队建设为念的深厚革命情怀。党的十九大闭幕不久，习主席就带领新一届军委班子成员视察军委联指中心、发出备战打仗号令，新年伊始出席中央军委开训动员大会、发布训令。这一系列重大实践活动，彰显的是对初心的坚守，传递的是对使命的担当。这种担当精神，体现为矢志实现中国梦强军梦的抱负追求，体现为以身许党许国的崇高品格，体现为跑好历史接力赛中我们这一棒的政治自觉。这是激励我们不负党和人民重托、担当新时代军队使命任务的精神力量。

军事服从政治的战略智慧。"凡战法必本于政胜。"马克思主义认为，军事是实现政治目的的工具和手段。习近平强军思想，把握政治、经济、外交与军事之间日益增强的相关性整体性，始终从实现民族复兴大目标认识和筹划战争问题，从党和国家事业发展全局出发统筹推进国防和军队建设，着眼国家政治外交大局和国家安全战略全局筹划指导军事行动。这是对马克思主义战争观军事观的丰富发展，贯穿着军事服从政治、战略服从政略的大逻辑，为打好政治军事仗、军事政治仗提供了根本指导。

勇于破解矛盾的问题导向。抓住关节点、奔着问题去，是矛盾论的时代运用。习主席在领导强军实践中，坚持直面问题、勇于变革、攻坚克难，从纠治"四风"、开展"四个整顿"到全面彻底肃清郭伯雄、徐才厚流毒影响，从解决军事斗争准备短板弱项到向"和平积习"开刀，从突破思想观念障碍、利益固化藩篱到坚决突破各方面体制机制弊端，从解决治党治军"宽松软""权力任性"到推动治军方式根本性转变等，有效解决了制约军队建设和发展的深层次矛盾问题。这些都体现了拨乱反正、正本清源的问题意识和问题思维，为我们找准工作突破口、开拓事业新局面提供了科学方法。

防范风险挑战的忧患意识。"备豫不虞，为国常道"。面对波谲云诡的国际形势、复杂敏感的周边环境、艰巨繁重的斗争任务，习主席郑重告诫全党全军，必须居安思危、知危图安，时刻准备进行具有许多新的历史特点的伟大斗争，保持"三个高度警惕"，重点防控可能迟滞或中断中华民族伟大复兴进程的全局性风险。每次重要会议、每临重大事件，习主席总是高度重视分析面临的风险挑战，深入研判国家安全威胁，既高度警惕"黑天鹅"事件，又防范"灰犀牛"事件；既预置防范风险的先手，又提出应对和化解风险挑战的高招；既注重打好防范和抵御风险的有准备之战，又注重打好化险为夷、转危为机的战略主动战。这对于我们强化如履薄冰的谨慎、居安思危的忧患，应对重大挑战、抵御重大风险、克服重大阻力、解决重大矛盾，杜绝出现战略性、颠覆性错误，提供了方法论指导。

主动谋势造势的进取品格。良好战略环境是要争取的，不可能坐等天下太平。习主席坚持和发展我们党积极防御战略思想，充分发挥军事力量的战略功能，营造于我有利的战略态势。军事战略指导实现与时俱进，增强了进取性和主动性，赋予了积极防御战略思想新的内涵。积极开展钓鱼岛维权斗争，划设东海防空识别区，组织海空力量出岛链常态巡航，实施海外护航撤侨行动，加强边境管控、反恐维稳等，这些都坚持以防御为根本、在"积极"二字上做文章，体现了超前谋划、主动作为的战略进取观，体现了坚守底线又敢于亮剑的斗争艺术。

求实务实落实的领导作风。我们党和军队是靠实事求是起家的，也要靠实事求是赢得未来。党的十八大以来国防和军队建设的巨变，是习主席带领全军干出来的。习主席反复强调并身体力行实干兴邦、实干兴军，号召撸起袖子加油干；厉行"三严三实"，真抓实干、埋头苦干，多干打基础、利长远的工作；调查研究"身入"更要"心至"，把功夫下到查实情、出实招、办实事、求实效上；强化落实意识，增强落实本领，对部署的任务要雷厉风行，不能拖拖拉拉；坚持一张蓝图干到底，以踏石留印、抓铁有痕和钉钉子精神做实做细做好各项工作，等等。这是马克思主义实践标准、党的实事求是思想路线在军事指导上的运用，是把新时代强军蓝图变成现实的作风保证。

锐意开拓奋进的创新精神。习主席把改革创新作为军队建设发展的根本动力，强调身子转过来了，脑子也要转过来，主动来一场思想革命、头脑风暴，从一切不合时宜的思维定势、固有模式、路径依赖中解放出来；号召把改革进行到底，推动人民军队从领导体制到工作机制、从战斗力到精气神、从思想作风到工作作风等发生脱胎换骨式的变化；决策实施科技创新战略，构建军民融合科技创新体制，设立国防科技创新特区，国防科技和武器装备建设加快由跟跑并跑向并跑领跑转变。我国自主设计的航空母舰出坞下水，歼-20、运-20等先进武器装备列装部队，"天河二号"超级计算机、"北斗三号"卫星工程等一批关键技术实现重大突破。这些传承了中华民族"苟日新，日日新，又日新"的精神禀赋，体现了以改革创新为核心的时代精神，是激励我们矢志强军、迈向一流的动力源泉。

（四）坚持把习近平强军思想贯彻到国防和军队建设各领域全过程

在强国复兴的新征程，要把党的十九大描绘的强军蓝图化为现实，把人民军队全面建成世界一流军队，必须深入学习贯彻习近平强军思想，使这一最新军事指导理论在官兵头脑中深深扎根，在部队各项建设中全面落地。

坚持不懈用习近平强军思想武装全军。每一次党的指导思想的与时俱进，都伴随一场持续深入的理论武装。新时代的大学习首先是新思想的大武装。要按照习主席"走在前列""关键要实"的要求，把学习贯彻习近平新时代中国特色社会主义思想作为重大政治任务，突出学好习近平强军思想，在体系学习、举旗铸魂、知行合一、转化运用上下功夫见成效，切实学懂弄通做实。贯彻党中央开展"不忘初心、牢记使命"主题教育的部署，在全军开展"传承红色基因、担当强军重任"主题教育，引导官兵更加坚定自觉地维护核心、坚决听习主席指挥、对习主席负责、让习主席放心。坚持把改造学习、整顿学风贯穿学习教育全过程，纠治空泛表态、表面文章、学用脱节、严下不严上等问题，立起真学实做的好学风，学出坚定信仰，学出绝对忠诚，学出使命担当。

始终聚焦备战打仗这个主责主业。习主席指出，军队讲新气象新作为，归根到底要看练兵备战这一条。学理论要联系实际、务求实效，最大的实际、最大的实效就是要落到备战打仗上。要强化练兵备战鲜明导向，摆正工作重心，坚持战斗力标准，增强忧患意识、底线思维、敌情观念，做到一切工作向能打仗、打胜仗聚焦。坚定不移把军事训练摆在战略位置、作为中心工作，大抓实战化军事训练，端正训风演风，开展群众性练兵比武活动，牢牢掌握能打仗、打胜仗的过硬本领。对"和平积习"来一个大起底、大扫除，下决心把那些悖离打仗要求的繁文缛节、惯性做法清除掉，推动全军回归战斗队本真。

着力在解决问题、推动工作上下功夫。思想利箭不是用来欣赏和赞美的，而是为了射入靶心，学懂弄通是为了干好工作。要从回答"统帅之问"入手，以习主席点的问题为突破口，用好习近平强军思想的锐利武器，在解决一个个实际问题中推动工作落实。保持政治整训劲头和力度，深入贯彻古田全军政治工作会议精神，全面彻底肃清郭伯雄、徐才厚流毒影响，持续纯正部队政治生态。保持改革的定力、恒心、韧劲，紧盯运行机制、政策制度滞后等影响改革效能的矛盾问题，已有的改革成果要巩固拓展，已经推出的改革方案要狠抓落实，没有完成的改革任务要加紧推进。保持创新活力，解决国防科技创新基础研究不够厚实、核心关键技术受制于人、创新成果转化运用不够等突出问题，提高科技创新对军队建设和战斗力发展的贡献率。保持严明纪律，解决思想不严、管理不严、纪律不严、工作不严等问题，把从严贯穿部队建设各领域全过程。

领导干部坚持以上率下、真学实做。领导干部信念过硬、政治过硬、责任过硬、能力过硬、作风过硬，是最有力的动员。要带头加强学习，加强实践锻炼，提高做好各项工作的本领；带头真抓实干，弘扬勤政务实作风，深入开展调查研究，同形式主义、官僚主义坚决斗争，把工作抓紧抓实、抓出成效；带头从严要求，做到心有所畏、言有所戒、行有所止，要求部队做的，自己首先做好，要求部队不做的，自己坚决不做；带头廉洁自律，把洁身自好作为第一关，从小事小节做起，坚决反对特权思想、特权现象，习惯在受监督和约束的环境中工作生活，时时处处作好表率，发挥"头雁效应"，带领部队把新时代强军事业推向前进，坚决完成党和人民赋予的新时代使命任务。

相关链接：
深入学习贯彻习近平强军思想，不断夺取新时代强军事业新胜利

思考题

1. 什么是军事思想？军事思想主要包括哪些内容？

2. 外国军事思想的主要内容是什么？

3. 中国古代军事思想的主要内容是什么？

4. 毛泽东人民战争思想的基本理论观点是什么？

5. 邓小平新时期军队建设思想的基本内容是什么？

6. 习近平强军思想的内涵是什么？

第四章　现代战争

教学目标

　　了解战争的内涵和发展历程，理解新军事革命的内涵和发展演变，掌握机械化战争、信息化战争的形成、主要形态、特征、代表性战例和发展趋势，使学生树立打赢信息化战争的信心。

军事讲坛

　　故兵以诈立，以利动，以分和为变者也。故其疾如风，其徐如林，侵掠如火，不动如山，难知如阴，动如雷震。掠乡分众，廓地分利，悬权而动。先知迂直之计者胜，此军争之法也。

——孙子

　　【译文】 用兵要以诡诈取胜，根据利害采取行动，按分散和集中兵力的方法变换战术。所以行动迅速时，如狂风飞旋；行进从容时，如森林徐徐展开；攻城略地时，如烈火迅猛；驻守防御时，如大山岿然；军情隐蔽时，如乌云蔽日；大军出动时，如雷霆万钧。掳掠乡邑，要分兵行动；开拓疆土，要扼守有利地形；权衡利害得失，然后相机行事。率先知道"迂直之计"的将获胜，这就是军争的原则。

第一节　战争概述

　　什么是战争，战争是怎样产生的，又是怎样变化发展的，战争会不会消亡？只有把这些理论问题弄清楚了，我们才能认清战争，正确对待战争。

一、战争的内涵

战争是国家、政治集团和民族之间为了一定的政治、经济等目的而进行的武装斗争，是一种特殊的社会历史现象。在阶级社会，战争是用以解决民族和民族、国家和国家、阶级和阶级、政治集团和政治集团之间矛盾的最高斗争形式，是政治通过暴力手段的继续。人类社会出现过多种类型的战争。按战争性质分，有正义战争和非正义战争；按社会形态分，有原始社会后期的战争，奴隶社会、封建社会和资本主义社会的战争等；按战争形态分，有冷兵器战争、热兵器战争、机械化战争以及正在形成中的信息化战争；按是否使用核武器，分为常规战争和核战争；按战争规模分，有世界大战、全面战争和局部战争；按作战空间分，有陆上战争、海上战争和空中战争等。战争对人类的安危、民族的兴衰、国家的存亡、社会的进步与倒退产生直接的重要影响。战争将长期存在于人类社会，并对人类社会历史的发展继续发挥重要作用。战争的消亡是有条件的，将经历一个久远的、逐步的过程。只有随着生产力的高度发展和社会的极大进步，随着私有制和阶级的消亡，随着国家或政治集团间根本利害冲突的消失，战争才会最终失去赖以生存的土壤和条件，退出人类历史的舞台。

在中国古籍中对战争有多种称谓，如"战""争""戎""兵""兵革""争战""兵甲"等。"战争"概念一词较早见于《史记·秦始皇本纪》："人人自安乐，无战争之患。"

二、战争的发展历程

战争的发生、发展经历了久远的历史过程。

（一）原始社会后期的战争

人类在原始社会母系氏族时期已出现原始形态的部落与部落之间的战争。那时，人们在以血缘关系为纽带的共同体组织内生产和生活。在部落组织外部，人们在从事采集狩猎或原始农业活动中，或由于天灾、人口增殖等原因引起的部落迁徙过程中，为了争夺赖以维持生存的土地、河流、山林等自然资源，出现了部落组织之间的冲突乃至战争。战争的组织由氏族部落全体成年男子组成，作战武器是生产活动中使用的石制、木制、骨制工具，即所谓"以石为兵""弦木为弧，剡木为矢"。进入父系氏族时期，战争越来越多地嬗变为掠夺土地、财物和奴隶的手段。战争加速了原始社会的瓦解，促进了私有制、阶级和国家的形成。

（二）奴隶社会时期的战争

战争伴随着国家的形成不断完备和发展。奴隶社会既有奴隶与奴隶主的尖锐对立，又有新生的奴隶制政权与旧氏族部落势力的对抗，还有奴隶主之间的斗争，后期则出现了新兴封建势力与维护奴隶制旧势力的冲突。这些矛盾的发展，便形成了奴隶制时代的众多战争。奴隶社会进行战争的军队主要有车兵和步兵，后期出现了水军。军队成员来自贵族和平民的子弟，奴隶只能充作军中杂役。武器为冷兵器，早期有木石的，后来便以铜制兵器为主。战争样式主要是车战和步战，也有水战或海战。野战主要是敌对双方组成密集阵型，依靠冲杀格斗决定胜负。筑城技术在战争中得到一定发展，城池、关隘要塞的攻防作战已相当普遍。

奴隶社会出现了许多总结战争经验的理论著述。中国商代的甲骨文已有较多战争活动的记载。西周及春秋时期的古籍《尚书》《周易》《诗经》《军政》《军志》《左传》等都记述了战争活动，提出了一些反映战争规律的理论。特别是孙武所著的《孙子兵法》，提出了许多至今仍具有强大生命力的驾驭战争的理论原则。古希腊和古罗马的一些历史著作，记载了希波战争、伯罗奔尼撒战争、亚历山大东征等战争情况，蕴含着一定的战争理论。

（三）封建社会时期的战争

封建社会的主要矛盾是地主阶级和农民阶级的矛盾，同时还存在地主阶级内部的矛盾，以及国家之间、民族之间的矛盾，这些矛盾的发展便导致了这一时期的各种战争。封建社会的战争规模已有很大发展，这既是社会经济和人口发展的结果，同时还与兵源的扩大有关。军队的构成有陆军和水军（海军），陆军中除车兵被逐步取代外，主要是步兵和骑兵，骑兵在战争中常起重要的作用。铁制的冷兵器长期是军队的基本装备。10世纪，中国将火药应用于军事以后，战争即进入了火器与冷兵器并用的时代。作战方式主要有围绕攻城略地或守城卫士而进行的骑战和步战，快速机动、远程奔袭、迂回包围等战法大发展。筑城守备、攻城技术战术及工程部队也有所发展。

中国封建社会战争频仍，积累了丰富的战争经验，推动了战争理论的繁荣。兵学著作《吴子》《孙膑兵法》《尉缭子》《司马法》《六韬》《三略》《李卫公问对》等，重点阐述战争观、战争指导法则及战争力量建设，提出了许多至今仍具有重要价值的理论观点，丰富和发展了战争理论。中世纪欧洲的战争理论著作为数不多，《将略》和《战争艺术》内容涉及战争力量建设、编成及战法运用等。

（四）资本主义社会时期的战争

17世纪中叶以来，随着生产力的发展和资产阶级革命的发生，欧洲、美洲一些国家打破了封建制度的束缚，先后进入资本主义社会。资本主义在确立和发展过程中出现了一系列社会矛盾，如资产阶级要求打破旧制度旧秩序与封建主维护旧制度旧秩序的矛盾，资产阶级国家对外侵略和殖民掠夺同被侵略被掠夺国家的矛盾，资产阶级国家之间为争夺世界势力范围而产生的矛盾等，这些矛盾的发展经常会导致战争。随着封建制度的瓦解，资本主义机器大工业的建立和发展，加速了社会经济和科学技术的发展，推动了军事技术的进步，为战争的发展变化提供了必要条件。铁路、轮船的出现，增强了军队的后勤补给和机动力；枪炮等武器装备的不断改进，增大了射程和毁伤力；装甲列车、装甲战舰的出现和工程技术的发展，促进了军队作战能力的增强。资本主义国家实行义务兵役制，采用正规的军、师、旅、团、营、连编制，制定统一的操典、教范和号令，建立起庞大的陆军和海军。陆军中有步兵、骑兵、炮兵、工兵和辎重兵等。军队还建立了各级司令部和总参谋部。海军由舰队、基地、陆战队组成独立进行海上作战的体系，蒸汽铁甲舰逐步取代木帆船，并开始装备大口径远射程线膛火炮。战争形态由此演变为热兵器战争。一些战略家从不同侧面对战争力量建设和运用进行了阐述，初步探索了新的战争理论，并在着重总结拿破仑战争经验的基础上，提出了较为系统的战争理论。

19世纪末至20世纪初，各主要资本主义国家先后从自由资本主义发展到垄断资本主义，进入帝国主义阶段。垄断资产阶级对广大劳动人民剥削的加深，帝国主义列强对殖民地人民掠夺和压迫的加剧，国际垄断资本集团之间争夺的激化，帝国主义国家经济、政治发展的不平衡和重新瓜分世界的斗争，使资本主义世界矛盾重重，阶级、民族和国家之间矛盾尖锐复杂，因而爆发了一系列战争。其中，第一次世界大战和第二次世界大战的规模、强度和影响，在世界战争史上是空前的。第二次世界大战中，不但使用了大量的火炮、坦克、飞机、军舰等现代武器装备，还首次使用了导弹、原子弹和雷达技术。战争从热兵器战争发展到机械化战争，战争空间由陆地、海洋扩大到空中，大规模的战争包括了一系列战役行动，合同作战成为基本的作战样式，战争的破坏性、残酷性空前增大，战争理论也获得了长足发展，出现了空中战争论、机械化战争论以及总体战、闪击战等新的战争理论。

第二次世界大战后，形成了分别以美国、苏联为首的两大集团相互对抗的国际战略格局。两大集团的对抗与争夺，使人类社会笼罩在世界大战乃至核战争的阴影下。世界大战、核战争虽未发生，但局部战争和武装冲突频仍。20世纪50年代至70年代中期，与工业时代的大规模和集约化生产方式相适应，战争形态仍表现为机械化战争，但火力战的强度、机动战的速度、攻坚战的能力等都较第二次世界大战有了明显提高，战争的立体性、总体性和破坏性等有了很大增强。70年代中期以来，随着新技术革命在世界范围内蓬勃兴起，计算机技术、精确制导技术、航天技术、生物技术、新材料技术和洋海技术等愈来愈广泛地运用于军事领域，推动着战争形态新的演变。主要特点是战争行动节奏加快，战争力量的对抗表现为敌对双方体系与体系的较量，战争空间由陆地、海洋、空中向外层空间、电磁领域延伸和发展，前方后方界线模糊，军事和非军事融为一体，制陆权、制海权、制空权、制信息权和制天权交互为用，空地海天一体的机动战、电子—火力瘫痪战、海空封锁战、特种作战、精确作战等成为主要作战方式。这些特点集中地反映在海湾战争、科索沃战争、阿富汗战争、伊拉克战争和利比亚战争中，显示出战争已由机械化战争开始向信息化战争过渡和嬗变。在战争理论上，一些军事大国提出了核战争理论、特种战争理论、低强度冲突理论、高技术局部战争理论、信息化理论等，代表作有《核武器与对外政策》《高边疆——新的国家战略》《军事战略》等。

（五）无产阶级革命战争

无产阶级和资产阶级是同时产生、利益根本对立的阶级，资产阶级的残酷经济剥削和政治压迫，迫使无产阶级多次发动武装起义。1871年的巴黎公社起义，是无产阶级用武力推翻阶级统治、建立无产阶级专政的首次尝试。无产阶级登上政治舞台，在战争理论上同样有自己的卓越表现。马克思、恩格斯运用辩证唯物主义和历史唯物主义研究战争，探索战争的本质和规律，深刻地阐明了无产阶级的战争观，阐述了无产阶级关于军队的学说和武装起义的理论，为被压迫阶级、被压迫民族的革命战争创立了科学的理论，为人类科学地研究和解决战争与军队问题奠定了坚实的理论基础。列宁深刻地分析了帝国主义的特点及其发展不平衡的规律，指出帝国主义是现代战争的根源，科学地阐明了战争与革命、战争与和平的基本原理，论述了无产阶级对待正义战争和非正义战争的态度，提出了利用帝国主义链条上的薄弱环节，变帝国主义战争为国内战争的口号，并最终实现了社会主义革命的胜利，列宁发展了马克思主义的战争理论，在实践上为无产阶级依靠革命战争取得并巩固国家政权提供了成功的范例。斯大林继承和实践了列宁关于无产阶级革命战争的理论，在领导苏联人民反法西斯的卫国战争中作出了重大贡献。

（六）中国人民革命战争

中国共产党领导的新民主主义革命的胜利，结束了中国半殖民地半封建社会的历史。以毛泽东为代表的中国共产党人，把马克思列宁主义普遍原理与中国革命的实际情况相结合，在1927年大革命失败后，选择了在农村发动革命，以农村包围城市，最后夺取全国政权的道路，先后进行了土地革命战争、抗日战争和解放战争。中国人民革命战争是一场新型的人民战争，在广度和深度上超过了以往所有的革命战争。经过长期的革命战争，中国共产党领导人民，以劣势装备打败了优势装备的敌人，赢得了战争的胜利。中华人民共和国成立后，中国人民又进行了抗美援朝战争和历次边境自卫作战，为维护世界和平作出了积极贡献。在长期的革命战争中，中国共产党人以马列主义的战争理论为指导，吸取了中华民族丰富的战争理论遗产和西方资产阶级战争理论精华，集中人民群众的智慧，创立了符合中国革命战争规律的、以人民战争理论为核心内容的毛泽东军事思想。毛泽东军事思想深刻地阐明了科学的战争观和方法论，创造性地提出了人民战争及其战略战术理论，为取得中国革命的胜利提供了科学的思想武器，成为20世纪最具特色最有影响的革命战争理论。

在新的历史条件下，邓小平坚持毛泽东军事思想的指导地位，准确地把握了和平与发展的时代主题，科学地分析了国际形势的变化，确定国防和军队建设指导思想实行战略性转变，强调坚持积极防御的战略方针，创造性地回答了现代条件下人民战争的重大理论和实践问题，丰富和发展了毛泽东人民战争理论。在国内外形势发生重大变化和世界军事革命迅猛发展的新时期，江泽民以与时俱进、开拓创新的精神，确定新时期军事斗争准备的基点，由应对一般条件下的局部战争转到打高技

术条件下的局部战争，努力完成机械化和信息化建设的双重历史任务，提出了国防和军队建设跨世纪发展的宏伟目标，为马克思主义的人民战争理论宝库增添了新的时代内容。进入 21 世纪，根据中国国防环境出现阶段性变化的实际，紧紧围绕做好军事斗争准备问题，胡锦涛提出了一系列国防和军队建设的重要思想。特别是科学发展观的提出，对包括国防建设在内的国家建设事业发展全局具有重大的指导意义。坚持科学发展观能够有效地推动中国国防和军队建设又好又快地发展，提高人民军队应对危机、维护和平、遏制战争、打赢战争的能力，确保中国人民解放军履行好新阶段的历史使命。党的十八大以来，根据国际国内形势的新变化新特点，习近平主席提出努力建设一支听党指挥、能打胜仗、作风优良的人民军队，是党在新形势下的强军目标，为新的历史条件下做好人民战争准备进一步指明了方向。

三、战争的发展趋势

21 世纪以来，世界政治格局的多极化和经济全球化趋势继续发展，战争手段的高技术化所带来的破坏性和高消耗性的增加等，都提高了大规模战争的门槛，遏制了诱发大规模战争因素的增长。世界大战的危险虽然减弱，但世界并不安宁，霸权主义和强权政治仍是威胁世界和平与发展的主要根源，领土、资源、民族、宗教等矛盾以及跨国犯罪、恐怖主义等非传统安全问题日益突出，国际安全形势变得更加复杂多变，局部战争和武装冲突的危险性有增无减。战争的基本走向是：战争仍将频繁发生，国家、地区间战争或冲突将呈现此消彼长的态势；战争可控性相对加强，但如处置不当或失去控制，也可能升级；多样化的新作战方式增加，将更多地采用非接触作战、非线式作战、非对称作战和精确作战等，太空战将可能出现；信息技术特征明显增强，信息化战争逐步走向成熟，成为战争的基本形态；战争空间趋向多维化，形成全方位、立体化、全领域、多层次的战争空间；战争节奏明显加快，一场战争可能浓缩为一次战役乃至一次战斗，首战可能就是决战；诸军种、兵种一体化作战成为战争的基本样式；综合化趋势加强，既表现为战争是国家总体力量的较量，又更加突出削弱敌国的综合国力；随着经济的全球化和作战范围的扩大，战争可能牵动更多国家的利益，战争的联盟性和国际化明显加强；伴随信息化条件下作战效能的提高，战争的物质消耗大幅增长，更加依赖雄厚的经济基础和强有力的综合保障。

第二节　新军事革命

军事革命是军事领域各个方面、各个层次发生根本性变化的一种社会现象，是社会变革的重要组成部分。军事革命的时机通常与社会生产力的发展状况和生产关系的变化相联系，并往往在社会变革中发挥先导作用。

一、新军事革命的基本内涵

新军事革命是指当代军事领域内军队组织体制建设训练和军事技术、战争形态、军事理论、作战方式、后勤保障等方面在整体上同时发生的根本性变化。其基本内容包括：军事技术革命、武器装备革命、军事组织体制革命、军事理论革命和军队建设思想革命。其基本目标为：建立小型、高能量的信息化作战力量，实施有区别的精确的作战。其中，建立小型、高能量的信息化作战力量，是现代科学技术高度发展的物化的结果，也是人类一种具有划时代意义的主观要求；实施有区别的精确的作战，既是新技术革命的最终成果的表现形式，又是新军事革命追求的根本目标。新军事革命已成为塑造信息时代的新式装备、新型军队、新型战争等新的战争机器和新的战争机制，以及各国谋求未来战争主动权和维护世界和平的时代命题。

新军事革命的内涵十分丰富。但是军事革命受政治、经济、科技、军事、文化、民族、地理等因素的影响，受自然科学、技术科学、社会科学的影响，又由于各个国家的军事发展、文化底蕴和人的思维方式不同，因此，不同的国家和军队在不同的历史条件下对军事革命的认识也不尽相同。

二、新军事革命的发展演变

军事领域是社会形态的一个重要组成部分，军事革命是社会变革在军事领域的反映，受社会发展规律的支配。20 世纪四五十年代，以信息技术为核心的高技术群的飞速发展，人类社会由工业社会向信息社会过渡。50 年代末，世界上出现集成电路，微电子技术开始渗透到人类社会生活和生产的各个领域，以信息技术、生物技术、新材料技术、新能源技术、空间技术和海洋技术为基础的新技术革命蓬勃兴起。新技术革命的成果如光纤技术、激光技术、红外技术、束能技术、人工智能技术、精确制导技术、超导技术、隐身技术等在军事领域的广泛运用，特别是微电子技术在军事领域的运用，引起军事技术的深刻变化，促进了武器装备的更新和变革，一场以信息技术为龙头的新军事革命悄然兴起。60 年代，在美国、苏联和北约军队中，作战平台和武器系统计算机化，开始了军事信息革命的第一阶段：军事传感技术革命。70 年代，以指挥控制、情报探测为内容的确保信息畅通的 C^3I 系统在军事上的运用，标志着军事信息革命进入第二阶段。70 年代末 80 年代初，美国军方唐·斯塔利将军等，通过总结越南战争和第四次中东战争的经验，提出"空地一体战"理论，标志着传统战争观念和作战理论开始变革。在"以理论牵引技术"的思想指导下，唐·斯塔利等制订了与"空地一体战"理论相适应的武器装备发展、体制编制调整和教育训练改革计划。80年代开始，世界主要国家开始充分运用军事技术成果，新武器系统逐渐装备部队，军事作战理论和体制编制开始发生明显变化。

1991年爆发的海湾战争，表现了与以往战争不同的特点，显示了未来信息战争的雏形，标志着"军事领域发生的根本性变革的时代"已经到来。海湾战争前，军事领域进行的这场新军事革命，以军事技术革命为主体，是新军事革命的初级阶段。这一阶段，军事技术发展对军事技术革命和军事革命起了主导作用。海湾战争后，世界上的一些主要大国，根据海湾战争反映出的新特点，为了谋求在未来世界战略格局中的有利地位，占领世界军事斗争的制高点，纷纷对军事战略进行调整，创造新的军事理论，制定新的战略战术，以新的军事理论指导军事技术和武器装备的发展，完善技术含量高的作战体系，通过模拟对抗训练和演习，实现理论的先导作用，推动新军事革命进入高级阶段。进入21世纪后，世界新军事革命开始加速发展，目前正在以更快的速度向更广泛的领域加快发展，进入了全面质变阶段。

三、新军事革命的主要内容

当前这场新军事革命是一场内涵极为丰富的革命，它发生在工业社会走向信息社会的时代，以信息技术为核心，并得以最广泛的使用，将引起武器装备、作战理论和组织体制等一系列根本性的变革，它将是一场彻底改变战争形态、作战样式以及军队建设模式的革命。其主要内容包括以下四个方面。

（一）新军事技术

军事技术的进步是军事领域一切变革的物质基础。恩格斯指出："暴力比其他一切都更加依赖于现有的生产条件。"回顾人类战争演化的历史可以看出，科学技术的发展，必然导致军事技术的进步。新军事技术革命产生于20世纪50年代，经历了以下三个阶段。

1. 军事工程革命阶段

美国原子弹在日本长崎市浦上谷地中央爆炸，造成该区域完全毁灭

军事工程技术是军事科学技术的一部分。军事科学技术的发展导致全新武器类型的问世，而军事工程技术的进步则只能促使同类武器更新换代，使其性能一代比一代提高。这次军事工程革命始于第二次世界大战期间，止于20世纪80年代。它起到的作用是，通过采用新的工程工艺技术而非新的科学技术，使各种武器和作战平台的大部分性能达到或接近物理极限。

到 20 世纪 80 年代中期，导弹、飞机、舰艇的最大射程或航程已经接近或达到 2 万 km，可以攻击、抵达世界任何地点的目标。在杀伤破坏力方面，核爆炸的威力已相当于 TNT 炸药的千万吨级，达到物理能量释放的极限。运动速度方面，飞机最大时速已达到 3 马赫，舰船最大时速已达到 30 多节，坦克平均时速已达到 50 多 km。军事工程技术革命，仍属于工业时代军事形态的范畴。它使绝大部分主战装备的射程、航程、速度、杀伤破坏力等性能指标，达到或接近物理极限。要突破这些极限，不是不可能，只是提高的幅度太小，费用太高，效费比太低。只有进行大胆创新，另辟蹊径，进行装备革命，才能改善这一问题。这就使得工业时代的机械化战争走向成熟和顶点，同时也为信息时代信息化战争的来临奠定了基础。

2. 军事传感革命阶段

到海湾战争时，人造卫星已可携带照相、雷达和红外传感器材，对目标的探测不再受距离的限制，弹道导弹一离开发射井就会被发现，停在机场或港口的飞机和舰船也可看得一清二楚，这就是军事传感革命带来的结果。军事传感革命既是战后军事技术革命的第二阶段，也是军事信息革命两个阶段中的第一阶段。

军事传感革命始于 20 世纪 70 年代初的美国、西欧各国和苏联的军队中，主要表现为单个作战平台的计算机化、武器的系统化和武器精度的极大提高。由于计算机具有图像放大、数据处理与显示等功能，传感器材的灵敏度有了很大提高。武器系统化是指原来由几件装备遂行的作战职能，现在由一个武器系统来完成。武器的控制系统装上计算机实现自动化后，其性能大大改进，战术导弹真正具备了超视距制导能力。单个作战平台可探测和跟踪目标，并用远程导弹或制导鱼雷等对其实施超视距攻击。军事传感革命导致的最重要成果，是侦察与监视能力的极大提高。无论是侦察的时域、空域，还是频域，都大大地扩展了。不仅能在地面上进行侦察，还能在空中、海上、水下、太空实施侦察；不仅能在白天侦察，也能在夜间及不良天候条件下进行侦察；不仅能用目视和光学器材进行侦察，还能用声频、微波、红外各个波段进行侦察。战场指挥官凭借军事传感革命提供的"千里眼、顺风耳"，便能迅速、准确、全面地掌握敌情、我情，跟踪和预测敌军的未来行动，为克敌制胜创造有利条件。

3. 军事通信革命阶段

军事通信革命是军事技术革命的第三阶段，也是军事信息革命的第二阶段。它始于 20 世纪 70 年代末，主要指以指挥、控制、通信、计算机、情报与侦察、监视系统，即 C^4ISR 为代表，各种兵力兵器和各作战单元之间的探测、侦察跟踪、火控、指挥、攻击、毁伤评估一体化，实现"整体力量综合"。军事通信革命的技术基础是传递信息的通信技术和网络技术。现代通信技术发展日新月异，在光纤通信、数字通信和卫星通信三个领域取得突破性进展。采用光纤通信技术，通信容量可以增加 10 万倍。一对光纤目前可以传递几十万路电话、几十套彩色电视线路。由于光的频率极高，无线电波无法与其相碰或穿透，难以干扰，因此光纤通信不会产生串音、失真，误码率极低。用它传输声音清楚，传输数据准确，传输图像清晰。采用数字通信技术，可把原来在时间上连续的语言、图像信号，变成二进位数字式信号传送出去，收到后再还原成连续信号，与模拟信号相比，它抗干扰性强，能适时进行整形再生，能除去噪声和防止失真，保证远距离、高质量传输。它的最大特点是能直接利用计算机处理、接收信号，便于贮存、控制和交换。随着大型计算机的使用，利用数字通信建立数字通信网和互联网，可以加速信息网络化的进程。采用卫星通信技术，可以大大提高国际间长途通信、远距离移动通信的效率。卫星定点在 3.58 万 km 高空，能覆盖地球的最大跨度达 1.8 万 km，相当于 360 多个中继站组成的微波中继线路。据不完全统计，各国发射在静止轨道上的国际通信卫星已近百颗，其中多数能够为军事指挥系统服务，成为 C^4ISR 系统中远距离通信的主要手段。

（二）新武器装备

新军事技术的出现，必然导致新武器装备革命的发生，以军事信息技术为核心的军事高技术群，正在并且必将使武器装备发生时代性的变革，即由机械化兵器发展为高技术信息化兵器。信息化武器系统主要由信息化作战平台、信息化弹药、单兵数字化装备、军用智能机器人和 C^4ISR 系统组成。此外，还有大量隐形武器和新概念武器。

1. 信息化作战平台

作战平台主要包括坦克与装甲车、火炮与导弹发射装置、作战飞机与直升机、作战舰艇等武器载体。信息化作战平台装有大量的电子信息设备，与 C^4ISR 系统联网，是该系统的节点。它们不仅装有多种信息传输设备，可以探测敌方目标，为实施精确的火力打击提供目标信息，而且还有足够的计算机系统及联网能力，可以为各种作战行动提供及时有效的辅助信息。信息化作战平台除了能充分利用己方和敌方信息外，还有拒止敌方利用己方信息的能力，有侦察、干扰、欺骗功能。

2. 信息化弹药

信息化弹药，即精确制导弹药，主要包括巡航导弹、末制导导弹、反辐射导弹、制导炸弹、制导炮弹、制导地雷等。实际上，它们都是能够获取和利用目标的位置信息，修正自己的弹道，以准确命中目标的弹药。目前，战役战术制导弹药的命中精度，近程的已达 0.1～1m，中程的小于 10m，远程的为 10～15m。空中投放的激光制导炸弹，已达到了"直接点命中的最佳效果"。精确制导弹药已经具备了"发射后不管"，自主识别和攻击目标的能力。精确制导弹药与普通弹药相比，作战效益可提高 100～1000 倍，效费比可提高 30～40 倍，不仅大大提高了武器作战的效能，而且减少了弹药运送和兵器出动数量，减少了人员的伤亡。

军海泛舟

美军在海湾战争中使用的精确制导炸弹仅占投弹总量的 3%，而在阿富汗战争中仅空军使用的精确制导炸弹就高达 60%，特别是新型的联合直接攻击弹药，在科索沃战争中作用发挥得还很有限，但在阿富汗战争中却占到精确制导弹药投弹总量的 75%。从海湾战争到阿富汗战争，美军逐步完善了全纵深精确作战思想，大力发展各类精确制导弹药，特别是抓紧发展并大量装备低成本的 GPS 制导弹药。远程精确制导武器的大量使用，标志着以美国为首的西方国家的军事革命迈向进一步发展的阶段。

3. 单兵数字化装备

单兵数字化装备是 21 世纪士兵在数字化战场上使用的"人机一体化"的多功能装备。它由头盔、单兵武器、通信装置和军服四个系统组成。头盔内装有红外摄像仪、高分辨率平板显示镜。士兵戴上它，可接收指挥所传送的多种信息，并能把侦察到的情况传回指挥所。单兵武器包括激光枪、电子—电磁武器、高灵敏度反单兵雷达等。这些武器均装有红外探测器和高效瞄准具，集观察、瞄准、射击于一体，能完成昼夜监视、跟踪、精确射击等任务。单兵通信装置包括对讲机和全球定位系统计算机，用于无线电联络和方向识别定位。军服不仅防核、生、化沾染，阻止弹片袭入肉体，还有内装式微型空调器，可抵御严寒和酷暑。

4. 军用智能机器人

军用智能机器人是指能代替士兵遂行各种军事任务的机器。军用机器人的战场用途十分广泛：既可驾驶坦克，操作火炮，直接遂行战斗任务，也可进行侦察、观测、监视工作；既可携带地雷、炸药攻击桥梁等目标，也可运送弹药和物资；既可完成排雷、布雷等危险任务，也可清除障碍，维修装备，护理伤员。某些西方未来学家预言，在未来战争中，突击部队很可能是一支军用机器人装甲部队，其后才是由真人组成的部队。

美军战斗机器人

5. C⁴ISR 系统

C^4ISR 是军队的"神经和大脑"，能把战场上的各个作战单元充分地联系在一起，通过指挥、协调和控制，发挥出最佳的整体效能。C^4ISR 系统由传感、导航、指挥和通信四大部分组成。传感系统通过探测卫星、预警卫星、雷达、无线电监听、侦察机等获取情报，监视敌方行动。导航系统通过导航卫星与导航雷达向地面部队、海上舰艇和空中飞机通报它们与目标的准确位置。指挥中心将收集的各种情报自动进行综合分析，并将敌我双方的态势显示在屏幕上，供指挥员判断情况定下决心。通信系统用来完成情报和命令的传输，主要由传递信息的各种信道、交换设备和通信终端设备组成。

相关链接：

信息时代武器力量的神经中枢 C^4ISR

在新军事革命的推动下，隐形武器和新概念武器也将伴随信息化武器装备的发展而发展。在未来的信息化战争中，战场将十分透明，能被发现的目标，十有八九就会被摧毁。因此，各国都非常重视用瞒天过海的军用隐形技术，研制各种隐形装备，以减小雷达反射截面、降低红外辐射特征、减弱声响与噪声、缩小目视探测距离，提高武器装备的生存能力和作战效能。新概念武器是指结构形态、工作原理、杀伤机制、杀伤效果等均不同于传统兵器的武器。从目前看，新概念武器主要包括激光武器、粒子束武器、微波武器、等离子体武器、次声波武器、"材料束"武器、动能武器、基因武器、气象武器、计算机病毒等。与传统武器相比，新概念武器的特点是：武器形态不拘一格，且多样化；具有多种作战效能，综合功能强；设计思想新，使用的材料新，结构方式新。

激光武器作战示意图

（三）新军事理论

武器装备的发展必然推动军事理论的创新。随着作战仿真、虚拟现实等高技术进步，军事理论革命对武器装备发展、高技术条件下的作战与指挥、军队的建设等产生了巨大影响。军事理论革命的实质是：把工业时代的机械化战争理论发展到信息时代的信息化战争理论。自新军事革命开始以来，各国军事理论家和领导人对信息时代的军事理论进行了大量探索性研究，提出了许多新概念、新观点、新看法。

1.国家安全观有了新变化

国家安全观是军事理论的重要组成部分，是人们对维护国家安全与稳定的总看法。随着信息时代的到来，以及人类社会结构的日趋网络化，信息不仅将在社会生活的各个领域发挥越来越大的作用，而且将对传统的国家安全造成巨大的冲击，产生深远的影响。信息时代呼唤新的国家安全观，要求我们从更广的视野、更深的层面观察与处理国家安全问题。在军事安全方面，既要看到有形的挑战，又要注意无形的威胁。在政治思想安全方面，要打好政治信息战，防止他国操纵政治舆论。在经济安全方面，要高度警惕敌方实施经济信息攻击和经济信息封锁。在文化安全方面，要采取得力举措，抗拒"文化侵略"。

2. 战争观有了新内涵

在信息时代，战争形态向信息化和可控化的方向发展：新军事革命一方面使人类有意识地从技术上实现对战争的手段和过程加以控制，由机械化战争向信息化战争转变；另一方面使人类有意识地从政治上实现对战争的目的、效果加以控制，由绝对性全面战争向可控性局部战争转变。

战争观的新内涵主要包括以下几个方面：一是战争的内涵不断扩展。传统的战争是流血的战争；而未来的信息化战争，流血的战争与不流血的战争同时存在。二是战争的目的是迫使敌方屈服。信息化战争的目的是遏制敌方企图或使敌方屈服，实现目的以最小的代价为前提。三是战争的规模和进程受到制约。进入信息时代，战争时间大大缩短。信息化、网络化为战争在时间和空间上提供了精确打击和全纵深作战的手段，避免了无限制地使用暴力持久对抗，战争指导者有能力对战争规模和进程进行有效控制。四是战争的附带毁伤减少。附带毁伤是指与战争目标无直接关系或根本无关的破坏。在信息时代，战场实现了数字化和一体化，做到了精确侦察、精确定位、精确传递、精确指挥、精确机动、精确打击、精确评估，使作战实现了精确化，使非打击目标的附带毁伤可以减小到很低程度。五是战争的焦点是争夺制信息权。对信息系统的打击与反打击，赢得网络和电磁频谱控制权，成为控制战争全局的关键性因素。谁掌握了它，谁就取得了胜利的主动权。

3. 作战思想有了新发展

作战思想或作战理论是军事思想或军事理论的核心内容。新军事革命导致的最深刻的变革是作战思想的变化与发展。

（1）小战中有大内容。

冷战结束后，世界进入"和平与发展"的新时期，大战虽近期难以爆发，但小战此起彼伏。其实所谓的"小战"并不"小"，小战中经常有大内容，是值得我们关注的一个重要现象，其主要表现有以下三点：一是有明显的国际性特征。往往一场小规模的局部战争或武装冲突，也会引起许多国家关注，甚至插手或参与其间，使小战成为"二元对抗多元化""双边关系多边化"的国际争端。二是战场空间广大。小战的主要作战地域十分有限，但涉及广大的作战空间，即涉及外层空间的军事侦察卫星、几千千米之遥的远程打击兵器发射平台和远距离投送兵力的军事基地。三是综合国力的较量。今后的小战物资消耗量大、技术含量高，也是系统与系统的对抗，是国家整体力量在一个局部战场上的较量。

（2）破坏敌作战系统结构成为作战的主要目标。

在信息时代，先进的 C^4ISR 系统把各种作战力量和作战要素联成一个整体，当整体的一些关节点遭到破坏时，虽然作战力量和要素还存在，但整个作战系统已丧失了功能。因此，在信息时代，作战目标的选定不是着眼于敌人的有生力量，而是破坏敌人作战系统结构，例如，信息指挥系统、保障系统、预警系统、火力系统的结构，使敌人从整体上失去作战能力。这种超越打击、结构破坏的作战思想已经在海湾战争和科索沃战争中得到运用和检验。

（3）集中兵力的内涵将发生变化。

集中兵力自古以来是作战思想中极其重要的一条原则，即把自己的兵力兵器集中用于主要作战方向和主要目标。在未来的信息化战争中，集中兵力的原则将不再是兵力兵器的集中，而是强调火力和信息力的集中。在高技术武器已经具备远程精确打击能力的条件下，不需要集中部署，甚至在远离战场的地方，就可以集中火力打击主要方向乃至整个战场中的重要目标。集中部署兵力兵器反而容易遭到对方的毁灭性打击。随着武器系统信息化、精确化程度的不断提高，其火力效能的发挥越来越依赖于 C^4ISR 系统的支持，集中信息作战能力已成为集中火力的先决条件和有效保障。所以，集中兵力的内涵发展为首先集中信息力和火力，而疏于配置兵力和兵器。

（4）实行联合作战。

在信息时代，战争出现了陆、海、空、天部队一体化联合作战的情况，所谓联合作战，就是由地位平等的各军兵种部队共同实施的统一作战行动。各军种之间是平等伙伴关系，各有优势和特长，通过优劣互补，整体协调，统一指挥，形成强大的综合作战能力。C^4ISR 系统为联合司令部提供统一指挥、控制部队的条件，太空作战可以为所有参战部队提供情报、通信支援，各军种的武器可以在同一时间，对同一地区、同一目标进行攻击。联合作战已成为信息化战争的必然趋势和制胜关键。

经典战例

在代号"冰山计划"的冲绳战役中，时任美国三军联合部队司令的尼米兹上将在征得美国联合参谋部同意的前提下扩大了自己的指挥权限，全盘指挥对重兵把守的冲绳岛的进攻。这就是联合作战的成功要素之一——统一指挥、职权划分明确。尼米兹本人就是层级原则的拥护者，他认为，各军种之间相互合作的程度与指挥梯队的数量成反比。尼米兹创立了以动态海、陆、空三军元素融合而成的流线型结构，使得作战组织更加扁平、更加高效，还改善了内部的沟通合作。直到今天，他的统一指挥的思想还在发挥影响，其中最明显的例子就是当今最受肯定的作战指挥结构——联合任务部队。而他提倡的协同配合的非线性效果也早已成为联合作战的标志性特点。

4. 作战行动有了新样式

信息时代的军队，将主要依靠精确制导武器、信息指挥和支援系统进行作战。这将引起部队的部署、作战纵深以及进攻作战、防御作战等发生重大变化，出现一系列崭新的作战样式。

（1）指挥控制战。

指挥控制战是信息作战的一部分，其实质是：在保护己方指挥控制能力的同时，削弱或破坏敌方的指挥控制能力，以便最终夺取制信息权。指挥控制战适用于战争的各个阶段。指挥控制攻击的目的是：通过攻击敌信息系统，特别是该系统的薄弱环节和关键相关设施，破坏敌指挥控制能力，使敌指挥官无法了解战场情况，最终因得不到信息，患"信息饥饿症"而就范。由于敌信息系统十分庞大复杂，在实施攻击时，要使用多种手段，既进行"硬摧毁"，也实施"软杀伤"，以便切断敌信息流的"主脉"。由于己方信息情报系统不可避免地存在易受攻击的弱点，因而要使己方保持有效的指挥控制能力，就必须严密地组织与实施指挥控制防护。

（2）"虚拟现实"战。

"虚拟现实"战是利用"虚拟现实"技术创造的逼真作战环境与敌方进行的模拟演习式的作战行动。其目的是不动一兵一枪，便使敌人就范。以下三种情况都属于"虚拟现实"战：一是在战争进行过程中，用虚拟现实和计算机成像技术制出敌国最高统帅的影像，让他发表不利于战争继续进行的言论，如让其通过本国电视系统宣布，鉴于某种原因，与敌方休战，军队全部撤回。二是用虚拟现实技术创造"虚拟部队"或"虚拟机群"，让敌方从卫星或雷达上观察到的这支作战力量来自东方，而实际上来自西方的一支真实部队正准备发起攻击。三是创造宗教全息圣像，动摇敌方军心。

（3）精确战。

精确战是对敌目标实施精确打击所造成的附带毁伤很小的一种作战样式。它的主要特点是：第一，在这种作战中使用的武器装备的信息技术含量高；第二，实施这种作战依赖于透明度很高的战场。使用信息技术含量高的武器系统，可在很远的距离上、以很高的精度攻击和摧毁敌目标。战场透明后，己方部队可以更快地获取信息，加快"查明情况—定下决心—采取行动"这一周期性活动的进程，更迅速、更准确地抓住战机，从而使作战行动比以前更加精确、更具致命性。在实施精确战时，应做到：迅速查明敌防御重心、"胜负决定点"等关节点；除非绝对必要，避免进行会使双方造成重大伤亡的"决战"；分散配置部队，只短暂地集中兵力，以摧毁关键目标；尽可能使用远战精确火力，特别是在压制敌防御兵器时更应如此。

（4）全纵深同时作战。

在未来的信息化战争中，全纵深同时攻击将成为一种重要的作战方式。这是因为在作战空间的全正面、全高度、全纵深同时或几乎同时打击敌方多个重点目标，可使敌防不胜防，丧失还手之力。实施全纵深同时作战，要注意以下几点：第一，要合理地计划目标。要对即将打击的敌目标进行统计、定位和分类。这些目标不仅包括必须摧毁的硬目标，也包括需要"软破坏"的软目标，如敌军士气、民众的"信念"等。第二，要使用多种手段。包括硬杀伤手段和软杀伤手段，如空军部队、陆军航空兵部队、地面机动部队、特种作战部队、远程精确打击火力、电子战、心理战、计算机病毒等。第三，要使用配有高分辨率电视、无胶片摄像机、前视红外雷达的无人驾驶飞机和分散配置的传感器系统，以实时地对目标进行探测、识别、定位和跟踪。第四，要使用非核电磁脉冲发生器、天基信息干扰系统和计算机病毒，以取得电磁频谱优势，使敌丧失自动化指挥能力。第五，同时攻击不是无重点的攻击，要集中兵力兵器攻击敌重心，特别是敌指挥控制系统。

美军心理战飞机在阿富汗空投传单

（四）新军事组织体制

新军事组织体制，在新军事革命的四项基本内容中进展最慢，是军事技术、武器装备、军事理论革命的最后结果，也是完成新军事革命的标志。目前，尽管在新军事革命的各项要素中，军事组织体制变革的步子最小，但从西方国家改革军事组织结构的构想和长远规划中，仍能看到其变革的基本走向和发展步骤。

1. 军队规模将进一步缩小

随着新军事革命的发展，未来战争将由高技术对抗代替人力的直接对抗，原来主要依靠体能、技能来使用机械化武器装备的部队，将被主要靠智能来使用信息化武器装备的部队所代替。因此，发达国家纷纷裁减军队的数量。从发展趋势看，大国军队的规模还将进一步缩减。其原因是较长时期内发生世界大战的可能性减小，高技术信息化军队的作战效能大大提高，战争不以夺域占地为主要目的，信息化军队建设费用昂贵，保持大规模的军队财力难以承受。

2. 军事力量结构将不断优化

未来信息化战争的技术密集和结构整体性特征，必然促使军事力量的组成比例发生新的变化。为了构建信息化军队，各大国都在调整优化军事力量结构。在武装力量构成上，现役兵力的比例将下降，预备役兵力的比例将有较大幅度上升；在核力量和常规力量的对比上，常规力量的地位将上升，核力量的数量将相对下降；在陆、海、空三军兵力的对比上，陆军兵力所占比例将下降，海、空军兵力比例将上升；在战斗部队与保障部队的比例上，战斗部队相对减少，保障部队增多；在保障部队中，技术保障兵力将增加，勤务保障兵力将减少；在技术兵力中，计算机网络和电子对抗等信息战兵力将增多，一般技术兵力将减少；在轻、重型部队的对比上，轻型部队比例上升，重型部队比例下降；在官兵比例上，军官比例将增加，士兵比例将减少；在军官的构成上，技术军官比例将增大，指挥和一般参谋军官比例将缩小；在士兵和士官的比例上，士兵比重将下降，士官比重将上升。此外，各国都在加强电子战部队建设，创建新的军兵种和部队。

3. 作战指挥体制将"扁平网络化"

为了适应信息时代和信息战的要求，发达国家的军队正在酝酿变"树"状体制为扁平形"网"状体制。这种指挥体制的结构特征是：外形扁平，横向联通，纵横一体。外形扁平要求纵向减少指挥层次，缩短信息流程。横向联通是指不仅平级单位之间直接沟通联系，各作战平台之间也能实时交换信息。纵横一体，就是实现信息流程最优化，流动实时化，信息采集、传递、处理、存储、使用一体化。"网"状指挥体制的突出优点是生存率高。网络节点多，切断一条线，还可以通过迂回，形成多条通道。同时适应指挥决策分散化的要求，下级指挥员可以实时决策、实时指挥。

4. 部队编制将小型化、一体化、多能化

在军队建设和编制体制方面，数字化步兵师、航空航天远征部队等新型部队在战争中初试锋芒。适应作战编组灵活、多能的发展要求的小型化、合成化的军队编制表现出强大活力。如伊拉克战争中，美英联军以师或旅进行作战编组，基层作战单元合成化程度大大提高，作战能力显著增强。

未来兵力编组的趋势是向多元一体化的方向变化，这种多元一体化的编组正从单一军种内的多兵种合成编组，向跨军种甚至全军种的联合编组过渡，最终将实现真正的陆海空一体化部队的形成。这将打破军种界限，不再以传统武器性能分别编组，而是以信息武器为神经骨干，根据不同的任务将使用各种武器的部队聚合在一起。部队编制多能化是指为了适应战争多样化的特点，针对不同时机、不同规模、不同对象的作战要求，建立不同使用范围和不同功能的部队。有适应打高强度战争的重型部队，也有适应打中、低强度战争的轻型部队，还有对付"亚战争行动"或"非战争行动"的反恐怖、反劫持、反走私以及维持和平的特种部队等。

5. 纯军事组织中将出现军民结合的机制

在信息时代，主宰武器系统的信息技术和信息装备具有军民两用的双重性质。计算机、卫星通信、遥控遥感设备，既可用于军事目的，也可用于气象、地质勘探等商业目的。信息的这种军民共享性，随着军队对信息系统依赖的加深和民用信息系统在信息化战争中使用比重的增大，必然会出现军民合作的机构和运行机制。军事航天部门和民用航天部门很可能最先合并在一起。在军队装备采办方面，新军用技术开发之初就必须考虑它的民用前景，以便使其尽快转化为生产力；而在市场上可以买到的新技术，就不必由军队另起炉灶，从头做起，这样可以大大节约装备采办费。在后勤保障方面，随着技术、生产、筹措方式的进步，特别是高技术装备的供应越来越多，维修越来越复杂，后勤只有依托社会的技术和保障力量才能适应高技术信息化作战的需要。在人才培养方面，信息化战争对军队人

员的适应水平要求越来越高，军队内部已难以独立培养全面的军事高科技人才，这也会驱使军队教育系统和人员来源出现民间化趋势。因此，世界主要国家已开始推动军队装备采办体制、后勤保障体制和人才培训体制向军民一体化方向发展。

第三节　机械化战争

机械化是工业时代社会生产力和军队战斗力水平的主要标志。18世纪之后，随着近代科技革命所导致的工业革命的兴起，蒸汽机和内燃机的发明，将人类带入工业时代，为军队的机械化创造了物质和技术基础，引发了以机械化为核心的军事革命，催生了机械化战争。

一、机械化战争的内涵与发展演变

机械化战争是指主要使用坦克、飞机等机械化武器装备进行的战争，是工业时代战争的基本形态。

机械化战争是在内燃机出现以后，科学技术和经济迅速发展的基础上逐渐产生的。第一次世界大战期间，为打破敌对双方在阵地战中长期相持不下的僵局，英军自1916年起，先后在索姆河战役和康布雷战役中使用了具有突击能力的坦克，并取得初步成果。1918年，英国出现了装甲输送车，并组建机械化部。随后，欧洲其他国家的军队也先后组建机械化步兵团、师和军。机械化武器装备的大量使用对军队的作战行动和军事学术的发展产生了重大影响。1918年5月，英国的富勒提出了陆军以坦克为主体并辅之以飞机即可夺取战争胜利的思想。继富勒之后，奥地利的艾曼斯贝格尔在1934年出版的《坦克战》、德国的古德里安在1937年出版的《注意坦克！》等著作中，也从不同角度阐述了坦克和机械化部队在未来战争中的作用以及机械化部队的组建和使用原则等问题。

第二次世界大战期间，坦克、装甲战车、自行火炮及其他机械化装备不断涌现并大量装备部队，使装甲兵成为陆军的主要突击力量；步兵也大量发展为机械（摩托）化部队。海军装备了航空母舰和潜艇，成为能在水下、水面、空中进行立体作战的合成军种。空军的发展极为迅速，许多国家陆续建立了空军联队、师、军和集团军。各主要军事强国将现代化的陆海空军及其具有高度机动力、突击力的机械化作战平台大量运用于战争，徒步步兵、骑兵和其他兵种逐渐退出历史舞台，作战方式逐步由线式作战向纵深作战发展。在作战理论上，出现了杜黑的"空军制胜论"、富勒的"机械化战争论"、鲁登道夫的"总体战"等著名的机械化战争理论，特别是德国的"闪击战"理论，提出了以装甲部队在飞机和空降兵的协同下远程奔袭，实施高速进攻的新的作战观念，成为第二次世界大战中德军作战的理论基础。与之相对应的苏联"大纵深战役"理论，首次提出实施方面军、集团军战役的观点，强调以杀伤兵器同时压制敌整个防御纵深，在选定方向上突破，尔后使用机械化部队迅速扩张战果，将战术胜利发展为战役胜利，达成预定目的。这些理论均在战争中得到充分运用，并取得了显著的效果。

1945年8月，美国在日本投下两颗原子弹，宣告核时代的到来。原子弹、导弹的出现，使机械化战争又发展到了一个新的阶段，这一时期，美军建立了战略空军司令部，苏联组建了战略火箭军，英、法等国家也建立了有限的战略核部队。在常规力量建设上，苏、美等强国的陆军装备了威力强大的战役战术导弹和高性能火炮；空军装备了可携带导弹的新型作战飞机；海军导弹舰艇、导弹核潜艇和海军航空兵成为主要突击力量。在常规战争理论方面，突出了局部战争对机械化部队运用理论的研究。20世纪70年代中后期至80年代中期，进一步形成核威慑条件下的常规战争理论。80年代，美军提出"空地一体作战"理论，苏军的"大纵深战役"理论又发展为"大纵深立体战役"理论，机械化战争理论进一步得到发展。

20世纪80年代中后期，以信息技术为核心的高技术飞速发展并在军事领域广泛应用，引发了新的军事技术革命，使武器装备有了质的飞跃，也推动了军队体制编制、作战方法和军事理论的革命。以1991年海湾战争为标志，由精确制导武器、情报支援系统和电子战系统三者结合为主构成的信息作战系统及其他高技术在军事领域里的广泛运用，大大改变了机械化战争的面貌，统领战争舞台近一个世纪的机械化战争理论受到巨大冲击和挑战。

二、机械化战争的特点

机械化战争的特点包括以下内容：一是具有高速机动能力的飞机、坦克、军舰成为作战的主要装备。二是战争中军队的进攻能力大大增强，打破了防御的优势。由于坦克等装备的使用，使得依靠战壕进行坚守防御的优势不复存在，极大地改变了军队的作战方式。三是战场范围扩大，情况变化急剧。机械化装备的大量运用，军队的火力、突击力、机动力和整体作战能力空前增强，导致作战行动由陆地、海洋向空中扩展，前方与后方的界限模糊，战场情况瞬息万变，力量对比转化迅速，攻防转换频繁。四是立体作战、纵深作战成为重要作战方式。作战行动在多层次、全方位展开。陆空联合对战役布势全纵深的火力突击、大纵深迂回穿插和奔袭作战增多。五是合同作战、联合作战迅速发展。以陆军为主，诸军种、兵种协同配合的合同作战逐渐发展为诸军种联合作战，作战威力大为提高。六是破坏力强，消耗巨大。机械化武器装备对弹药、油料和其他物资的需求极大，武器装备损坏率高，人员伤亡增加，破坏严重，更加依赖于强大的经济、充足的人力物资、顺畅的交通运输和良好的后勤保障。七是对参战人员的素质要求不断提高，战场上保障人员大量增加。

三、机械化战争的代表性战例

机械化战争的典型战例为索姆河战役。1916年，英法联军为突破德军防御，以便转入运动战，同时减轻凡尔登方向德军对法军的压力。当时战线由南向北，在亚眠以东50km的地方穿过索姆河。德军在该地区构筑了号称"最坚强的"防线，包括三道阵地和一些中间阵地。主要阵地有坑道工事，阵地前面有多层铁丝网。守军为德军第2集团军，防御正面宽58km，其第一线为9个师，预备队4个师。以后兵力增加到67个师。英、法方面原计划以法军担任主攻，但因凡尔登战役动用了法军大量兵力，改以英军为主。最初投入兵力为39个师（战役过程中增加到86个师），其中英军25个师，以第4集团军为主、第3集团军为辅，在索姆河北岸卡尔诺以北地区进攻，正面25km；法军第6集团军14个师，跨索姆河在英军右侧进攻，正面15km。英、法军炮兵和空军都占优势。采取对有限目标逐次攻击战法，企图通过消耗德军兵力达到突破的目的。为协调两军行动，规定每次进攻到达线不能自行超越。

从1916年6月24日起，英、法军进行了7天的炮火准备，7月1日，步兵在炮火支援下发起进攻。当天法军和主攻方向上的英军都突破了德军第一道阵地，但英军左翼则毫无进展。英军以密集队形前进，遭到德军机枪和炮兵火力的严重杀伤，第一天即伤亡近6万人。英军右翼和法军占领了德军第二道阵地。德军利用对方进攻的间歇，迅速调集兵力，加强纵深防御，并在一些地段上实施反击。英、法军于7月中、下旬再度发起进攻，南岸法军占领了第三道阵地，但未能发展为战役突破。英军32个师、法军26个师第三次发起进攻，截至12日向德军纵深只推进了2～4km。英军在进攻中首次使用坦克，共出动49辆，而实际参加战斗的有18辆（被德军击毁10辆），步兵的进攻速度因而有所增加，当天占领了第三道阵地的几个要点。在战争史上这是第一次使用坦克。在9月下旬和11月的进攻中，英军又两次使用坦克，但数量较少，收效不大。

索姆河会战，是第一次世界大战中规模最大的一次战役。双方伤亡约134万人，其中英军45万余人，法军34万余人，德军53.8万人。英、法军未达到突破德军防线的目的，但钳制了德军对凡尔登的进攻，进一步削弱了德军实力。双方阵亡共133.2万人，是第一次世界大战中最惨烈的阵地战，也是人类历史上第一次把坦克投入实战。

第四节　信息化战争

信息化战争是信息时代的产物，是信息时代经济、技术、生产力水平和生产方式在战争领域的客观反映。目前学术界对信息化战争这种全新的战争形态尚缺乏公认、权威的定义和较为规范的解释。

一、信息化战争的基本内涵

要了解何谓信息化战争，首先需要厘清信息的概念。从狭义上讲，信息是"用来消除不确定性的东西"；从广义上讲，信息是客观事物存在、联系、作用和发展变化的反映，是自然界和人类社会活动中所产生的各种状态、消息和知识的总称。信息和物质、能量并称为当今人类社会生存发展的三大基本要素。物质为人类提供材料，能量为人类提供动力，而信息奉献于人类的则是知识和智慧。在社会生活中，信息与物质、能量互依互动。

信息是现代战争成败的主导因素，准确获得战场信息并把信息及时用于决策和控制，就能主导战争。信息时代的战争，战争体系中各单元、各系统都依赖信息和信息系统的支持。没有及时充足的敌情、我情、战场环境信息，在战场上就会变成"瞎子"和"聋子"，注定挨打和失败。

目前，学术界一般认为，信息化战争是指发生在信息时代，以信息为基础并以信息化武器装备为主要战争工具和作战手段，以系统集成和信息控制为主导，在全维空间内通过精确打击、实时控制、信息攻防等方式进行的瘫痪和震慑作战。简要地说，信息化战争广泛使用信息技术及其物化的武器装备，通过夺取信息优势和制信息权取得胜利而进行的战争。

信息化战争可从以下几个方面来理解：

第一，信息化战争是信息时代的产物，是信息时代经济、技术、生产力水平和生产方式在战争领域的客观反映。在信息时代，有多种形态的战争，但信息化战争是最基本、最主要的战争形态。

第二，战争工具决定战争形态，有什么样的战争工具，就会有什么样的战争形态，这是战争历史发展规律所决定的。信息时代战争工具的信息化、智能化和综合化，信息武器装备体系的形成，必然导致信息化战争的出现。

第三，在物质、能量、信息等构成作战力量的诸要素中，信息起主导作用，信息能严格控制在战争中表现为火力和机动力的物质和能量。

第四，信息化战争中交战双方至少一方是信息化军队，因为机械化军队或半信息化军队打不了信息化战争，近期的局部战争之所以算不上真正的信息化战争，就是因为迄今世界上任何国家（包括美国）都没有完全建成信息化军队。

在信息化战争时代，信息能力已成为衡量军队作战能力高低的首要标志。信息能力表现在信息获取、处理、传输、利用和对抗等方面，通过信息优势的争夺和控制加以体现。信息优势的实质就是在了解敌方的同时阻止敌方了解己方情况，是一种动态对抗过程。它已成为争夺制空权、制海权、陆地控制权的前提，直接影响整个战争的进程和结局。当然，人永远是信息化战争的主宰者。战争的筹划和组织指挥已从完全以人为主，发展到日益依赖技术手段的人机结合，对军人素

质的要求也更高。从信息优势的争夺到最终转化为决策优势，更多的是知识和智慧的竞争。

二、信息化战争的基本特征

在信息技术高度发展以及信息时代核威慑条件下，以信息为基础的信息化战争，是军事力量在陆、海、空、天、电、网一体化战场上，通过信息化指挥与控制手段，指挥控制信息化部队，借助信息化武器装备体系，实现对战略目标的精确打击和有效毁伤，以最终赢得战争胜利的战争。信息化战争作为一种新的战争形态，具有以下基本特征。

（一）战争动因更趋复杂

在信息时代，经济利益之争仍然是导致战争的重要原因之一。但除此之外，由于各国之间、国际国内各派政治力量之间联系与交往增多，这势必导致各个国家、民族、社团之间在政治、外交、精神、文化等方面发生更多冲突，使宗教、民族矛盾上升，使国际性恐怖活动、暴力行动、走私贩毒更加猖獗。这些矛盾与冲突相互交织，错综复杂，是导致战争发生的主要原因。

（二）战争概念内涵扩大

与以往的战争相比，信息化战争的内涵有所扩大。原因有三点：一是打赢战争的要求更高。在农业时代，只要打败敌国军队，就可打赢战争，使敌国就范。在工业时代，要打赢战争，不仅要打败敌国军队，还要摧毁其军事设施和工业基础。而要取得信息化战争的胜利，除了消灭其军队、摧毁其工业设施外，还要破坏其军事信息系统和民用信息基础结构。二是战争的发动者增多，不仅有民族国家，还有众多的非国家行为主体。三是战争将渗透到政治、经济、社会、文化等各个领域。

（三）战争目的更加有限

在信息时代，战争的目的有限，将不再追求攻城略地、占领敌国领土、全部歼灭敌军、使敌方彻底屈服等"终极目标"，而是适可而止，追求有限的政治目的。这主要是因为：追求"终极目标"很可能招致交战双方特别是己方遭受难以承受的重大伤亡，从而引发民众的强烈反战情绪；战场上的情况，特别是伤亡情况，将实时通过媒体报道，战争指导者不得不对战争规模和战争目的严加限制。从海湾战争、科索沃战争和阿富汗战争、伊拉克战争、利比亚战争等，我们已经看到了这种趋势。

（四）战争力量趋于信息化、智能化

信息化武器装备是在机械化装备基础上发展起来的，如 C^4ISR 系统、精确制导武器、信息战装备和各种高技术作战平台等。它们都是知识高度密集型的战争工

具，因而具备传统战争工具无法比拟的性能、功能、作战能力和效果。智能化武器装备给未来信息化战争注入了新的活力，从而使军队的编成更精干，传统的作战方式也将被改变。

（五）战争模式趋于体系化、精确化

过去，一件新式武器往往会造成比较大的影响，获得较好的作战效果。但在现代战场上，敌对双方已不再是单一或少数军兵种之间的对抗，更不会是单一武器系统的对抗，而是体系与体系的对抗。在信息化战争中，这种体系化对抗的程度更甚，将不再强调坦克、飞机、军舰等单一作战平台的作战性能，而是突出信息化武器装备体系的整体效能，注重发挥多个军种、多种武器装备的综合作战效能。武器装备的智能水平和打击精度也获得极大提高，不仅可以做到"点穴式"摧毁，还可以进行精确的非物理性毁伤，如心理战、信息战等。另外，精确打击还可以大幅降低附带毁伤，使战争的发展与社会文明进程同步，更有利于战争手段发挥其独特作用。

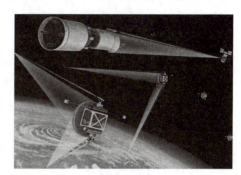

远程精确打击

（六）战争持续时间短

武器装备精度提高、射程增大和数字化战场的建立，将使作战行动得以实时进行，使精确打击得以实施。实时行动是指对战场敌我双方发生的情况立即作出反应。具体对策主要包括实时发现目标、实时指挥、实时机动、实时打击、实时评估毁伤、实时保障等。这样做可以把过去在战场上需要几小时乃至更长时间才能做完的事，压缩到几分钟甚至数秒钟，使下定决心与作战进程几乎同步，从而大大缩短战争进程。精确打击是指用长"眼睛、耳朵和大脑"的智能武器百发百中地攻击目标，这样就能很快使敌人就范，迅速结束战争。

（七）战争毁伤破坏小

战争毁伤分为两类：一类是有效毁伤，另一类是附带毁伤。有效毁伤是与达成战争目标直接有关的必要破坏，附带毁伤是与达成战争目标无直接关系或根本无关的不必要破坏。在工业时代的战争中，附带毁伤非常严重。在信息时代的战争中，则可将附带毁伤减少到最低限度。首先，由于战场透明度大，交战双方不仅能避免因遭突然袭击而受重大伤亡，还可防止实施不必要的、会造成重大破坏的火力战。其次，由于双方只攻击那些为完成任务而必须攻击的目标，双方部队暴露于作战空间的时间短，造成的伤亡小。最后，信息战争在一定程度上是"精确战"，因而不会像工业时代的地毯式轰炸和面积压制那样，造成数十倍甚至数百倍于"必要破

坏"的附带毁伤。

三、信息化战争的代表性战例

在世界新军事革命浪潮的推动下，信息化战争作为一种新的战争形态逐渐登上人类战争的舞台，它最终将取代机械化战争，成为未来战争的基本形态。

（一）海湾战争是信息化战争的雏形

在海湾战争"沙漠盾牌""沙漠风暴""沙漠军刀"三个阶段行动的进行过程中，美军动用了大量的高技术作战兵器，如"战斧"式巡航导弹、"F-117"隐形战斗轰炸机及其他一些新概念武器，并且将夜视技术、电子对抗技术、精确制导技术、隐身伪装技术等高技术手段贯穿战争始终。在海湾战争中，多国部队使用了30多颗卫星、3000多架飞机、500余枚巡航导弹、3000多辆装甲车辆、6艘航空母舰、数十艘水面舰船和潜艇、几百架电子战飞机、30多个地面监听站和20余个侦察营，呈现出的是一幅光、电、磁、声交织，陆、海、空、天相融的多维战场画面。因此，这场20世纪90年代初的战争被认为是信息化战争的雏形。但这场战争仍不是真正意义上的信息化战争，原因有如下几点：首先，从社会信息化背景看，当时只有现代的单项信息技术，网络化程度还不足；其次，从美军信息化建设进程看，美军自海湾战争后才真正全面开始数字化方面的建设工作；最后，从信息战理论发展看，当时还没有真正意义上的信息战理论作指导。

相关链接：

1991年海湾战争始末

（二）科索沃战争和阿富汗战争是信息化战争基本成形的标志

在科索沃战争和阿富汗战争中，美军更加重视信息的重要性，更加强调制信息权的争夺，信息作战和信息化武器装备发挥了主导作用。这两场战争中，美军依托信息优势实施的远程、中程和近程精确打击成为基本手段，成功地使用了 C^4ISR 系统实施战区外战役指挥与战区内战术控制相结合的作战指挥，战争中交战双方广泛实施信息对抗。这两场战争中，信息化武器运用较为普遍、作用较为突出，信息化作战方法较为灵活、效果较为显著。因此，将科索沃战争和阿富汗战争视为信息化战争基本成形的标志，是有足够的理论和实践依据的。

四、战争形态发展新趋势

战争形态是指在相当长的一个历史时期里战争所表现出来的形状和稳定的运动

状态。政治的性质、经济的状况和军事技术的水平决定着战争形态的发展变化。近年来，随着科学技术的突飞猛进、国际政治博弈的加剧、世界经济的跌宕起伏、宗教文化裂痕的扩展，当代战争形态呈现许多新的特点。

（一）信息主导作用日趋加强

信息技术广泛运用于军事领域，直接推动了武器装备的飞跃式发展，甚至强制性地改变世界军队建设发展方向。以信息技术为核心的军事技术革命，引发了包括武器装备、军队编制、军事理论等方面的重大变革。信息技术成为局部战争中的主导技术，信息化武器装备成为战斗力的关键物质基础，基于信息系统的体系作战能力成为战斗力的基本形态，信息能力成为战斗力生成和释放的主导因素。如在火力打击方面，武装力量通过各种信息技术，可以实现对打击目标的精确搜索、定位、跟踪和消灭，成倍提高打击效果；在战场机动方面，信息技术为各个作战单元提供实时精准的战场态势感知能力，能够使分散的部队同时远距离攻击目标；在指挥控制方面，掌握信息优势的一方可以在很大程度上排除"战争迷雾"的干扰，大大缩短观察—判断—决策—执行周期，提高指挥控制效果。

（二）新型作战样式将不断涌现

作战样式是战争形态的重要表现形式。随着战争要素在各个领域的深化发展以及新要素的不断涌现，在传统作战样式的基础上将会越来越多地涌现出一些新的作战样式，如无人作战、太空卫星战、网络攻防战等。在无人作战中，无人机、无人舰、机械战士、无人坦克等将会充斥战场，部分取代有人作战，战争的智能化程度大大提高。在太空卫

中国"天鹰"无人机彰显无人作战体系
技术实力

星战中，为争夺制信息权和制天权，战争双方对卫星的攻防将会成为作战计划中的一个重要内容，卫星将是太空战中的重心。在网络攻防战中，战争双方将可能采用"硬摧毁"和"软杀伤"相结合的方式，夺取网络控制权。

（三）战争主体向多元化方向发展

在相同的价值观、文化认同及共同利益驱动下，新的超大团体组织不断涌现，恐怖主义组织、部落、海盗、贩毒集团、黑客组织、跨国集团等都可能是战争主体，成为战争的发动者。战争将不只是国家和各种武装集团之间的冲突，而是各种主体之间冲突的聚合。国家与国家之间的战争、国家与非国家行为主体之间的战争、非国家行为主体之间的战争将混合在一起。此外，由于军事技术知识的日益普及和武器的泛滥，发动战争的成本越来越低。一些非国家行为主体可以比以往更方

便地获得先进军事技术和武器装备，比如，随着 3D 打印技术的发展和普及，个人拥有枪支变得轻而易举。在互联网环境中，各种行为主体也可以更方便地传播理念、招募人员、筹措资金、下达指令等。

（四）非对称现象越来越突出

在人类从机械化战争时代向信息化战争时代迈进的过程中，由于生产力发展水平不平衡，各战争主体之间的技术"代差"日益拉大，不同主体间进行战争的手段与方式的差异超过以往任何时代，由此导致战争中的非对称现象越发突出。无论对强者还是对弱者而言，非对称作战都将是未来的重要选择。在军事技术和武器装备方面，强国拥有巨大的优势，拥有陆、海、空、天、网等作战领域的主导权，能够以全维作战的方式去打击对手，而弱者则力求通过破坏性手段和装备抵消对方的技术领先优势；在军队组织形式方面，强国军队追求职业化、合成化、模块化，而非国家行为主体的武装力量则追求数量化、分散化、平民化；在战争耐心方面，强国希望战争时间越短越好，不愿长时间陷入战争泥潭中，而非国家行为主体则希望打持久战争，通过比拼意志获得胜利。

（五）战争整体时间将拉长

在当前和未来一个时期内，由于经济利益的相互交织特别是核武器的强大制约，使得有核国家之间的战争成为各方默认的禁区，因此，国家行为主体之间发生大规模战争的可能性不大，正式授权的、法律意义上的战争不再是普遍现象。但是，由于政治矛盾而导致的武装冲突却会此起彼伏，未来战争将更多地表现为未被授权的、未经宣战的武装冲突，战争与和平的界限会越来越模糊。在大规模战争之外，一些大国积极利用多种战争手段追求自己的政治利益，代理人战争、介入内战、武装干涉、空袭、封锁等将成为其进行战争的主要方式，战争越来越变成"交易用的商品"，高度服从服务于政治交往。由于大国间的政治权力斗争往往具有结构性、根本性和深远性，因而由其产生的武装冲突往往会久拖不决。

思考题

1. 战争的发展历程包括哪些内容？
2. 新军事革命的主要内容是什么？
3. 机械化战争的特点是什么？
4. 信息化战争的基本特征包括哪些方面？
5. 简述战争形态发展的新趋势。

第五章　信息化装备

 教学目标

　　了解信息化装备的内涵、发展及对现代作战的影响，熟悉世界主要国家信息化装备的发展情况，激发学生学习高科技的积极性，为国防科研奠定人才基础。

 军事讲坛

　　故明君贤将，所以动而胜人，成功出于众者，先知也。先知者，不可取于鬼神，不可象于事，不可验于度，必取于人，知敌之情者也。

——孙子

　　【译文】那些明君贤将，之所以举兵就能战胜敌人，功业超出众人，就在于能事先了解敌情。要事先了解敌情，不可祈求于鬼神，不可拿类似的事情作形式类比进行推测，不能用星相运行度数去验证，必须取之于人，从熟悉敌情的人那里获取敌情。

第一节　信息化装备概述

　　信息化武器装备是由多维一体化联合作战所使用的所有信息化兵器构成的多元一体化陆、海、空、网、电、信息及认知力量体系。

一、信息化装备的内涵

　　要了解信息化武器装备的内涵，可以从以下几个方面去得出结论：

第一，信息化武器装备是一个历史发展的概念，不仅包括信息化阶段的信息战装备，也包括了机械化阶段的电子战装备；不仅包括现阶段的信息作战装备，也应包括未来发展的信息作战装备。

第二，信息化武器装备是与信息化战争紧密相关的，在一定意义上说，提出信息化武器装备的概念，只是为了适应信息化战争的需要。

第三，从信息化武器装备的关系属性来看，发展信息化武器装备的核心在于造成"于一方有利的不平衡状态"，使得己方具有收集、处理和传送不间断信息流的能力，同时利用或阻止敌方实施相同的能力。

第四，人们尤其是美军所理解的信息化武器装备，不仅包括电子信息装备，也包括传统意义上的机械化装备（只不过更需要大量运用电子信息技术）。其中，物理摧毁常被理解成"利用作战力量摧毁或削弱敌方部队、信息源、指挥与控制系统和设施，它包括来自地面部队、海军和空军的直接与间接火力，以及特种作战部队的直接行动"。

综上所述，信息化武器装备，是指信息技术在装备技术构成中占主导地位，信息要素在作战行动中支配物质能量要素的效能发挥，具有较高信息获取、传输、处理、存储、共享、管理、分发、对抗能力及数字化、智能化、网络化和一体化水平的武器、武器系统和军事技术器材的统称。

二、信息化装备的分类

通常，信息化武器装备大体可分为"软杀伤"和"硬摧毁"两大类。具有"软杀伤"能力的信息武器和信息装备统称为"软杀伤"型信息化武器装备，一般由三部分组成，即网络战武器、电子战武器及心理战武器。其中，网络战武器最主要的功能是对目标信息系统实施恶意攻击和毁伤，又被分为网络攻击应用武器和网络攻击基础武器两类。网络攻击应用武器的基本类型为"细菌""蠕虫""病毒""特洛伊木马""炸弹""后门"等；网络攻击基础武器是实施网络攻击的平台，从这种意义上讲，任何入网计算机和网络设备均可以成为网络战武器，主要有战场信息获取系统、传输系统、处理系统、对抗系统等，以信息传输系统为核心的计算机通信系统是其中最主要的。电子战武器以电子信息技术为主要特征，其基本功能是实施电子对抗。为了达到战争目的，所使用的电子战武器（系统）是形形色色、各式各样的。但归结起来主要包括电子侦察反侦察武器（系统）、电子干扰/反干扰武器（系统）和电子支援系统。作为软杀伤型电子战武器可实现各种电子对抗，通信干扰、信息阻塞、雷达干扰、远距离干扰、自卫干扰、遮盖性干扰、欺骗干扰、红外干扰、金属箔条、诱饵、水声对抗、光电对抗、导航对抗、反辐射攻击等。心理战武器是一种既古老又崭新的软杀伤型武器，主要用来摧毁敌方军队和民众及领导层的作战意志和破坏决策者的感知能力，心理战武器主要包括广播、电视、报刊、传单、集会、游行及计算机网络等。

在物理空间、信息空间和认知空间战场上，为达到信息化条件下"硬"对抗作战目的，所使用的各种武器装备被称为"硬杀伤"型信息化武器装备，它们主要包括动能武器、弹道导弹、巡航导弹、精确制导炸弹、精确制导鱼雷、反坦克导弹、自动火炮、精确制导水雷、反辐射武器、激光武器、高功率微波武器、离子束武器、电磁脉冲武器、生物炸弹、气象武器、地震武器纳米武器、太阳武器、核生化武器，以及各种信息化综合武器平台（如电子化飞机、舰艇、坦克、直升机、无人机和导弹防御系统等）。

三、信息化装备对现代作战的影响

信息技术的飞速发展和广泛应用，已经并正在军事领域引起一系列革命性的变化，其中最直接、最突出的变化，是大量信息化武器装备登上了现代战争舞台，对作战行动产生了巨大的影响。概括起来，主要表现在侦察立体化、指挥控制智能化、目标打击精确化、防护综合化、反应快速化五个方面。

（一）侦察立体化

侦察立体化，通俗地讲就是"眼观六路、耳听八方"。在未来战争中，新型信息化装备将使战场更透明，可实现全球感知，实时进行远程指挥控制。从大洋深处到茫茫太空，布满了天罗地网式的侦察监视系统。水下的声呐能够隐蔽地寻找军舰和潜艇的踪迹；地面的传感器能够警惕地注视人员与车辆的动静；空中的侦察飞机能够同时监视高空、低空、地面、海上的各种活动目标。

军海泛舟

美国为防止敌机从海上入侵，沿其东西海岸各设置了一道空中预警线，由E-3A空中预警机担负空中巡逻警戒任务。它在9km以上的高空对高度18km以下的空中目标，发现和跟踪距离为460km，并能发现高度100m以下的超低空来袭的目标。当然，作为有人驾驶侦察机的必要补充，无人侦察机和侦察直升机在战争中也不容忽视。如海湾战争中美军运用无人机电子侦察设备在伊军阵地上空近距离侦收其通信信号，并动用机载干扰机施放干扰。同时还用摄像机拍摄伊军阵地，通过无线电图像及数据传输系统，将这些第一手的军情发回地面站，或发往高空预警飞机，然后再转发给地面指挥中心。

（二）指挥控制智能化

由于现代高技术被大量地运用于战争中，军队的指挥和对各种作战力量的控制水平上呈现智能化的特征：计算机运算速度越来越快，大大加快了对各种信息

的处理能力；网络技术的运用，使指挥由树状结构变为网状结构，因而更加快速和准确；传感技术和制导技术的综合运用，使武器装备的射程、威力、精度都几乎达到了各自的极限；传感技术、计算机技术、网络技术和通信技术的综合运用，改变了战场评估和信息反馈的方式与质量，甚至变得可以自由地控制战争。因此，在现代战争条件下，交战双方的差距在很大程度上取决于其对作战力量的指挥控制水平。

（三）目标打击精确化

精确打击武器与精确的信息支援系统有机结合，使得精确打击成为战争的重要样式。攻击精度越来越高，距离越来越远，精确打击在现代战争中的地位日益重要。在过去的战争中，要想在1000km以外摧毁一个目标是根本不可能的，就是在100km以外也需要耗费大量的弹药。而在非接触作战行动中，由于使用远程精确打击兵器，彻底改变了传统的打击方法，"定点清除""斩首行动"就是其典型代表。在求"精"的同时，借助军事高技术特别是智能化技术，未来战争也开始在"巧"字上下功夫。例如，对于人，是击毙好还是击伤好；对于物，是粉碎好还是击废好。随着时代的发展，人们已经开始重新审视这些古老而又崭新的话题。美国认为，要想最有效地削弱敌人的战斗力，致死不如致伤，致伤不如使其失能。这里讲的"失能"，既可以指武器，也可以指人员。这样的战争效费比更高，后遗症更大。

（四）防护综合化

"保存自己，消灭敌人"是一切战争的共同原则。由于现代侦察、监视和探测手段具有全方位、全频谱、全天候、全时域的特点，进攻一方如果不能有效地保护自己，就可能出现"发难者先遭难"的结局。一架战斗机在重要地区300m以上高度飞行时，可能受到800～900部雷达的照射，其中可能有300～400部雷达以600～700个不同频率的波束进行搜索，有30～40部雷达跟踪飞机。如果再加上光电探测设备的威胁，战场电磁环境必将更加复杂。这对飞机、导弹等进攻性武器是一个严峻的挑战。在这种情况下，防护的地位尤显重要。海湾战争中，F-117A飞机大出风头，且无一损伤，其奥妙之处，便是借助于外形设计和表面涂料，有效地实现了隐身，其雷达反射面只有 $0.1m^2$，和一顶钢盔的外表面积大小差不多。

（五）反应快速化

"兵贵神速"历来是兵家的追求，但传统武器装备因受技术条件限制，常常"欲速则不达"。高技术武器装备在现代战争中的应用终使"兵贵神速"成真，实现了机动快、反应快、打击快和转移快。高技术武器从发现目标到攻击目标的反应时间也大为缩短。当前，计算机控制的火控系统，能在96秒内操纵4门火炮摧毁35个分离的目标，而传统武器摧毁这些目标需要2小时。在信息化战争中，被发现就意味着被命中。对于现代防空系统的反应时间，那更是以秒计时。例如，美国的

"爱国者"、俄罗斯的"C-300"地空导弹系统的反应时间为15秒；我国的"红旗"系列地空导弹的反应时间为15～20秒。

第二节　信息化作战平台

信息化作战平台，即信息化武器及其载体的总称。它包括信息化的坦克与装甲车、火炮与导弹发射装置、飞机以及舰艇等作战平台。在信息化战争中，信息化作战平台与各种先进的打击系统结合在一起，可以极大地提高武器系统的综合作战效能，对取得战争的胜利具有举足轻重的作用。根据信息化战争的需要，现在世界各国尤其是军事大国和强国都非常重视发展作战平台尤其是信息化作战平台，注重提高作战平台的信息化程度。信息化作战平台主要包括信息化陆上作战平台、信息化海上作战平台和信息化空中作战平台等。

一、信息化陆上作战平台

信息化陆上作战平台是地面武器系统的基础，其数量和质量状况决定着陆上作战能力，是陆军装备信息化的重要标志。当前，世界主要国家的陆上作战平台以信息化水平不断提高的第三代为主，构成了多代并存、高中低档相结合的陆上主战装备体系。随着信息技术的不断发展，更高性能的信息化陆上作战平台将更多地装备部队。

（一）典型信息化陆上作战平台

1. 美国 M-1 主战坦克

M-1主战坦克基本型于1981年正式装备美国陆军重型师。M-1和M-1A1两种坦克在海湾战争中首次投入实战。M-1系列坦克主要用于与敌人坦克及其他装甲车辆作战，也可以压制、消灭反坦克武器和其他炮兵武器，摧毁野战工事，歼灭有生力量。M-1坦克主要装备有先进的无线电收信机、激光测距仪以及炮长热像仪等电子装备。M-1坦克装备有

M-1A2 坦克

R-442/VRC 或 R-44A/VRC 无线电收信机，能对两个辅助接收信道同时进行监控。当某电台超出其通信距离时，可与其他用作转信的电台相连，在一定情况下，电台可以遥控使用。M-1坦克激光测距仪，工作波长为1.06μm，脉冲宽度为8ns，测距

范围为 200～7990m，测距精度达 10m，采用首脉冲或末脉冲逻辑电路抑制假目标回波。AN/VSG—X 炮长热像仪，采用低速并行扫描，电子多路传输，阴极射线管显示图像，能够接收距离和其他数据，并提供给炮长。

2. 俄罗斯 T-90 主战坦克

T-90 是俄罗斯 T 系列现役坦克中火力最强、机动性和防护性最好的最新一代主战坦克。它不但继承了 T-72 和 T-80 坦克的优点，而且采用了许多高新技术，具有一系列优异性能。该车 1990 年开始研制，1993 年底交付使用，其批量生产型为 T-90C 主战坦克。T-90 主战坦克战斗全重为 46.5t，乘员 3 人，最大公路速度为 60km/h，最大公路行程为 650km，可涉水深度为 5m，携带全部装备可在水中浮渡 20 分钟。T-90 坦克的车体和 T-72 坦克十分相似，但防护能力明显提高。它的防护系统由复合装甲、爆炸式反作用装甲和主动式防护装置三部分组成。其中，爆炸式反作用装甲既可以防御聚能装药破甲弹，又可以防御高速飞行的脱壳穿甲弹。该坦克的"三防"装置可保证安全通过污染区。T-90 坦克的重要改进，是加装了一种综合防护系统，它由光电干扰系统、激光报警器、防激光烟幕抛射系统及系统控制设备四大部分组成。

相关链接：

俄罗斯 T-90 主战坦克

3. 日本 87 式侦察警戒车

该车是由小松制作所与 82 式指挥通信车同时开始研制，并于 1987 年定型和投产。该车的机动性部件与 82 式指挥通信车通用，但车体是重新设计的全钢结构。车顶除后部因安装发动机而稍高出些外，几乎是平的。驾驶员位于车内右前方，顶部的单扇舱盖上安装有 1 个整体式潜望镜和 3 个固定向前的潜望镜。其左侧是无线电通信员兼副驾驶员，其顶上也有 1 个单扇舱盖和 1 个向前的潜望镜。动力操纵的双人炮塔在中间轴稍前处。车长居右侧，顶部有 1 单扇舱盖，带有 6 个潜望镜。炮长居左侧，有 1 个单扇舱盖，带有 2 个潜望镜。炮塔上装备 1 门瑞士厄利空—比尔勒公司的 25mmKBA 火炮，其右侧有 1 挺 7.62mm 的 74 式并列机枪，炮塔两侧各有 3 个 60mm 的 74 式烟幕弹发射器。炮塔之后车顶上有 1 个供观察员用的后视潜望镜。前两轴之间的车体两侧各开有 1 个观察窗，后两轴之间车体左侧有 1 个车门，其上有 1 个带挡板的整体窗。车上装有数台高频/甚高频（HF/VHF）无线电台，炮塔之后装有天线。该车无三防装置，不具水陆两用能力。其他性能与 82 式基本相同。

4. 德国"豹"-2 坦克

"豹"-2 作为德国研制的第三代主战坦克，有德国"钢甲猛兽"之称。"豹"-2 主战坦克 1979 年 10 月正式装备联邦国防军，到 1990 年德国陆军装备了 2050 辆。

除德国装备外，荷兰装备445辆，瑞士装备380辆。"豹"-2坦克有A1、A2、A3、A4、A5/A6、A7型及出口型"豹"-2NL、"豹"-2CH，各型号之间在细微结构上有所不同。该坦克车体和炮塔由间隔复合装甲制成，车体分3个舱，即驾驶舱、战斗舱和动力舱。"豹"-2配用指挥仪式火控系统、涡轮增压多燃料发动机、液压传动装置和扭杆悬挂装置；车内安装了超压集体式"三防"通风装置和自动灭火器，配装有16具烟幕弹发射器。其主要武器为1门120mm滑膛炮，配用尾翼稳定脱壳穿甲弹、多用途破甲弹等。目前，"豹"-2坦克正在作进一步改进，将安装更先进的火控系统，以改进装甲加强防护能力，同时继续增加其机动能力。"豹"-2坦克是西方最早装备120mm滑膛炮的坦克，并有先进的综合火控系统，具有行进间射击和夜间作战的能力。"豹"-2坦克装备有多种先进电台、激光测距仪、热像仪、微光夜视仪等。

"豹"-2坦克

（二）信息化陆上作战平台的发展趋势

21世纪，陆战武器装备的发展重点是提高信息力、火力、生存能力和战场机动能力，实现标准化、通用化和系列化。近年来，世界各国调整了陆上作战平台的发展进度，加快了对现有装备的改进和提高，其主要发展趋势如下。

1. 全面应用先进信息技术

近年来，美、英、法等发达国家都在先期概念演示验证的基础上开始研究下一代主战武器系统，正将资金从传统平台的研制转移到发展信息化装备平台上。新的主战系统将发展成为以网络为中心的"系统之系统"，即由侦察车辆、指挥控制平台、独立的火力压制系统、地面战斗与人员输送车辆以及用于支援作战的无人机等功能平台构成的大系统，集侦察、监视、目标搜索、火力打击、保障等功能于一体，如美陆军为"理想部队"研制的"未来作战系统"（FCS）。

在信息化方面，"未来作战系统"具有以下特点：一是结构网络化。该系统按照"网络中心战"理念构建，所有车辆都使用电子接口和软件。未来战斗系统网络不仅能使部队形成整体战斗力，而且能与联合部队、国家以及外国盟军的网络沟通，从而可以利用一切可以利用的信息资源，全面感知战场态势，大幅提高联合作战能力。二是广泛使用智能机器人。这些机器人包括110架无人驾驶飞行器，分为旅、营、连和排4级；分别用于侦察、排雷、运输和突击的无人驾驶车辆；集装箱式导弹发射系统；可以大面积部署的小型传感器和较大的可移动传感器；能够在空中用传感器自动寻找目标的无人值守聪明弹药。三是自动化水平高。系统中的非直火炮能够自动进行弹药装填，燃料、水和弹药的再补给也能自动进行，将所需物资装满整个炮车的时间只需 5 ～ 12 分钟。四是全面应用精确制导武器。除应用导弹外，该系统的炮弹将全面精确制导化。

2. 进一步提高机动性能

提高机动性能的重点是提高陆上作战平台的越野机动性、加速性和转向性。这些性能与平台的动力传动装置、操纵与悬挂系统的性能水平、单位功率、履带接地压力以及负重轮行程和发动机的加速性等有关。其中，动力装置的发展趋向是：除继续改进增压、中冷柴油发动机外，燃气轮机的采用将逐步增多，功率有可能增至 1500kW。还将进一步研究陶瓷绝热发动机，其与同功率的柴油机相比，体积与重量将减少 40%，节约燃料 30%。而传动装置的发展重点是：设计先进的综合推进系统，采用电子操纵，增大功率密度（单位体积功率），达到结构紧凑、传递功率大、操纵维修方便等目的。此外，液气悬挂使用增多，并有可能出现主动式悬挂系统。为进一步提高作战平台的战场机动性，还提出在平台上建立战场管理信息系统，安装显示器，供乘员阅读地图信息，配设导航仪，明确敌我配置态势等。

3. 进一步提高生存能力

较强的生存能力是保持战斗力必不可少的条件。由于现代探测技术的长足进步和精确制导技术的飞速发展，来自空中的威胁越来越大，对陆上作战平台的战场生存构成了严重威协。因此，未来陆上作战平台将通过多种途径，全面系统地提高平台的防护性能。

主要包括以下几个方面：一是采用隐身技术来提高防护能力；二是大量采用复合装甲提高车体的防护能力，重点是研究新型复合装甲、反作用装甲和主动防护系统；三是陆上作战平台的总体结构设计将有新的突破，主要是探索继续顶置火炮式坦克方案与摇控车组方案。

4. 发展系列化、通用化作战平台

系列化是根据某类产品或装备的使用需求和发展规律，按一定序列排列其主要性能参数和结构形式，有计划地指导产品的发展，以满足广泛需求的一种标准化方法。如美陆军的 M 系列的坦克装甲车，俄罗斯的 T 系列坦克等都是系列化的地面主战装备。

通用化是将现有的或正在研制的具有互换性特征的通用单元用于新研制武器系统的一种标准化方法。未来将把导弹和火炮综合在同一辆装甲车上，以便构成弹炮一体化武器系统，使坦克具有直射、间射和对空作战能力，"新型装甲作战平台（NCP）"装上不同的武器就可以成为主战坦克、步兵战车或防空系统。例如，美军未来近战车辆（FCCV）规划，提出了三个车族构想：坦克、步兵战车、骑兵战车（侦察用）三种车型；坦克与步兵战车合一的双用途车辆，另加一种骑兵战车；坦克、步兵战车、骑兵战车三者合一的多用途战斗车辆。

（三）信息化陆上作战平台在伊拉克战争中的运用

在伊拉克战争中，最引人入胜的一幕恐怕是以美军第 3 机步师为主的地面部队对巴格达实施的史无前例的快速闪击战。在地面作战中，各种先进的作战装备发挥了卓越效能，不仅使地面作战开辟了一个崭新的发展空间，同时也为陆军的发展提供了新的契机。

1. 战争中使用的主要地面作战装备

地面作战部队的武器装备，基本呈现两个特点：少数部队配备了全新的或改装的数字化武器装备，成建制、成系统形成了信息化作战能力，如第 4 机步师等；部分主战装备仍处于三代水平，在维持机械化武器装备原貌的基础上进行了信息化改造，提高了火力、防护力和信息感知能力，占有明显的火力优势和信息优势。装甲战斗车辆主要有 M-1A2 和 M-1A2SEP（数字化）主战坦克，M-2A3 步兵战车等。火炮主要有 155mm M-109A6 "帕拉丁"自行榴弹炮，105mm M-119 牵引式榴弹炮，155mm M-198 牵引式榴弹炮，M-270 多管火箭炮，60mm、81mm 和 120mm 迫击炮等。导弹主要有 PAC-3 "爱国者"反导系统、陆军战术导弹系统、"海尔法"反坦克导弹等。伊军则使用了俄制 AT-14 "短号"反坦克导弹，实战中摧毁多辆 M-1A1 主战坦克。

2. 地面作战装备的作战应用

（1）快速闪击。伊拉克战争中，美军对巴格达的快速闪击战是一个亮点。这是美陆军向网络中心战转型的一次积极尝试，让见惯了美军完全或主要依靠空袭制胜的人们耳目一新。美军推进的速度之快令人吃惊：第 3 机步师先头部队 7000 人在开战后绕过伊拉克南部各城市，长驱直入、日夜兼程穿越 700km 沙漠地带，目标直指巴格达，在开战第 5 天即 3 月 24 日，该部就到达了距巴格达约 80km 的南部战略重镇卡尔巴拉附近，并与伊军防守部队交战。

（2）城市作战。10 年来，美陆军和海军陆战队投入大量的力量进行城市作战的研究和训练。美军修建了模拟城镇，训练逐个街区、反游击队武装等城市作战方法。伊拉克战争事实表明，依托先进的地面作战装备，美军城市作战理论在实践上同样具有巨大的优势。战争中，美军多次成功地实施装甲突击，开创了城市作战的成功范例。

（3）阵地攻防。美军在纳西里耶、纳杰夫、卡尔巴拉、巴格达等地与伊军发生过许多次交战。存在着技术代差的两支军队在信息化条件下进行传统形式的阵地战，其惨烈程度对于这两支部队而言当然不可同日而语。美军在进军巴格达的一场 3 小时激战中，拥有信息化武器装备的第 3 机步师击毙了至少 2000 名伊军士兵，而美军仅阵亡 1 人。巨大的伤亡代价和悬殊战果表明了这种阵地战的不对称性。

二、信息化海上作战平台

海军是以舰艇部队为主体，在海洋空间遂行作战任务的军种。在海洋占表面积

71%的地球上，海军无疑在战争中具有重大的作用。世界军事强国无不发展先进的信息化海上作战平台，以保持强大的海军力量。在高技术的"催化"下，新型舰艇大量涌现，使海军战斗力不断增长。

（一）典型信息化海上作战平台

1. 航空母舰

"福特"号航母舷号CVN-78，是美国第78艘也是最新一艘航母，其命名是为纪念美国前总统杰拉尔德·福特。该舰于2009年正式开始建造，2017年5月底交付美国海军，以近130亿美元的造价成为迄今最烧钱航母。"福特"号航母是美国近40年来建造的首艘新型航母，是美国海军全新打造的最大核动力的航空母舰，被视为当今世界上最先进的航空母舰。美国军方的资料显示，"福特"号服役年限为50年，舰长337m，高76m，飞行甲板宽78m，整个甲板相当于三个首尾相连的标准足球场，可携带75架舰载机。"福特"号满载排水量达10万t，最大航速超过30kn。该舰配备了先进的电磁弹射器和降落拦截系统，比传统的蒸汽弹射器和拦阻索效率更高，战机出勤率预计提升33%。此外，"福特"号还装备了改进型海麻雀导弹、拉姆导弹和近程防御武器系统。与以往的"尼米兹"级核动力航母相比，"福特"号航母的核电站可以产出3倍的电量，两个核反应堆满载核燃料的情况下，"福特"号能连续航行20年。据美国海军介绍，战舰整体自动化程度大为提升，有效降低了人力需求和成本。"福特"号搭载舰员和航空人员共计约4500人。

相关链接：

世界上最大的航空母舰——"福特"号航空母舰

2. 巡洋舰

"基洛夫"级核动力导弹巡洋舰，是世界上最大的导弹巡洋舰，也是世界上第一艘装备导弹垂直发射系统的水面舰艇。首制舰"基洛夫"号于1975年开工建造，1977年12月下水，1980年7月服役；第二艘舰"伏龙芝"号于1983年11月服役；第三艘舰"加里宁"号1988年服役；第四艘舰"安德罗波夫"号于1991年底下水进行海上试验。1991年苏联解体，在役的四艘"基洛夫"级核动力导弹巡洋舰加入俄罗斯海军。1992年5月27日，俄罗斯海军对现役的四艘"基洛夫"级巡洋舰进行了改名，分别改名为乌沙科夫海军上将号、拉扎耶夫海军上将号、纳希莫夫海军上将号、彼得大帝号。该级舰长248m、宽28m、吃水8.8m；标准排水量2.4万t、满载排水量2.8万t（有资料报道为：标准排水量2.7万t、满载排水量3.7万t），故有人称之为战列巡洋舰。动力装置为：核反应堆2座、蒸汽涡轮机2台、电动机8台，总功率15万kW；航速32kn，以25kn航速续航力为15万nm。

3. 驱逐舰

45 型驱逐舰或以首舰命名称为勇敢级驱逐舰是英国皇家海军隶下的新一代防空导弹驱逐舰。1991 年，皇家海军在参与的法、意未来护卫舰"水平线"（CNGF）计划失败后，决定自行发展新一代驱逐舰。本级舰围绕 PAAMS 导弹系统，配备性能优异的桑普森相控阵雷达和 S1850M 远程雷达，并划时代地采用了集成电力推进系统（IEP），使得本级舰成为世界上现役最新锐的驱逐舰之一。该级导弹驱逐舰的特点：超长的前甲板，安装有 4.5 英寸舰炮，后方上升区域安装有"席尔瓦"防空导弹垂直发射系统；还装有"鱼叉"反舰导弹发射装置；平板式上层建筑位于烟囱前方，突出高耸的封闭式金字塔形桅杆顶部安装有"桑普森"监视 / 火控雷达整流罩，左右舷装有 SATCOM 卫星天线整流罩；小型椎状烟囱；修长的封闭式椎状桅杆，烟囱后方装有窄小的柱状桅杆；突出的对空 / 对海搜索雷达位于后上层建筑顶部。该舰的主要任务是提供局部区域舰队防御，其远程雷达具有广泛的区域防空能力。该舰的战斗系统也有能力管理飞机和特混舰队的联合防空战斗操作，发挥指挥舰的作用。

4. 护卫舰

印度的"什瓦里克"级护卫舰为放大改进版"塔尔瓦"级护卫舰。独特的较长前甲板，舰桥前方布置有 4 种主要武器装备，由舰首向后分别是：奥托·梅莱拉 76mm / 62 舰炮、SA-N-7"牛虻"防空导弹发射装置、SS-N-27"俱乐部"反舰导弹垂直发射井以及舰桥前方上升平台

"什瓦里克"级护卫舰

上的 RBU 6000 反潜火箭发射装置；舰舯部上层建筑后缘装有金字塔形主桅，封闭式金字塔形塔架位于舰桥顶部；烟囱位于舰舯部后方，后方装有塔架用于安装"前罩"火控雷达；该舰后半段与"德里"级非常相似；平板式后上层建筑（机库）前缘装有对空搜索雷达和位于顶部的"猎人"火控雷达；较长的飞行甲板位于舰尾。

5. 攻击型核潜艇

"机敏"级攻击核潜艇是英国建造的新一代攻击型核潜艇，也是世界上第一种不用螺旋桨推进的核潜艇。它被用于替代现役的"特拉法尔加"级攻击核潜艇。该潜艇于 2007 年下水，2009 年正式服役。"机敏"级攻击型核潜艇水下排水量 7800t，最大潜深 500m。水下航速 32kn，可携带 38 枚"旗鱼"重型鱼雷、"战斧"巡航导弹及"捕鲸叉"反舰导弹。除此之外，它还具有前所未有的安静性能和反侦察能力。

相关链接：
英国史上最贵最安静的核潜艇——"机敏"级核潜艇

（二）信息化海上作战平台的发展趋势

1. 水面舰艇的发展趋势

随着高新科技的发展和海上作战的需要，水面舰艇将向大吨位远续航力和提高综合作战能力的方向发展，使之在现代海战中充分发挥"基本兵种"的作用。根据目前掌握的资料分析，水面舰艇的发展将主要集中于以下几个方面。

（1）研制新型导弹发射装置，提高水面舰艇的作战能力。各种类型的舰载导弹，是水面舰艇的主要攻防武器。导弹的携带数量是构成水面舰艇作战能力的主要因素。水面舰艇以往采用的臂武发射架、箱式发射架等，较为笨重，需占用较大空间，战斗使用也不够简便，限制了舰艇携带导弹的数量。随着导弹垂直发射技术的研制成功，新型导弹发射装置将采用井式结构，可使每艘舰所携带的各型舰载导弹达到近百枚或上百枚，从而极大地提高大中型舰艇的海上作战能力。

（2）采用新型动力装置，提高水面舰艇的机动能力。动力装置是水面舰艇的"心脏"，其性能决定了水面舰艇的机动能力。与航空兵相比较，水面舰艇的机动能力差是一个十分明显的弱点。采用新型动力装置，提高水面舰艇的机动能力，是水面舰艇发展上的一个重要方向。目前，水面舰艇采用的动力装置有核动力装置、蒸汽轮机动力装置、内燃机（主要是柴油机）动力装置和燃气轮机动力装置。其中，燃气轮机动力装置是一种新型动力装置，越来越多地在各型水面舰艇上采用。为了弥补燃气轮机耗油量大的缺陷，各型水面舰艇往往把燃气轮机和其他发动机组成联合动力装置，通常采用的联合方式是柴燃联合装置和全燃联合装置。

（3）研制新船型。船型是一种船舶区别于其他不同类型船舶的综合特征。开展对船型的研究，探索适合建造各种水面舰艇的新船型，对水面舰艇的发展具有深远的战略意义。研究适合水面舰艇的船型，其目的和要求是：提高水面舰艇的机动能力；提高水面舰艇的隐蔽性；提供更大的空间，以装载更多的武器装备。根据资料分析，正在探索、研究的新船型有多种。其中，引起关注的主要有半潜型和深Ⅴ型三体舰。

军海泛舟

半潜型舰，如美国正在研究的"打击者-Ⅱ"型导弹舰，是在普通油船船型基础上设计出来的一种新舰型，其设计特点是，尽可能降低干舷高度，使船体成半潜状态，同时在船体四周设置水幕生成器。水幕不仅能够干扰雷达、光学器材的正常使用，而且类似海上的浪，使来袭的反舰导弹遇到水幕时，在船体上方擦过而不打击船体本身。深Ⅴ型三体舰是英国沃斯帕·桑尼科罗夫公司正在设计研制的新船型，船体设计成深Ⅴ型。由于相对减小了船体的水线面积，因而能够明显减小水的阻力，从而达到提高航速的目的。这一船型还可在舰桥后部提供宽大的甲板和平稳的直升机平台，并且自身隐形性能好。

（4）采用隐形技术，提高水面舰艇的隐蔽性。机动能力低，隐藏性差，易被发现和遭到攻击，是水面舰艇主要的弱点。提高水面舰艇的隐蔽性，实质上就是提高水面舰艇的生存能力。随着隐形技术的发展和在水面舰艇上的广泛应用，这个弱点可望得到解决。当前水面舰艇所采用的隐形技术主要有两个方面：一是尽可能地减少雷达波的反射面积；采用降噪技术，将舰艇的主机与舰壳相隔离，舰壳的振动大为减轻，明显地降低了噪声。

2. 潜艇的发展趋势

随着高技术的广泛运用，潜艇将向进一步提高潜艇的水下机动能力、水下搜索目标能力、水下攻击能力和隐身能力等方向发展。

（1）提高潜艇水下机动能力。提高潜艇水下状态的水平机动能力和垂直机动能力，历来受到人们的高度重视，主要包括：增大常规动力潜艇的水下航速和水下续航力；提高核潜艇在浅水海区的机动性能；增大潜艇的下潜深度。

（2）提高潜艇水下搜索目标能力。提高潜艇在水下状态时隐蔽地搜索目标能力，能有效地提高潜艇的作战能力和防御能力，是潜艇发展的重要目标之一。改进潜望镜的性能，能有效提高潜艇在潜望深度搜索海面目标和空中目标的能力，因此要积极发展多用途潜望镜。提高潜艇搜索水下目标的能力，其主要途径是增大潜艇声呐的探测距离，为此，除了采用各种先进技术提高声呐性能外，还应从潜艇装备的其他方面加以改进，如降低潜艇本身的噪声，为声呐搜索目标创造一个安静的环境，从而增大声呐搜索目标的距离。

（3）提高潜艇水下攻击能力。这是潜艇装备发展的主要趋势。潜艇水下机动能力、水下搜索目标能力、导航定位精度和武器效能的提高以及降低潜艇噪声等，都能直接或间接地提高潜艇水下攻击能力。为提高飞航导弹潜艇水下攻击能力，除了进一步提高潜射飞航式导弹的抗干扰能力和命中概率以外，还将增大潜艇飞航式导弹水中段的航程。这种能保持发射艇位置的隐蔽性，缩短在空中飞行的时间，使对方可用于抗击导弹的时间更为仓促，有利于提高潜艇飞航式导弹的命中概率，从而提高飞航导弹潜艇的水下攻击能力。

（4）提高潜艇隐身能力。这是今后潜艇发展的一个重要趋势。潜艇噪声直接关系到潜艇的隐蔽性，并影响声呐对目标的探测效果，对艇员的健康也有不利的影响。因此，降低潜艇噪声成为发展潜艇装备的主要内容之一。隐身技术的另一个体现是艇体吸声材料涂层，它可以吸收对方主动声呐波，使波不能被反射或减少其反射。各国在这方面取得了一定的进步，现在许多潜艇都涂有吸声材料。事实说明，今后发展的方向将不再是一味降低噪声，而是朝"隐身潜艇"的方向发展。

此外，潜艇还将向进一步提高反潜自导鱼雷的防御能力以及提高综合控制水平方向发展。

（三）信息化海上作战平台在海湾战争中的运用

海湾战争中，由于伊拉克海军十分弱小，海上作战显得微不足道，无法与大规模空中作战、快节奏的地面作战相提并论。但多国部队海军仍然投入了大量的高技术武器装备，并在战争中发挥了重要作用，也对海上力量的运用方式产生了重大影响。多国部队部署了 230 艘舰艇，美海军投入了 6 个航母战斗群、4000 多架舰载机和 240 多架海军陆战队飞机以及大量的直升机。这些高技术武器装备的作战运用十分广泛，不仅直接用于海上作战，而且在空中作战和地面作战中也发挥了重要作用。

1. 反舰作战

反舰作战的任务是摧毁伊海军全部水面作战舰艇和布雷艇，将伊海军赶回到波斯湾北部，以防其进攻或威胁多国部队。美国、英国、沙特阿拉伯和科威特海军承担了主要作战任务，阿根廷、澳大利亚、加拿大、丹麦、法国、意大利、荷兰、挪威、西班牙等国海军参加或支援了反舰作战。美军 A-6E、F/A-18、F-14 和 S-3A/B 等舰载机、P-3C 和英国"猎迷"海上巡逻机、美海军 SH-60B、英国"大山猫"和美陆军 OH-58D 等直升机也直接参战。把在波斯湾北部的伊海军舰艇与巴士拉、祖拜尔、乌姆盖斯尔的港口设施和海军基地隔离开来，将更多的伊军舰艇封锁在港内，并最终掌握了波斯湾北部海域的制海权。在整个反舰作战中，多国部队击毁或击伤伊军 143 艘舰船，伊拉克所有海军基地和港口被严重毁坏，基本上全军覆没，未对多国部队海军发动过任何攻击。

2. 防空作战

防空作战的主要任务是在波斯湾建立和保持空中优势。伊空军 4 种战机具备反舰攻击能力：32 架可发射 2 枚"飞鱼"反舰导弹的"幻影"F1 战斗机；4 架可携带"蚕"式空舰导弹的轰 -6D 远程轰炸机；25 架可携带 AS-7、AS-9、AS-14 等空舰导弹的苏 -24；"超黄蜂"直升机可发射 2 枚"飞鱼"反舰导弹。它们对多国部队水面舰艇构成了空中威胁。为此，中央总部海军成立了防空作战司令部，负责指挥和控制舰艇编队的防空作战。作战兵力包括波斯湾上的 4 艘航空母舰、9 艘"提康德罗加"级巡洋舰、12 艘驱逐舰和护卫舰。尽管伊军在战争中无法主动出击，多国部队仍起飞 3805 架次舰载机执行海上防空作战任务。

3. 反水雷战

反水雷战的主要任务是为实施舰炮火力支援的战舰和可能发动的两栖突击开辟一条通向科威特海岸的通道。伊拉克有 11 种不同型号的水雷，战前在费莱凯岛到科威特边界南端 230km 长的弧线内布设了 1167 枚水雷。为了扫除水雷，中央总部海军成立了反水雷大队，共 20 余艘反水雷舰艇，6 架 MH-53E 扫雷直升机和 20 多个爆破排雷小分队，还部署了多种未经试验的扫雷装备，如第一艘"复仇者"级扫雷舰和一批感应式、机械式扫雷装置等。反水雷大队首先在科威特以东 100km 海域扫出一条长 24km、宽 300m 的通道。为配合扫雷，多国部队摧毁了科威特海岸的伊军"蚕"式反舰导弹。多国部队海军遇到的最大威胁就是水雷，而对付水雷的办法并不有效，几乎所有行动都受到影响。在扫雷过程中，美舰"特里波利"号撞上一枚触发锚雷，受到重创；美舰"普林斯顿"号触发一枚感应式沉底雷，舰体遭到破坏。直到海湾战争结束，扫雷工作也没有完成。

4. 两栖佯动

进入波斯湾的两栖部队为中央总部提供了一支机动性很强的作战力量，包括美军第4和第5陆战远征旅及第13陆战远征分队，约1.7万人，31艘两栖舰船和1艘修理船，17艘气垫登陆艇和13艘通用登陆艇，115辆两栖突击车，34辆坦克，19架AV-8B攻击机和136架直升机。多国部队虽未进行两栖突击，但却一直进行两栖作战的威胁和佯动欺骗，牵制了伊军10多个师。同时，还实施了一系列作战行动，如攻击乌姆迈拉迪姆岛、佯攻费莱凯岛和谢拜赫港口设施以及第5陆战远征旅登陆等，有力地策应和支援了地面作战行动。

三、信息化空中作战平台

信息化空中作战平台是空军最主要、最基本的装备，也是海军和陆军的主要兵器之一，可以装载各种导弹、机炮、航弹、制导炸弹和电子战装备。它的机动性能好，突防能力强，能出其不意地发起攻击，给敌人以毁灭性的打击，有效地支援地面和海上的作战行动。信息化空中作战平台的数量和质量将对未来信息化战争的各个方面产生重大的影响。

（一）典型信息化空中作战平台

1. 战斗机

歼-20战斗机是中国成都飞机工业（集团）有限责任公司为中国人民解放军研制的第四代（按照中国、欧美战斗机划分标准为第四代，按照俄罗斯战斗机代次划分标准则为第五代。）双发重型隐形战斗机，用于接替歼-10、歼-11等第四代空中优势战机。歼-20采用了单座、双发、全动双垂尾、DSI鼓包式进气道、上反鸭翼带尖拱边条的鸭式气动布局。机头、机身呈菱形，垂直尾翼向外倾斜，起落架舱门为锯齿边设计，机身以深黑色涂装，而歼-20（2012）采用类似于F-22的高亮银灰色涂装。侧弹舱采用创新结构，可将导弹发射挂架预先封闭于外侧，同时配备中国国内最先进的新型格斗导弹。2011年1月11日在成都实现首飞。2016年11月，驾歼-20飞机在第11届中国国际航空航天博览会（中国航展）上进行飞行展示，这是中国自主研制的新一代隐身战斗机首次公开亮相。2018年2月9日，中国自主研制的新一代隐身战斗机歼-20，开始列装空军作战部队。

2. 运输机

XC-2运输机由日本川崎重工业公司研制，是为了接替日本于20世纪70年代启用的C-1型国产运输机。新一代运输机在设计上谋求实现大型化，该机全长

43.9m，翼展 44.4m，高 14.2m，最大运载重量达 30t，约为 C-1 运输机的 4 倍，而且续航能力也有大幅提高。2010 年 5 月左右，日本川崎重工业公司将一架 XC-2 大型运输机交付日本航空自卫队进行试飞测试，这标志着 XC-2 大型运输机正逐步走入正轨。XC-2 运输机还是个"多面手"。如果军方需要，它还可立即"漂亮转身"，成为空中预警机、空中加油机、远程侦察机或者战略轰炸机。日本 XC-2 大型运输机的最大起飞重量达到 140t 左右。

3.轰炸机

轰炸机的典型代表是美国 B-2 隐身轰炸机，集当代高技术于一身，是世界上第一种重型隐身轰炸机。为达到隐身目的，该机外形与传统的飞机完全不同，采用先进的翼身融合的飞翼构形。没有明显机身，没有垂直尾翼，整架飞机呈扁平流线型，就像是由两只大机翼对接而成。机翼前沿从机头到翼尖是一条直线，成后掠角 33° 的锐角，上下是拱弧形固定式结构，后缘成 W 形。机体采用吸收雷达波的蜂窝状结构，主要使用复合材料，机体外表材料和涂层可以减少雷达波的反射和热辐射。飞机前沿及翼尖有介质层覆盖在能够散射波的锯齿状结构上。发动机进气道为 S 形，两个 V 形尾喷口置于机翼上，而且距离机翼后缘较远，从而大幅减少了发动机及进气道的雷达反射波，雷达天线置于机舱内，武器全部挂在弹仓内，无外挂武器。上述技术措施使飞机的雷达反射面积只有 0.001 到 0.1m²，与一只小鸟相当。B-2 隐身轰炸机机翼展 52.43m，机长 21.03m，机高 5.18m。最大速度为马赫数 0.8，实用升限 15240m，最大航程 12231km，进行一次空中加油时大于 18530m，两次加油可到达全球各地。

相关链接：
美国 B-2 隐身轰炸机

4.直升机

卡-52 是俄罗斯自行研制的全天候武装直升机，能够在昼夜和复杂天气条件下作战。卡-52 的驾驶舱采用并列双座布局，其翼下的 4 个武器挂架最多可加挂 4 套火箭弹发射架，每个发射架可携带 20 枚 S-8 型火箭弹，所以，在战场上被"激怒"的卡-52 可在瞬间倾泻出 80 枚火箭弹，打出一道长约 1km、宽度 200m 的"火墙"。卡-52 还具备良好的夜间作战能力，其上装载的热成像仪能够于夜间在 5～6km 的距离上发现坦克及相似体积的目标，在 3～4km 内能识别目标。

5.预警机

除了美国和俄罗斯以外，只有少数国家拥有研制预警机的能力，而以色列就是其中之一。"费尔康"预警机由波音 707 客机改装而来，某些性能甚至超过了美、俄预警机。"费尔康"采用了有源相控阵雷达及飞机外皮与天线阵融合为一体等新技术，不像 E-3 那样采用机背圆盘天线整流罩，与传统的预警机相比，"费尔康"

安装了 6 个格板型相控阵 L 波段保形雷达，可 360°全方位覆盖。其巡航高度为 9000m，机上可载乘员 15 人左右，最大续航时间设计可达 11.5 小时，可提供 360°全向覆盖，能够全方位搜索和监视陆地、水面和空中目标。在巡航高度执勤时，对大型高空目标的有效探测半径可达 670km，中型目标为 445km，对低空小型目标为 370km。敌我识别系统在一次扫描中能询问 200 个以上装有应答机的空中、海上或陆上目标，获取己方军队的展开情况，向空中指挥员显示完整的陆海空军态势。因此，"费尔康"预警机既是一架侦察机，又是一个在高空游弋的雷达站，还是一个功能强大的空中指挥所。"费尔康"的雷达系统由以色列自行研制成功，不仅能大幅度提升空军的信息战能力，增大己方的预警时间，而且能极大威胁敌方空军对己方的超低空突袭能力。该系统有 9 个彩色多功能显示台和 2 台辅助显示器，设计使用的 EL/M-2075 型雷达（PAR）处于世界领先地位。

"费尔康"预警机

（二）信息化空中作战平台的发展趋势

随着信息技术推动空中作战平台不断发展，信息化水平进一步提高，其发展趋势有如下几点。

1. 更加注重多用途作战能力

今后战斗机发展都要求多用途化，在设计研制时就提出明确需求。因此，战斗机在无须改型的情况下，自身就兼有很强的对地攻击能力；若进行专门的改进，则对地攻击能力更强。这种"一机多用"或"一机多型"将成为战斗机发展的标准模式。同时，战斗机与攻击机的界限也将越来越模糊。2002 年 9 月 17 日，美空军参谋长宣布，将 F-22 战斗机重新定名为 F/A-22，这不仅是对 F-22 进行的重新定位，也反映了美空军在未来战斗机发展概念上的转变，即不再强调纯空中优势能力，而是必须兼有对地面打击和电子战的多用途作战能力。

未来运输机通过功能模块的变更与替换，或经过适当改装，变成多用途的飞机，如能成为救护伤病员，并可进行手术治疗的空中医院；成为歼击机、强击机、歼击轰炸机补充燃料的空中加油机，以及充当轰炸机的替补；成为隐蔽性较好的侦察机、空中预警机、携载和发射无人机的母机等。如在研的"平台型运输机"具有一般运输机的各大系统，具备基本飞行功能，可按战术—技术要求，或使用—技术要求完成特殊运输任务。应用了模块设计，即在该运输机上安装各种功能的方舱，以达到各种布局的变化，实现一机多型、一机多用。

2. 更加强调隐身性能

现役的战斗机 F-22、轰炸机 B-2A、战斗轰炸机 F-117A 等都具备了良好的

隐身性能。目前，美国、俄罗斯正在研制的新一代作战飞机都十分强调隐身性能。美国军方考虑研制的军用运输机具有隐形特点，能向战区运送部队和军事装备，以及大规模毁灭性武器。新一代直升机将采用现代化的传感器和先进的复合材料技术以及各种吸波材料涂层，使其雷达反射截面、红外特征值减小，提高其隐身性能。

3. 不断改进现役空中作战平台

战略轰炸机技术复杂，研制、采购和使用维护费用极为昂贵，一般中小国家无力涉足。美国现已装备有世界上最先进的轰炸机，目前尚无研制新一代轰炸机的具体计划。俄罗斯现装备的轰炸机，虽然数量略超过美国的装备数，但性能与技术水平稍逊于美国轰炸机，因为苦于经济困境，至少在相当一段时间内俄罗斯无力顾及发展新型轰炸机。因此美俄现役轰炸机至少还将服役三四十年之久。在此期间，将主要是对现役轰炸机不断改进、改型。

为适应未来战争的需要，许多国家（地区）和组织正在着手对他们的预警飞机进行改进。美国空军北约组织和英国目前正在实施E-3预警飞机雷达系统改进计划，通过提高脉冲多普勒雷达灵敏度、采用高可靠性新型处理机和重新修改软件等，提高探测跟踪小目标和隐身目标的能力。美国、埃及、以色列、日本、新加坡等国和中国台湾先后着手进行E-2C（E-2T）预警飞机的改进计划。

4. 无人作战平台向实用化方向迈进

无人机的造价低，隐蔽性能好，生存能力强，而且不受人的生理条件限制，在现代战争中有广泛的用途。采用高技术研制新型的无人机将是空中作战平台今后发展的一个重要方向。自主式无人机和遥控机器人无人机除继续执行战场监视、侦察、电子对抗、通信中继、战场运输、气象监测和模拟假目标等任务外，还可执行空战和对地攻击任务，其作用将越来越大。

近年来，随着各种平台、推进、导航和控制系统以及传感器技术的飞速发展，加上无人机在阿富汗战争中的出色表现，推动了世界各国，尤其是美国无人作战平台的革新和发展。美国将继续加大对无人机的投入，同时将"捕食者""全球鹰"和"无人作战飞机"（UCAV）作为美国国防部的重点发展型号。

5. 提高电子对抗能力

除专用的电子对抗飞机外，一般的作战飞机自卫电子对抗设备将进一步发展。除进一步扩大频宽、增大有效辐射功率外，还将发展以电子计算机为核心的自适应系统。这种系统能在复杂的电磁环境中截获、分析和处理各种电磁信号，并根据这些信号反映出的威胁类型和程度自动选择对抗措施。

（三）信息化空中作战平台在伊拉克战争中的运用

伊拉克战争像以往历次高技术局部战争一样。美英联军的空中作战装备发挥了关键作用，特别是大量精确制导弹药的使用，极大地提高了空中作战的效率，并从根本上改变了空中作战的面貌。

1. 战争运用的主要空中作战装备

美英联军使用的空中打击平台主要分为两大部分：从停泊在波斯湾和地中海的航空母舰上起飞的 400 余架舰载机，包括第一次参加实战的 F/A-18E/F "超大黄蜂" 战斗机；从伊拉克周边基地和二线基地起飞的 1100 余架空军飞机，主要包括 B-1B 和 B-52H 战略轰炸机、B-2A 隐身战略轰炸机、F-117A 和 F-15E 战斗轰炸机、F-15 和 F-16 战斗机、A-10 和英国 "美洲虎" 攻击机，另有 RQ-1B "捕食者" 无人攻击机。

美英联军使用了许多新型弹药：英国 "风暴阴影" 防区外空地导弹，具备全天候作战能力和发射后不用管能力，射程超过 200km；美军最大型常规制导炸弹 MO-AB 燃料空气弹，重达 21000 磅；AGM-154 "联合防区外武器" (JSOW)，是由得州仪器公司制造的一种制导炸弹，主要用于攻击静止的飞机、导弹阵地等目标；CBU-105 集束炸弹，是 CBU-97 "传感器引爆武器" 加装 "风力修正弹药撒布器" 后的改进型，主要用于打击坦克和车辆等大型集群运动目标。

2. 空中作战装备的作战运用

（1）防区外精确打击。它是指空中作战平台在敌方防空火力圈外，利用远程空地导弹或制导炸弹等对敌方目标实施攻击。伊拉克战争中，美英联军实施防区外精确打击的目标主要有以下两类。

固定的点目标和面目标。伊拉克高官住宅、政府大楼、军队指挥中心、雷达站、地空导弹阵地、高炮阵地以及机场等大型目标始终是美英联军持续打击的重点。萨达姆及其两个儿子的官邸从开战之日到战争结束反复遭到美英联军的轰炸，政府大楼基本都被摧毁。战争中，美军的猛烈轰炸使伊军战场指挥体系陷入瘫痪，分散部署的作战部队都变成了 "瞎子" 和 "聋子"：雷达被摧毁、电台联络不通、指挥命令无法下达。伊军不得不采取类似于阿富汗战争中塔利班部队所采取的原始办法，利用摩托车送信等方法下达作战命令，其时效性和可靠性就可想而知了。

定点打击单个目标的 "斩首" 行动。这类似于以色列军队对巴勒斯坦激进组织成员采取的 "定点清除" 行动，区别在于以军一般以直升机作为发射平台，而美军则以战斗机作为发射平台。其作战流程：作战中心收到 "可靠情报" 后标示目标位置，然后马上向在空中巡逻的战斗机发布作战命令和目标信息，战斗机接到命令后即赶赴目标空域进行精确打击。

（2）战斗空域临空轰炸。战斗空域临空轰炸是伊拉克战争中的重头戏，其基础是美军占有信息优势和制空权。如果没有制空权，敌方防空导弹和高炮会对己方战斗机形成巨大的威胁，临空轰炸就不可能进行。美军掌握了战场信息优势，伊军一举一动尽在其掌握之中。尽管伊军没有像海湾战争那样把坦克埋在沙堆下，而是分散部署和进行城市防御，但只要一出动，被发现进而被摧毁的命运就无法避免。例如，美军 B-52 向巴格达伊军坦克部队投下 6 枚 CBU-105 集束炸弹，每枚装有 10

个 BLU-108 "斯基特" 灵巧反坦克子弹头，可以同时攻击多个目标，使暴露的伊军坦克部队遭受了灭顶之灾。

（3）低空对地支援轰炸。低空对地支援轰炸是空中力量配合地面部队作战的支援行动，主要是杀伤敌方作战力量，给地面部队的推进扫清障碍。同时，从空中实施打击也是一种比地面遭遇战高效的作战手段，可以在保全自己的同时达成歼敌目的，在战争的中、后期，空中力量主要执行这类任务。强有力的空中支援，为美英联军地面部队实施 "精确闪击战" 提供了可靠的保证。

第三节　信息化杀伤武器

信息化杀伤武器是指在物理空间、信息空间和认知空间战场上，为达到信息化条件下 "硬" 对抗作战目的，所使用的各种 "硬杀伤" 型信息化武器装备。本节重点介绍新概念武器装备和精确制导武器装备的发展趋势和战例应用。

一、新概念武器装备的发展趋势及战例应用

新概念武器是指在工作原理和杀伤机理上有别于传统武器、能大幅度提高作战效能的一类新型武器。这种新型武器在设计思想、系统结构、总体优化、材料应用、工艺制造、部署方式、作战样式、毁伤效果等方面都不同于传统武器，其研究和应用将为未来高科技战争带来革命性的影响和变化。目前，正处于探索和发展中的典型新概念武器，主要有定向能武器、动能武器、声波武器、气象武器、基因武器和计算机病毒武器等。这些新概念武器为武器装备的发展开辟了崭新的领域，在一定程度上代表了未来武器装备的发展方向。

（一）新概念武器装备的发展趋势

信息化武器装备体系的重要成员之一是新概念武器。目前，美国、俄罗斯等正在研制的新既念武器主要有以下三类。

1. 定向能武器

定向能武器主要包括激光武器、微波武器和粒子束武器。当前，美国是激光武器发展总体水平最高的国家，与美国水平最为接近的是俄罗斯，其次还有法、英、德等国。从它们对于激光武器的研发和应用，可看出这类新概念武器有如下发展趋势：机载激光武器被纳入战区弹道导弹助推段防御系统，快速形成携带激光武器作战机群已成为一种趋势；反卫星激光卫星越来越重要，其跟踪与摧毁在轨卫星的高功率光束传输技术已成为研究重点，研发有效摧毁低轨卫星的高能激光武器系统是重要发展方向；战术激光武器将向紧凑化、通用化和普及化的方向迅速发展。微波

武器对于现代战争与作战有重要作用及对未来战争的很好应用前景，决定了它将快速发展并具有以下发展趋势：微波武器将以精确制导武器或无人作战飞机作为优选武器平台，这是因为微波武器很可能作为未来压制敌空袭的最优先战术应用，因此精确制导武器和无人作战飞机必将成为最有效的作战平台；微波武器及其系统的关系器件将继续向小型化、高效率、高功率的方向发展，因为只有这样，才能为微波武器（系统）实用化与运载平台的有机结合奠定坚实基础。目前粒子束武器技术还未成熟，有的还处于探索甚至攻关阶段，预计至 2020 年粒子束武器系统才能投入实战部署。但是，随着对粒子束武器的深入研究、试验和实践，它终将会成为未来空天一体信息化作战的高效进攻/防御武器，作为高速拦截武器，用于对付飞机、导弹和卫星等目标，或用于主动识别中段弹道导弹的真假弹头。

2. 动能武器

动能武器主要包括动能拦截弹和电磁发射武器。它依靠高速运动的弹头或弹头碎片摧毁目标。美国、俄罗斯、英国、法国和以色列等都在发展动能拦截弹。自 20 世纪 30 年代以来，美国已研制出第一代动能拦截弹，正在研制第二代产品，并开始发展第三代技术。电磁发射武器是动能武器中的新秀，是利用电磁能或电热化学能产生推力，使弹丸

电磁炮

或其他有效载荷获得动能的武器，主要包括电热炮和电磁炮。电磁炮与普通火炮相比，具有射速快精度高、射程远动能大、抗电子干扰强、隐蔽性好和毁伤效果好的显著优点。美、英、法等国在此方面居世界前列，特别是美国研发的电磁炮不仅性能好，而且已经投入实践使用。目前，俄罗斯、以色列、德国、日本等都在加紧研发电磁炮。电热炮（ETC）亦称电热化学炮或电热发射器。电热炮研发开始于 20 世纪 80 年代中期，是一种利用电能转换为热能，使推进剂燃烧产生高温、高压气体，发射超高速弹丸的动能武器。电热炮具有弹丸初速高、威力大、射程远、可控射程、反应快等突出特点。美国是世界上最早研发电热炮的国家，并一直处于技术领先地位。电热炮是一种具有强劲发展势头的动能武器，其军事应用前景广阔，可用于天基反导系统、防空系统、反装甲武器、改装常规火炮等。

3. 非致命武器

非致命武器是指为达到使作战人员和武器装备失能并使附带破坏最小化而专门设计的武器系统，又称为失能武器或非杀伤性武器，主要包括超级润滑剂、材料脆化剂、超级腐蚀剂、超级胶黏剂、动力系统熄火弹、激光致盲武器、次生武器、化学失能剂等。非致命武器虽然已经发展了很多门类，但仍然是一个较新的武器种类。一些人对非致命武器存在着认识误区，认为它们并不重要，这种观点是极端错误的。加强这类武器的研究，无论是对于确保国家的安宁，还是用作军事用途，都

有巨大的意义。军事专家预言，未来的十年里，非致命武器将广泛用于战场。

相关链接：
新概念武器综述

（二）新概念武器装备的战例应用（以非致命武器为例）

相对于传统致命武器，非致命武器在减少持久伤害以及附带伤害方面有着无可比拟的优势，可以广泛应用于维和、防暴、反恐行动中。世界各地的军队正在越来越多地寻求非致命武器，以减少使用传统弹药所造成的毁灭性后果。非致命武器可以在一系列的情况下使用，但重要的是，它们很少造成持久的损伤或财产损失。这对于"攻心"战至关重要，因为在这种军事行动中，赢得当地居民的支持是必不可少的。

伊拉克和阿富汗战争的实践表明，未来城市作战环境将异常复杂，士兵与平民混杂一处，难以区分。为了取得胜利并减少附带杀伤，非致命武器可成为美军的主要装备之一，像胡椒喷剂、橡皮子弹、激光致盲器、高功率扩音器或强光灯等均可纳入其范畴。军用非致命武器不仅能在近距离使敌人及其装备暂时失能，还能对可疑人员或车辆实施"非杀伤性远程阻击"（限制其行动能力等），直至判明其身份。五角大楼已组建"联合非致命武器委员会"，负责研究各类非致命武器。在其指导下，美国海军陆战队驻勒吉恩基地的一个连已接受了验证相关装备的任务。此外，美国陆军也列装了能产生强光和巨响的M98非杀伤性榴弹（射程150m），可用于哨所警告、人群驱散等行动。

美国军方对于非致命武器的兴趣不断增长，这种趋势也反映在目前正在为其开发的几种新技术。美国海军陆战队已部署了能够使人精神涣散的光学装置，这是一种可以令人眼花缭乱的激光器。另一种有效的非致命武器部署在军事和执法行动中，这是一种声波冲击装置，该设备工作时可以产生高达150dB的声音，尖锐的声响会让人耳感刺痛，用于驱散人群还可发出清晰的语音信息，用作高音喇叭。

二、精确制导武器装备的发展趋势及战例应用

精确制导技术是指按照一定的规律控制武器的飞行方向、姿态、高度和速度，引导武器系统的战斗部准确打击目标的军事技术的总称。精确制导技术是以微电子技术、计算机技术和光电转换技术为核心，以自动化控制技术为基础发展起来的现代军事高技术。

（一）精确制导武器装备的发展趋势

精确制导武器发展和使用的情况表明，进攻性精确制导武器正在向自主式、发

射后不管方向发展，抗电磁干扰能力逐步增强，制导精度不断提高，防御性精确制导武器将具备全方位保护、分层拦截能力，并且有力地推动着精确制导武器向远程化、系列化、多用途、低成本、智能化方向发展。

1. 继续提高制导精度

美国的制导武器大部分已经采用全球定位系统／惯导制导系统（GPS/INS）进行途中制导，以便全天候、昼夜作战，但是为了达到首发命中，甚至命中目标的薄弱部位，各种精确制导武器都需要继续提高和完善末制导系统。

2. 远程化

美军为适应未来高科技战争的需要，把3500km的纵深区域划入战区范围。为了实现战区纵深精确打击，作为现代战争中空袭主要手段和"杀手"武器的战术弹道导弹、巡航导弹及空地导弹，将增大射程；防御性精确制导武器为实现远距离拦截入侵目标，也将增大射程，致使精确制导武器迅速地向远程化方向发展。战术弹道导弹射程已从500km以内发展到1000km以上，并正在向2500～3000km方向发展；巡航导弹射程正在向3000km远的方向发展；空地导弹射程正在由近程75km增加到100km，并正在向400～600km方向发展；防空导弹射程已从几十千米增大到100km，并正在向1000km发展。

3. 系列化

进入20世纪90年代以来，国际形势发生了重大变化，世界格局呈现多极化和动态变化的态势。各国都纷纷重新调整自己的国际发展战略，武器装备发展系列化的特点更加明显。以防空导弹为例，由于新型导弹的经费高、周期长、风险大，因此美、俄等军事大国在防空导弹领域都选择了"基本型系列化"发展道路，都以一

俄罗斯 C-300 式地空导弹系统

种主战型地空导弹为基本型，如美国重点研制"爱国者"，俄罗斯重点研制 C-300，并在此基础上发展系列化。

4. 低成本

精确制导武器在现代局部战争中扮演了主要角色，从历次战争的使用情况来看，有增加的趋势。未来高技术条件下的局部战争的主要形式是敌对双方利用精确制导武器在陆、海、空、天领域的激烈对抗，战争的持续性和精确制导武器在空袭与反空袭、进攻与防御中密集使用，要求参战的武器装备必须具有一定的规模和数量。要想达到持久性作战的目的，必须想方设法降低精确制导武器的成本，这也与一个国家发展新型武器系统的标准有关，这个标准首先是经济的承受能力，然后是性能，如"战斧"巡航导弹每枚约75万～120万美元，而现在设计研制的"战术战斧"单价为57.5万美元。

5. 智能化

未来战争的战场环境越来越复杂，精确制导武器要在极短的时间内将目标摧毁，仅仅依靠人工引导已不可能，必须使制导武器具有某种人工智能，在陆上能区分出坦克、卡车、火炮等不同目标，在空中能区分不同类型的飞机，在海上能区分不同类型的舰船，如美国已经在论证人工智能的"黄蜂"机载反坦克导弹，这种导弹能在距目标很远的飞机上发射，到目标上空能自动俯视战场，搜索、发现、识别敌坦克，然后各子弹头分散攻击不同的目标并攻击其要害部位和薄弱环节。从目前的情况看，智能化的导弹尚处于概念的论证阶段，有许多技术问题还有待解决。

（二）精确制导武器在科索沃战争中的应用

20 世纪 70 年代，美国防部副部长佩里提出了"发现—打击—摧毁"战略，明确了对 80 年代末美军空袭作战的要求：发现目标即可打击目标，打击目标即可摧毁目标。为实现这一目标，佩里集中力量主攻三种信息化武器装备：F-117A 隐身飞机、"战斧"巡航导弹、各类精确制导弹药。它们的使用价值在海湾战争中初露端倪，到科索沃战争时已经相当成熟了。

对目标进行精确打击，主要是使用两大类精确制导武器：完全自主和发射后不管的武器，如巡航导弹、反辐射导弹、卫星制导炸弹等；具有一定自主能力、发射和投掷后仍需人来直接或间接引导的武器，如激光制导炸弹、集束炸弹、无人机等。

1. 完全自主式武器

完全自主式的武器是指能够发射后不管，可以按照预先设定的攻击路线自主飞行，并对目标进行搜索和打击。达到这种水平的武器，在科索沃战争中主要有 AGM-86C 空射巡航导弹、"战斧"-3 巡航导弹和联合直接攻击弹药等。AGM-86C 是一种全自主、装有常规爆破弹头的空对地攻击巡航导弹，专门用来对软性面目标进行远距离精确打击，射程 2500km，每架 B-52H 战略轰炸机可携带 20 枚。"战斧"-3 巡航导弹的射程为 1600km，采用 GPS/惯导＋数字影像匹配制导技术。制导方式改进后，命中精度提高到 3m 左右，战斗部从原来的 450kg 减到 320kg，科索沃战争中，美海军 6 艘战舰和 3 艘潜艇及英海军的潜艇均发射了这种导弹。"联合直接攻击弹药"（JDAM）是一种在普通炸弹上加装制导部件的组合式武器，采用 GFS/惯性导航系统，命中精度比较高。一般情况下，载机在 6000m 高空、24km 距离上投放，即使是在有浓雾的恶劣气象条件下其圆概率误差为 13m，实际命中多在 6m 左右。JDAM 的配装弹药包括 450kg 级和 900kg 级的普通炸弹，以及 450kg 级的战术弹药撒布器。其单价仅 18000 美元，效费比很高，将成为今后美军空袭作战的首选攻击武器。

2. 人工干预式武器

人工干预式武器本身具有一定的无人化、智能化功能，但仍需人工干预。在科索沃战争中，主要使用了 AGM-130、ACM-142、"斯拉姆"空地导弹、无人机等，大多是通过数据链人工干预。

AGM-130 是一种电视或红外制导的空地导弹，装有 GPS/ 惯性导航系统，由 F-I5E 投掷。可自行攻击目标，也可防区外发射，通过数据链更新目标数据，进行人工干预。"斯拉姆"是美海军研制的第四代远程空地导弹。海湾战争中，曾首次用于实战验证，效果惊人。在对伊拉克水电站的攻击中创造了一个奇迹：第一枚导弹把发电站墙壁炸开一个 10m 的大洞，紧接着，第二枚导弹就从这个大洞中穿越进去，炸毁了室内的发电机组。"斯拉姆"导弹采取了"人在回路中"制导方式，即把飞行员与导弹形成一个闭环式控制系统，人通过计算机对飞行中的导弹进行遥控，像玩电子游戏那样把导弹引导到目标区域，然后再选取命中点对要害处进行打击。显然，在这种作战方式中，人的作用依然是主要的，勇敢顽强、临场处置能力、心理素质和技术水平等都很重要。但也有一个明显的缺点，即飞行员在引导过程中需要保持低速、低空和减少机动，因而给敌人提供了一个打击的机会。

"斯拉姆"导弹

海湾战争中，美陆、海军主要是用无人机进行火炮射击的校正。随着智能控制技术的发展，科索沃战争中无人机的运用又上了一个台阶，主要进行战场侦察监视，对轰炸后的目标进行低空照相、摄像和效果评估，参战数量大并发挥了重要作用。

3. 融合人与武器的智能化作战

无人机和巡航导弹等大量投放战场，不仅证明了信息化战争形态的演变，而且预示着无人化和机器人作战的时代已经来临。这种全新的作战样式对传统的人与武器关系产生了挑战。

信息化战争中，全新的信息化武器装备采取了自主式作战的方式，如巡航导弹，精确的目标方位外形、红外及电磁等特征信息，全部在发射前预置到导弹的计算机中；同时，作战人员还选取了一条经过优化的进攻路线，并把路线的方位高度信息预置到导弹中；再把上述所有信息进行计算机编程，为巡航导弹设计出一个作战流程，导弹发射后就会自动沿着预定航线飞行，到达目标区域后也会自动寻找、打击预定目标。而战术导弹和卫星制导炸弹的使用程序还要简单得多，只要预先给出预定攻击目标的 GPS 定位信息或目标的外形特征、电磁频谱等信息，飞行员在最大射程上将导弹或炸弹发射投掷出去，就可以撒手不管了，他与发射后的导弹和炸弹不再存在什么关联，所以自身安全有了保证。

智能化作战中，武器的控制来自计算机中预置的程序和精确的目标信息，所有这些数据都与战斗员基本无关，而是由后方的专家们预置的。专家们又从哪里得到数据呢？他们后面又有成百上千的情报人员和保障人员。所谓"千人一杆枪"就是一个最形象的比喻。与传统武器相比，智能化武器还有一个最大的特点，即便落入敌手其也无法使用，因为硬件的使用受软件控制，而弹载计算机的控制软件异常复杂，难以破译和更改。

思考题

1. 信息化装备的内涵是什么？
2. 信息化作战平台包括哪些内容？
3. 信息化作战平台的发展趋势是什么？
4. 新概念武器主要包括哪些内容？
5. 精确制导武器的发展趋势是什么？

下篇 技能训练

第六章　共同条令教育与训练

 教学目标

了解中国人民解放军三大条令的主要内容，掌握队列动作的基本要领，养成良好的军事素养，增强组织纪律观念，培养学生令行禁止、团结奋进、顽强拼搏的过硬作风。

 军事讲坛

卒未亲附而罚之，则不服，不服则难用也。卒已亲附而罚不行，则不可用也。故令之以文，齐之以武，是谓必取。令素行以教其民，则民服；令不素行以教其民，则民不服。令素行者，与众相得也。

——孙子

【译文】士卒尚未亲附就贸然处罚士卒，那士卒一定不服，不服就很难调用。士卒已经亲附，但不执行法纪，仍旧无法调用。所以，要施加恩德使他们归心，严明法纪使他们行为整肃，这才能成为必胜之军。平素能认真执行命令、教育士卒，士卒就能养成服从的习惯；平素不认真执行命令、教育士卒，士卒就会养成不服从的习惯。命令能贯彻执行下去的，是将帅与士卒之间关系融洽的表现。

第一节　共同条令教育

一、军队颁布共同条令的意义

中国人民解放军的共同条令，即《中国人民解放军内务条令》（以下简称《内

务条令》)、《中国人民解放军纪律条令》(以下简称《纪律条令》)、《中国人民解放军队列条令》(以下简称《队列条令》),人们习惯把它们称为三大条令,也被统称为"共同条令"。

我军三大条令从 20 世纪 50 年代到 90 年代共修订和颁发 8 次,内容也日渐完善。进入 21 世纪,根据中央军委的决定,我军于 2002 年对《内务条令》《纪律条令》作了局部修改,于 2010 年再次对《内务条令》《纪律条令》《队列条令》作了全面修改。2018 年 4 月,中央军委主席习近平签署命令,发布新修订的《中国人民解放军内务条令(试行)》(以下简称《内务条令(试行)》)、《中国人民解放军纪律条令(试行)》(以下简称《纪律条令(试行)》)、《中国人民解放军队列条令(试行)》(以下简称《队列条令(试行)》),自 2018 年 5 月 1 日起施行。

新修订的共同条令,全面贯彻习近平强军思想,坚持党对人民军队的绝对领导,全面深入贯彻军委主席负责制,贯彻新形势下军事战略方针,坚持"五个更加注重"战略指导,适应"军委管总、战区主战、军种主建"新格局,把全面从严治军要求体现在条令的各个方面,增强了时代性、科学性、精准性和操作性,是新时代军队正规化建设的基本法规和全体军人共同遵守的行为准则。新修订的共同条令颁布施行,对在新的历史起点上坚定不移走中国特色强军之路,全面推进国防和军队现代化,实现党在新时代的强军目标、把人民军队全面建成世界一流军队具有重要意义。

相关链接:
"新标准"上线!我军共同条令修订颁布

二、新修订的共同条令的指导思想和原则

新修订的共同条令,坚持以习近平新时代中国特色社会主义思想为指导,全面贯彻习近平强军思想,坚持党对军队绝对领导的根本原则和制度,全面深入贯彻军委主席负责制,贯彻新形势下军事战略方针,贯彻全面从严治军要求,适应时代之变、改革之变、战争之变,着眼实现党在新时代的强军目标、全面建成世界一流军队,着力固化党的军事指导理论最新成果、深化国防和军队改革全新成果、正风肃纪制度机制创新成果,使新一代共同条令成为高举旗帜、维护核心的条令,成为全面从严治军、转变治军方式的条令,成为解决突出矛盾、回应官兵关切、具有时代特色、便于操作执行的条令。

修订工作主要把握六条原则:一是坚持根本遵循。把习近平强军思想作为条令修订的"魂"和"纲",通篇贯穿、充分体现。二是聚焦备战打仗。突出体现军队备战打仗主责主业,作为条令修订的根本出发点和着力点。三是适应改革之变。对部队反映的重大现实问题集智攻关,确保新条令跟上军队改革发展步伐。四是瞄准

世界一流。系统研究梳理我军优良传统和外军相关法规，在比较借鉴中实现超越。五是坚持全面从严。落实严字当头、一严到底的治军要求，进一步编实扎紧制度规矩。六是力求通用管用。既强化条令共性，又兼顾军兵种个性特色。

三、新修订的共同条令简介

（一）《内务条令（试行）》简介

《内务条令（试行）》是全军建立和维护良好的内外关系以及正规的内部秩序，履行职责，培养优良作风和进行行政管理的依据。

新修订的《内务条令（试行）》，于 2018 年 3 月 22 日中央军委常务会议通过，自 2018 年 5 月 1 日起施行。该条令共有总则，军人宣誓，军人职责，内部关系，礼节，军人着装，军容风纪，与军外人员的交往，作息，日常制度，日常战备，军事训练和野营管理，日常管理，国旗、军旗、军徽的使用管理和国歌、军歌的奏唱以及附则 15 章 325 条；并有中国人民解放军军旗式样、中国人民解放军军徽式样、中国人民解放军军歌、报告词示例、军服的配套穿着和标志服饰的佩带、标志服饰的缀钉方法、宿舍物品放置方法、基层单位要事日记式样、外出证式样、军人发型示例 10 项附录。

> **军海泛舟**
>
> 军人宣誓，是军人对自己肩负的神圣职责和光荣使命的承诺和保证。公民入伍后，必须进行军人宣誓，宣誓的基本要求：宣誓时间不迟于入伍（入校）后 90 日；宣誓前，部（分）队首长应当对宣誓人进行中国人民解放军性质、宗旨、任务和军人使命等教育。宣誓必须庄重严肃，着装整齐。宣誓地点通常选择在具有教育意义的场所。旅（团）级以上单位组织宣誓时，通常举行迎军旗和送军旗仪式；宣誓可以结合授衔、授装进行；宣誓结束后，宣誓人应当在所在单位的宣誓名册上签名；宣誓名册按照规定存档。军人誓词如下："我是中国人民解放军军人，我宣誓：服从中国共产党的领导，全心全意为人民服务，服从命令，忠于职守，严守纪律，保守秘密，英勇顽强，不怕牺牲，苦练杀敌本领，时刻准备战斗，绝不叛离军队，誓死保卫祖国。"

新修订的《内务条令（试行）》，明确了内务建设的指导思想和原则，坚持政治建军、改革强军、科技兴军、依法治军，聚焦备战打仗，着眼新体制新要求，调整规范军队单位称谓和军人职责，充实日常战备、实战化军事训练管理内容要求；着眼从严管理科学管理，修改移动电话和互联网使用管理、公车使用、军容风纪、军旗使用管理、人员管理等方面规定，新增军人网络购物、新媒体使用等行为规范；着眼保障官兵权益，调整休假安排、人员外出比例和留营住宿等规定，新增训练伤防护、军人疗养、心理咨询等方面要求。

相关链接：

《中国人民解放军内务条令（试行）》

（二）《纪律条令（试行）》简介

《纪律条令（试行）》是规定军队纪律的条令，是全军维护和巩固纪律的依据。

新修订的《纪律条令（试行）》，于2018年3月22日中央军委常务会议通过，自2018年5月1日起施行。该条令共有总则，纪律的主要内容，奖励，表彰，纪念章，处分，特殊措施，控告和申诉，首长责任和纪律监察，附则10章262条；并有三大纪律、八项注意，个人奖励登记（报告）表，单位奖励登记（报告）表，处分登记（报告）表，行政看管审批表，行政看管登记表，士官留用察看审批表，控告、申诉登记表8项附录。

新修订的《纪律条令（试行）》，围绕听党指挥、备战打仗和全面从严治军，提出了政治纪律、组织纪律、作战纪律、训练纪律、工作纪律、保密纪律、廉洁纪律、财经纪律、群众纪律、生活纪律10个方面纪律的内容要求；充实思想政治建设、实战化训练、执行重大任务、科技创新等奖励条件；新增表彰管理规范，对表彰项目、审批权限、时机等作出规范，同时取消表彰与奖励挂钩的相应条款；充实违反政治纪律、违规选人用人、降低战备质量标准、训风演风考风不正、重大决策失误、监督执纪不力等处分条件；调整奖惩项目设置、奖惩权限和承办部门，增加奖惩特殊情形的处理原则和规定。

相关链接：

《中国人民解放军纪律条令（试行）》

（三）《队列条令（试行）》简介

《队列条令（试行）》是规定部队和单个军人队列动作的条令，是全军队列训练和队列生活的依据。

新修订的《队列条令（试行）》，于2018年3月22日中央军委常务会议通过，自2018年5月1日起施行。该条令共有总则，队列指挥，队列队形，单个军人的队列动作，分队、部队的队列动作，分队乘坐交通工具，国旗的掌持、升降和军旗的掌持、授予与迎送，阅兵，仪式，附则10章89条；并肯队列口令的分类、下达的基本要领和呼号的节奏，队列指挥位置示例，标兵旗的规格，符号4项附录。

新修订的《队列条令（试行）》，着眼进一步激励官兵士气、展示我军良好形象、激发爱国爱军热情，新增誓师、组建、凯旋、迎接烈士等 14 种仪式，规范完善各类仪式的时机、场合、程序和要求；调整细化阅兵活动的组织程序、方队队形、动作要领；调整队列生活的基准单位和武器装备操持规范，统一营门卫兵执勤动作等内容。

相关链接：
《中国人民解放军队列条令（试行）》

第二节 分队的队列动作

分队的队列动作分为集合、离散，整齐、报数，出列、入列、行进、停止，方向变换等内容。通过队列动作的学习，养成良好的组织纪律观念、积极协作的意识和令行禁止的战斗作风。

一、集合、离散

（一）集合

集合，是使单个军人、分队、部队按照规范队形聚集起来的一种队列动作。

集合时，指挥员应当先发出预告或者信号，如"全连注意"或者"×排注意"，然后，站在预定队形的中央前，面向预定队形成立正姿势，下达"成××队——集合"的口令。所属人员听到预告或者信号，原地面向指挥员成立正姿势；听到口令，跑步到指定位置面向指挥员集合（在指挥员后侧的人员，应当从指挥员右侧绕过），自行对正、看齐，成立正姿势。

1. 班集合

口令：成班横队（二列横队）——集合。

要领：基准兵迅速到班长左前方适当位置，成立正姿势；其他士兵以基准兵为准，依次向左排列，自行看齐。

成班二列横队时，单数士兵在前，双数士兵在后。

口令：成班纵队（二路纵队）——集合。

要领：基准兵迅速到班长前方适当位置，成立正姿势；其他士兵以基准兵为准，依次向后排列，自行对正。

成班二路纵队时，单数士兵在左，双数士兵在右。

2. 排集合

口令：成排横队——集合。

要领：基准班在指挥员前方适当位置，成班横队迅速站好；其他班成班横队，以基准班为准，依次向后排列，自行对正、看齐。

口令：成排纵队——集合。

要领：基准班在指挥员右前方适当位置，成班纵队迅速站好；其他班成班纵队，以基准班为准，依次向右排列，自行对正、看齐。

3. 连集合

口令：成连横队——集合。

要领：队列内的连指挥员或者基准排，在指挥员左前方适当位置，成横队迅速站好；各排和连部成横队，以连指挥员或者基准排为准，依次向左排列，自行对正、看齐。

口令：成连纵队——集合。

要领：队列内的连指挥员或者基准排，在指挥员前方适当位置，成纵队迅速站好；各排和连部成纵队，以连指挥员或者基准排为准，依次向后排列，自行对正、看齐。

口令：成连并列纵队——集合。

要领：队列内的连指挥员或者基准排，在指挥员左前方适当位置，成纵队迅速站好；各排和连部成纵队，以连指挥员或者基准排为准，依次向左排列，自行对正、看齐。

4. 营集合

营集合，通常规定集合的时间、地点、方向、队形、基准分队以及应当携带的武器、器材和装具等事项。

各连按照规定，由连队值班员整队带往营的集合地点，随即向基准分队取齐，然后，跑步到距主持集合的营值班员5～7步处报告人数，营值班员整队后，向营首长报告人数；也可以由连首长整队带往集合地点，直接向营首长报告。例如，"营长同志，×连应到××名，实到××名，请指示。"

营长以口令指挥集合时，参照"（一）集合"的有关规定实施。

5. 旅集合

旅集合，参照营集合的规定实施。

（二）离散

离散，是使列队的单个军人、分队、部队各自离开原队列位置的一种队列动作。

1. 离开

口令：各营（连、排、班）带开（带回）。

要领：队列中的各营（连、排、班）指挥员带领本队迅速离开原列队位置。

2. 解散

口令：解散。

要领：队列人员迅速离开原列队位置。

二、整齐、报数

（一）整齐

整齐，是使列队人员按照规定的间隔、距离，保持行、列平齐的一种队列动作。整齐分为向右（左）看齐和向中看齐。

口令：向右（左）看——齐。

向前——看。

向右看齐

要领：基准兵不动，其他士兵向右（左）转头（持枪时，听到预令，迅速将枪稍提起，看齐后自行放下；持 120 反坦克火箭筒时，听到预令，左手握提把，右手握握把，提起发射筒，看齐后自行放下），眼睛看右（左）邻士兵腮部，前四名能通视基准兵，自第五名起，以能通视到本人以右（左）第三人为度；后列人员，先向前对正，后向右（左）看齐；听到"向前——看"的口令，迅速将头转正，恢复立正姿势。

口令：以 ××× 为准，向中看——齐。

向前——看。

要领：当指挥员指定"以 ××× 为准（或者以第 × 名为准）"时，基准兵答"到"，同时左手握拳高举，大臂前伸与肩略平，小臂垂直举起，拳心向右；听到"向中看——齐"的口令后，其他士兵按照向左（右）看齐的要领实施；听到"向前——看"的口令后，基准兵迅速将手放下，其他士兵迅速将头转正，恢复立正姿势。

一路纵队看齐时，可以下达"向前——对正"的口令。

（二）报数

口令：报数。

要领：横队从右至左（纵队由前向后）依次以短促洪亮的声音转头（纵队向左转头）报数，最后一名不转头；数列横队时，后列最后一名报"满伍"或者"缺 × 名"；连集合时，由指挥员下达"各排报数"的口令，各排长在队列内向指挥员报告人数，如"第 × 排到齐"或者"第 × 排实到 ×× 名"。

报数

必要时，连也可以统一报数。

要领：连实施统一报数时，各排不留间隔，要补齐，成临时编组的横队队形。报数前，连指挥员先发出"看齐时，以一排长为准，全连补齐"的预告，尔后下达"向右看——齐"口令，待全连看齐后，再下达"向前——看"和"报数"的口令，报数从一排长开始，后列最后一名报"满伍"或者"缺 × 名"。

三、出列、入列

单个军人和分队出列、入列，通常用跑步，5 步以内用齐步，1 步用正步，或者按照指挥员指定的步法执行；然后，进到指挥员右前侧适当位置或者指定位置，面向指挥员成立正姿势。

（一）单个军人出列、入列

1. 出列

口令：× × ×（或者第 × 名），出列。

要领：出列军人听到呼点自己姓名或者序号后应当答"到"，听到"出列"的口令后，应当答"是"。

出列

（1）位于第一列（左路）的军人，按照本条上述规定，取捷径出列。

（2）位于中列（路）的军人，向后（左）转，待后列（左路）同序号的军人向右后退 1 步（左后退 1 步）让出缺口后，按照本条的上述规定从队尾（纵队时从左侧）出列；位于"缺口"位置的军人，待出列军人出列后，即复原位。

（3）位于最后一列（右路）的军人出列，先退 1 步（右跨 1 步），然后，按照本条有关规定从队尾出列。

2. 入列

口令：入列。

要领：听到"入列"口令后，应当答"是"，然后，按照出列的相反程序入列。

（二）班（排）出列、入列

1. 出列

口令：第 × 班（排），出列。

要领：听到"第 × 班（排）"的口令后，由出列班（排）的指挥员答"到"，听到"出列"的口令后，由出列班（排）的指挥员答"是"，并用口令指挥本班（排），按照本条的有关规定，以纵队形式从队尾（位于第一列的班取捷径）出列。

2. 入列

口令：入列。

要领：听到"入列"的口令后，由入列班（排）指挥员答"是"，并用口令指挥本班（排），以纵队形式从队尾（位于第一列的班取捷径）入列。

四、行进、停止

横队和并列纵队行进以右翼为基准，纵队行进以左翼为基准（一路纵队行进以先头为基准）。

（一）行进

指挥员应当下达"× 步——走"的口令。听到口令，基准兵向正前方前进，其他士兵向基准翼标齐，保持规定的间隔、距离行进。纵队行进时，排、连通常成三路纵队，也可以成一、二路纵队。行进中，需要时，用"一二一"（调整步伐的口令）、"一二三四"（呼号）或者唱队列歌曲，以保持步伐的整齐和振奋士气。

（二）停止

指挥员应当下达"立——定"的口令。听到口令，按照立定的要领实施，分队的动作要整齐一致；停止后，听到"稍息"的口令，先自行对正、看齐，再稍息。

五、方向变换

方向变换，是改变队列面对的方向的一种队列动作。

（一）横队和并列纵队方向变换

停止间，通常是左（右）转弯或者左（右）后转弯，必要时可以向后转。

停止间口令：左（右）转弯，齐（跑）步——走，或者左（右）后转弯，齐（跑）步——走；向后——转，齐（跑）步——走（当需要向后转走时，应当先下"向后——转"的口令，待方向变换后，再下"齐步——走"或者"跑步——走"的口令）。

行进间口令：左（右）转弯——走，或者左（右）后转弯——走。

要领：一列横队方向变换时，轴翼士兵踏步，并逐渐向左（右）转动；外翼第一名士兵用大步行进并同相邻士兵动作协调，逐步变换方向（愈接近轴翼者，其步幅愈小），其他士兵用眼睛的余光向外翼取齐，并保持规定的间隔和排面整齐，转到90°或者180°时踏步并取齐，听口令前进或者停止。

数列横队和并列纵队方向变换时，第一列轴翼士兵停止间用踏步、行进间用小步，外翼士兵用大步行进，保持排面整齐，边行进边变换方向，转到90°或者180°后，听口令前进或者停止；后续各列按照上述要领，保持间隔、距离，取捷径进到前一列转弯处，转向新方向跟进。

（二）纵队方向变换

停止间，通常是左（右）转弯，或者左（右）后转弯，必要时可以向后转。

停止间口令：左（右）转弯，齐（跑）步——走，或者左（右）后转弯，齐（跑）步——走；向后——转，齐（跑）步——走（按照横队和并列纵队向后转走的方法实施）。

行进间口令：左（右）转弯——走，或者左（右）后转弯——走。

要领：一路纵队方向变换，基准兵在左（右）转弯时，按照单个军人行进间转法（停止间，左转弯走时，左脚先向前1步）的要领实施，在左（右）后转弯时，用小步边行进边变换方向，转到90°或者180°后，照直前进；其他士兵逐次进到基准兵的转弯处，转向新方向跟进。

数路纵队方向变换时，按照数列横队和并列纵队方向变换的要领实施。

思考题

1. 新修订的共同条令包括哪些内容？
2. 分队的队列动作包括哪些内容？
3. 集合、离散的动作要领是什么？
4. 出列、入列的动作要领是什么？
5. 行进、停止的动作要领是什么？

第七章 射击与战术训练

 **教学目标**

　　了解轻武器的战斗性能，掌握射击动作要领，进行体会射击；学会单兵战术基础动作，了解战斗班组攻防的基本动作和战术原则，培养学生良好的战斗素养。

 **军事讲坛**

　　夫故善用兵者，屈人之兵而非战也，拔人之城而非攻也，毁人之国而非久也，必以全争于天下，故兵不顿，而利可全，此谋攻之法也。

——孙子

　　【译文】善于用兵打仗的人，能使敌人屈服而不依靠对垒交兵，拔取敌人的城邑而不依靠强攻，毁灭敌人的国家而不必旷日持久，一定要用全胜之策去与列国诸侯争胜于天下，只有这样，才能既使兵力不受顿挫而又可以取得圆满胜利，这就是以谋略攻敌的法则。

第一节　轻武器射击

　　本节重点介绍81式自动步枪、95式自动步枪的基本常识、射击原理、操作方法及保养。

一、轻武器性能、构造与保养

（一）81-1式自动步枪

　　81-1式自动步枪1981年设计定型，1985年开始装备部队，是一种近距离消灭敌人的自动武器。它既可对 400m 距离内的单个人员目标实施有效射击，也可集中火力射击 500m 距离内的集团目标，弹头飞行至 1500m 处仍有杀伤力。该枪使用 7.62mm 的子弹，既可进行半自动射击（打单发），又可进行自动射击（打

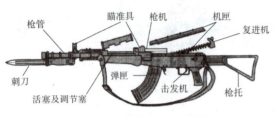

81-1 式自动步枪十大部件

连发），还可发射枪榴弹。弹匣可装 30 发子弹，当弹匣的最后一发子弹发射出去时，滑机退回到后面挂机。该武器在 100m 距离上，使用 56 式普通子弹，可穿透 6mm 的钢板、15cm 厚的砖墙、30cm 厚的土层或 40cm 厚的木板。

81-1 式自动步枪主要由十大部件组成，即刺刀、枪管、瞄准具、活塞及调节塞、机匣、枪机、复进机、击发机、弹匣和枪托。另有一套附品：擦拭杆、铣子、鬃刷、附品盒、通条、油壶、背带和弹匣袋等。

（二）95 式自动步枪

95 式自动步枪

95 式自动步枪的全称是 1995 年式 5.8mm 自动步枪。它是我国自行研制的新一代 5.8mm 班用枪族的武器之一，它与所用的弹药、瞄准镜、刺刀及下挂式榴弹发射器构成武器系统。于 1997 年正式装备驻港部队。采用了无托结构，具有长度短、重量轻、射击精度好、造型美观，便于操作等特点。

95 式自动步枪的口径为 5.8mm，全枪长为 746mm，全枪重为 3.3kg，弹匣容量为 30 发，有效射程为 400m，表尺射程为 500m，初速为 930m/s，理论射速为每分钟 650 发，直射距离为 370m，单发射每分钟 40 发，连发射每分钟 100 发。

（三）自动原理

扣动枪的扳机，击锤打击击针，撞击子弹底火，使起爆药发火，火焰通过导火孔引燃发射药，产生大量火药气体，在膛内形成很大压力，迫使弹头脱离弹壳，沿膛线旋转加速前进，弹丸一经过导气孔，火药气体便涌入导气箍，冲击活塞，推动推杆，使枪机向后压缩复进簧，完成开锁、抛壳，并使击锤成待发状态；枪机退到后方时，由于复进簧的伸张，使枪机向后运动，推送下一发子弹上膛、闭锁；自动步枪（冲锋枪）射击时，如保险机定在连发位置，扳机未松开，击发阻铁不能卡住击锤，击锤再次打击击针，形成连发；如保险机定在单发位置，击锤被阻铁卡住不能向前，若再次发射，必须松开扳机，再扣扳机。

二、简易射击学理

（一）发射与后坐

1. 发射

火药燃气压力将弹头从膛内推送出枪管的现象叫发射。

击针撞击子弹底火，使起爆药发火，火焰通过导火孔引燃发射药，产生大量火药气体，在膛内形成很大的压力，迫使弹头脱离弹壳，沿膛线旋转加速前进，直到推出枪口。发射的过程时间极短促，现象却很复杂，整个过程可分为四个阶段。

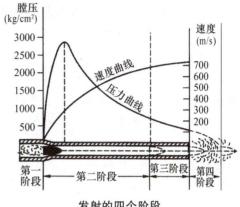

发射的四个阶段

第一阶段（准备阶段）：由发射药开始燃烧起至弹头开始运动时止。在此阶段，发射药在密闭的固定容积内（弹壳内）燃烧产生气体，气体逐渐增加，从而使压力逐渐增大，当气体压力足以克服弹头运动阻力（弹壳口对弹头的摩擦力及阻止弹头嵌入膛线的抗力）时，弹头即从静止转为运动，脱离弹壳，嵌入膛线。弹头完全进入膛线所需要的气体压力，称为起动压力。各种枪的起动压力为 $250 \sim 500 kg/cm^2$。

第二阶段（基本阶段）：自弹头开始运动到发射药燃烧完为止。在此阶段内，发射药在迅速变化的容积内燃烧，膛内压力随气体的增加迅速加大，弹头运动速度随之加快。当弹头在膛内前进 $6 \sim 8 cm$ 时，膛内的压力最大，此压力称为膛压。各种枪的最大膛压为 $1400 \sim 3400 kg/cm^2$。由于弹头加速前进，弹头后面的空间迅速扩大，扩大的速度超过了气体增加的速度，因而压力开始下降。但到发射药燃烧完毕时，火药气体仍保持一定的压力，而弹头的速度随着火药气体对弹头作用时间的增长还在不断增加，使弹头继续加速前进。

第三阶段（气体膨胀阶段）：从发射药燃烧完到弹头底部脱离枪口前切面时止。在此阶段内，弹头是在高压灼热气体膨胀作用下运动的。虽然没有新的火药气体产生，但原有的气体仍储有大量的能量，继续做功使弹头加速运动，直到脱离枪口。弹头脱离枪口瞬间的气体压力，称为枪口压力。各种枪的枪口压力为 $200 \sim 600 kg/cm^2$。

第四阶段（火药气体作用的最后阶段）：弹头底部脱离枪口前切面时起到火药气体停止对弹头作用时止。弹头飞离枪口时，火药气体形成一股气流，从膛内喷出，其速度比弹头的速度大得多。因此，在距枪口一定距离上（各种枪为 $5 \sim 50 cm$），火药气体仍继续对弹头底部施加压力，并加大弹头的运动速度，直到火药气体压力与空气阻力相等时为止。此时，弹头飞行的速度最大。

从发射的四个阶段可知，膛压的变化规律是：从小急剧增大，尔后逐渐下降。弹头速度的变化规律是：由静到动、由慢到快，始终是加速运动。

2. 后坐

发射时武器向后运动的现象叫后坐。发射药燃烧时，产生的气体同时作用于各个方向，作用于膛壁周围的压力为膛壁所抵消；向前作用于弹头后部的压力推送弹头前进；向后作用于弹壳底部的压力经过枪机传给整个武器，使武器向后运动，形成后坐。

后坐对单发（连发首发）射击的影响极小。射手感觉到的后坐，主要是人体缓冲枪身已获得的速度引起的。后坐对连发射击的命中有一定的影响，因为连发射击时，第一发子弹发射后，由于枪的明显后坐变动了原来的瞄准线，所以对第二发以后的射弹命中有一定的影响。但只要射手握枪要领准确，适应连发武器射击时的后坐规律，就能减小后坐对连发命中的影响。

（二）弹道及其实用意义

弹头运动中，其重心所经过的路线叫弹道。

弹头脱离枪口后，如果没有重力和空气阻力的作用，它将保持其获得的速度，沿着发射线无止境地匀速飞行。实际上弹头脱离枪口在空气中飞行时，同时受到重力和空气阻力的作用，使弹道不能成为一条直线。

弹道的基本要素包括以下方面：①起点：枪口中心点（外弹道开始点）；②枪口水平面：通过起点的水平面；③射线：发射前枪轴线的延长线；④射角：射线与枪口水平面所夹的角；⑤发射线：发射瞬间枪轴线的延长线；⑥发射角：发射线与枪口水平面所夹的角；⑦发射差角：射线与发射线所夹的角；⑧升弧：由起点到弹道最高点的弹道；⑨降弧：由弹道最高点到落点的弹道；⑩弹道高：弹道上任何一点到枪口水平面的垂直距离；⑪最大弹道高：弹道最高点到枪口水平面的垂直距离；⑫射程：起点到落点的水平距离；⑬落角：落点的弹道切线与枪口水平面的夹角；⑭弹道切线：与弹道弧线任何一点相切的直线；⑮落点：弹道降弧终止的点（外弹道结束点）。

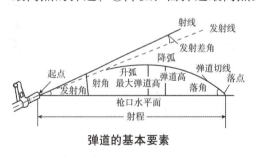

弹道的基本要素

弹道的实用意义涉及危险界、遮蔽界和死角等问题。懂得了危险界、遮蔽界和死角，在战斗中就能更好地隐蔽身体、发扬火力，灵活地运用地形地物，隐蔽地运动、集结和转移，以避开或尽量减少敌火力的杀伤，在组织火力配系时就能正确地选择射击位置和组织火力，千方百计地增大危险界和减少射击地带内的遮蔽界与死角，并善于运用弯曲弹道和各种武器的侧射、斜射火力消灭隐蔽在遮蔽界和死角内的敌人。

军海泛舟

从弹头不能射穿的遮蔽物顶端到弹着点的一段距离，叫遮蔽界。目标在遮蔽界内不会被杀伤的一段距离，叫作死角。遮蔽界内包括死角和危险界。遮蔽界和死角的大小是由遮蔽物的高低和落角的大小决定的。死角的大小还决定于目标的高低。同一弹道，同一目标，遮蔽物越高，遮蔽界和死角就越大；反之越小。同一遮蔽物，同一目标，落角越小，遮蔽界和死角就越大；反之越小。同一遮蔽物，同一弹道，目标越高，死角越小；反之越大。

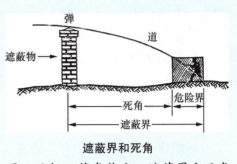

遮蔽界和死角

（三）表尺分划和瞄准点

由于重力和空气阻力的作用，如果用枪管瞄向目标射击，射弹就会打低或打近。为了命中目标，必须将枪口抬高，使枪轴线和瞄准线之间形成一定的夹角，即瞄准角。

瞄准角的大小，是根据射弹在不同距离上的降落量来确定的。距离越远，所需要的瞄准角越大；距离越近，降落量越小，所需要的瞄准角也就越小。瞄准具就是根据这一原理设计制成的。

可见，瞄准具的作用就是对一定距离上的目标射击时，赋予武器相应的瞄准角和射向。射击时，只要按照目标的距离装（选）定表尺分划瞄准射击，就能命中目标。

1. 瞄准要素

瞄准通常包括以下要素：①瞄准基线：缺口的上沿中央到准星尖的直线；②瞄准线：视线通过缺口上沿和准星尖的延长线；③瞄准点：瞄准线所指向的一点；④瞄准角：射线与瞄准线的夹角；⑤高低角：瞄准线与枪口水平面的夹角（目标高于枪口水平面时，高低角为"+"；目标低于枪口水平面时，高低角为"-"）；⑥瞄准线弹道高：弹道上的任何一点到瞄准线的垂直距离；⑦落点：弹道降弧与瞄准线的交点；⑧弹着点：弹道与目标表面或地面的交点；⑨命中角：弹着点的弹道切线与目标表面或地面所夹的角，命中角通常以小于90°的角计算；⑩表尺距离：起点到落点的距离；⑪实际射击距离：起点到弹着点的距离；⑫枪口水平面：通过起点的水平面。

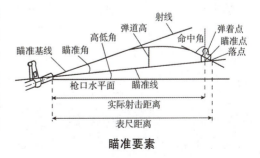

瞄准要素

2. 选定表尺分划和瞄准点

为了使射弹更准确地命中目标，射击时，射手应根据目标距离、大小和武器的弹道高，正确地选定表尺分划和瞄准点。

（1）定实距离表尺分划，瞄目标中央。

目标距离为百米整数时，可根据目标的距离装定相应的表尺分划，瞄准点选在目标中央。如自动步枪对100m距离人胸靶射击时，定表尺"1"，瞄准目标中央射击，即可命中目标中央。

（2）定大于或小于实距离表尺分划，适当降低或提高瞄准点。

目标距离不是百米整数时，通常选定大于实距离表尺分划，根据武器和该距离上的弹道高，相应降低瞄准点射击。如冲锋枪在250m距离上对人胸目标射击时，定表尺"3"，在250m处的弹道高为19cm，这时，瞄准目标下沿中央射击，即可命中目标中央。

（3）定常用表尺分划，小目标瞄下沿，大目标瞄中央。

对300m距离以内的目标射击时，通常定常用表尺（表尺"3"）分划，小目标瞄下沿，大目标瞄中央射击。

（四）外界条件对射击的影响及修正

1. 风对射击的影响及修正

风是一种具有速度和方向的气流，它能改变射弹的飞行方向和距离。在各种外界条件下，风对射弹的飞行影响最大。因此，必须准确地判定风向和风力，根据风对射弹的影响进行修正，以保证射弹准确命中目标。

（1）风向和风力的判定。

按风吹的方向和射击方向所形成的角度可将风分为横风、斜风和纵风。横风是指从左或右与射向成90°角的风。斜风是指与射向成锐角的风。纵风是指从后或前与射向平行吹来的风。射击时，通常以射向成45°角的风计算。风与射向成60°角时，可按横风计算；小于30°角时可按纵风计算。顺射向吹来的风为顺风；逆射向吹来的风为逆风。

在气象上把风划分为12个等级，在军事上为了便于区分和应用，按风力的大小将风划分为强风、和风和弱风三种。风力的大小，可用测风仪测出，也可根据人的感觉和常见物体被风吹动的情况来判定。

为了便于记忆，对风力的判定，可以和风为基准风归纳成如下口诀：迎风能睁眼，耳听呼声响，炊烟成斜角，草弯树枝摇，海面起轻浪，旗帜迎风飘，强风比它大，弱风比它小。

（2）风对射弹的影响及修正。

横（斜）风能对弹头的侧面施以压力，使射弹偏向一侧，产生方向偏差（斜风还能使射弹产生距离偏差，因偏差很小，故不考虑）。风力越大，距离越大，偏差也就越大。风从左吹来，射弹偏右；风从右吹来，射弹偏左。为了便于记忆，修正量（人体）可归纳为：距离200m，修1/4人体，表尺"3""4""5"，减去2.5，强风加一倍，弱斜风各减半。为了运用方便，根据不同距离上的修正量，将在横和风条件下，对400m内目标射击时的瞄准景况归纳成如下口诀：一百不用修，二百瞄耳线，三百瞄边沿，四百边接边。

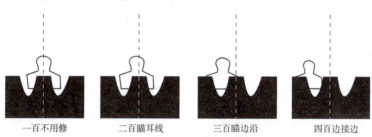

一百不用修　　　二百瞄耳线　　　三百瞄边沿　　　四百边接边

横（斜）风的修正情况

纵风能影响射弹的飞行距离。顺风时，空气阻力较小，使射弹打远（高）；逆风时，空气阻力较大，使射弹打近（低）。在近距离内，风速为10m/s时，纵风对射弹影响很小，一般可不修正。对远距离目标射击时，应适当降低或提高瞄准点。

2. 光对射击的影响及克服办法

（1）阳光对瞄准的影响。

在阳光下瞄准时，由于阳光照射作用，缺口部分产生虚光，形成三层缺口：虚光部分、真实部分、黑实部分。如不注意辨清真实缺口的位置，就容易产生误差，使射弹产生如下偏差：①若用虚光部分瞄准，射弹就偏向阳光照来的方向。阳光从右上方照来时，缺口的左边和上沿产生虚光，用虚光部分瞄准，准星实际上偏右高，因此射弹偏右上。阳光从左上方照来，用虚光部分瞄准，射弹则偏左上。②若用黑实部分瞄准，射弹就偏向阳光照来的相反方向。阳光从右上方照来时，用黑实部分瞄准实际上偏左低，因此射弹偏左下。阳光从左上方照来时，射弹则偏右下。③在阳光照射下，缺口和准星尖同时产生虚光时，若用虚光部分瞄准，射弹偏低；若用黑实部分瞄准，射弹偏高。

（2）克服方法。

要克服阳光对射击的影响，可采取如下方法：①可在不同方向的阳光照射下瞄准，采取遮光瞄准不遮光检查，或不遮光瞄准遮光检查的方法，反复练习，切实辨清真实缺口的位置和正确瞄准的景况。②平正准星与缺口要细致，但瞄准时间不宜过长，以免眼花而产生误差。③平时要注意保护好瞄准具，不使其磨亮而反光。

3. 气温对射弹的影响及修正

（1）气温对射弹的影响。

气温变化，空气密度即随之变化，对射弹的阻力也就不同。气温升高时，空气密度减少，射弹在飞行中受到的空气阻力就减少，射弹就打得远而高；反之，射弹就打得近而低。

（2）修正方法。

由于各地区各季节的气温不同，很难与标准气温（±15℃）条件相符。因此，应当在当地的气温条件下矫正武器的射效，并以矫正射效时的气温条件为准。射击时，若气温差别不大，在400m内对射弹命中的影响极小，不必修正。若气温差别很大或对远距离目标射击时，应适当提高或降低瞄准点。

三、武器操作与实弹射击

（一）验枪及射击准备

1. 验枪

验枪就是检查枪的弹膛、弹匣、弹盒和教练弹中有无实弹。在使用武器前后及必要时均应验枪。验枪时，严禁枪口对人。

听到"验枪"口令后，以右脚掌为轴，身体半面向右转，左脚顺势向前迈出一步（两脚约与肩同宽），同时右手移握护木将枪向前送出（半自动步枪右手将枪向前送出），左手接握下护木，左大臂紧靠左胁，枪托贴于右胯，准星约与肩同高，右手打开保险，卸下弹匣（半自动步枪打开弹仓），交给左手握于护木右侧，弹匣口向后、挂耳向下，右手移握机柄。当指挥员检查时，拉枪机向后，验过后，自行送回枪机，装上弹匣（半自动步枪关上弹仓），扣扳机，关保险，移握枪颈。

听到"验枪完毕"口令后，左手反握护木，将枪倒置于胸前，上背带环约与肩同高，右手挑起背带，身体半面向左转，在右脚靠拢左脚的同时，两手协力将枪送上右肩，恢复背枪姿势（半自动步枪右手握上护木，成持枪立正姿势）。

2. 射击准备

射击准备主要包括向弹匣（夹）内装填子弹和采取各种射击姿势装退子弹。

（1）向弹匣（夹）内装子弹。

射击前，应正确地向弹匣（夹）内装子弹。装弹时，左手握弹匣，使弹匣口向上，挂耳向前，右手将子弹放于弹匣口，两手协力将子弹压入弹匣内（半自动步枪向弹夹上装弹）。

（2）卧姿装退子弹。

听到"卧姿装子弹"的口令后，右手移握上护木，使枪口向前（背带从肩上脱下），左脚向右脚前迈出一大步（也可右脚顺脚尖方向迈出一大步），左臂伸出，稍向内弯，掌心向下（手指稍向右）撑地顺势卧倒，以身体左侧、左肘支持全身。右手将枪向目标方向送出，左手接握下护木，枪面稍向左，枪托着地，右手卸下空弹匣（弹匣口朝后、挂耳向下），交给左手握于护木右侧（半自动步枪右手拉枪机到定位），解开弹袋扣，换上实弹匣，将空弹匣装入弹袋内并扣好（半自动步枪将子弹夹插入弹夹槽，用食指或拇指将子弹压入弹仓，抽出弹夹），拇指打开保险，拉枪机送子弹上膛，关上保险。右手装定表尺，然后移握握把（半自动步枪移握枪颈），全身伏地，两脚分开约与肩同宽，目视前方，准备射击。

卧姿装子弹

射击完毕，听到"退子弹起立"的口令后，身体稍向左侧，右手卸下实弹匣交给左手（半自动步枪打开弹仓，接住落下的子弹，装入弹袋），打开保险，拇指慢拉枪机向后，余指接住从膛内退出的子弹，送回枪机，将子弹压入弹匣内，解开弹袋扣，换上空弹匣，把实弹匣装入弹袋内并扣好，扣扳机，关保险，表尺分划归"3"，右手移握护木，将枪收回，同时左小臂向里合，屈左腿于右腿下，以左手和两脚撑起身体，右脚向前一大步，左脚再向前一步，左手反握护木，将枪倒置于胸前，右手挑起背带，在右脚靠拢左脚的同时，两手协力将枪送上右肩，恢复肩枪姿势。

（3）跪姿装退子弹。

听到"跪姿装子弹"的口令后，右手移握上护木，使枪口向前（背带从肩上脱下），左脚向前方迈出一步，右手将枪向目标方向送出，左手接握下护木，同时右膝向右跪下，臀部坐在右脚跟上（或右小腿上），左小腿略垂直，两腿约成90°，左小臂放在左大腿上，枪面稍向左，准星约与肩同高。然后，按要领（56式冲锋枪先打开枪刺）换上实弹匣，打开保险，送子弹上膛，关保险，定表尺，右手握把，目视前方，准备射击。

跪姿退子弹起立的要领除身体姿势不同，其他动作与卧姿退子弹大体相同。

（4）立姿装退子弹。

听到"立姿装子弹"的口令后，右手移握上护木，左脚向前方迈出一步，两脚分开约与肩同宽，右手将枪向目标方向送出（背带从肩上脱下）。左手接握下护木，左大臂紧靠左胁，枪托贴于右胯，准星约与肩同高，然后按要领（56式冲锋枪先打开枪刺）换上实弹匣，打开保险，送子弹上膛，关保险，定表尺，右手握把，目视前方，准备射击。

立姿退子弹的要领除身体姿势不同，其他动作与卧姿退子弹大体相同。

（二）据枪、瞄准、击发

在完成射击准备之后，一旦发现目标，就应正确地据枪，快速构成瞄准线，指向瞄准点，实施果断的击发。

1.据枪

（1）有依托据枪。

自然、稳固、持久地据枪是准确射击的基础，要想做到稳固和持久，就应尽量充分利用地形，进行有依托射击。

卧姿有依托据枪

卧姿有依托据枪时，下护木放在依托物上，枪身要正，身体右侧与枪身略成一线。右手将保险机扳到所需的位置，虎口向前紧握握把（半自动步枪握枪颈），食指第一节靠在扳机上，右大臂略成垂直，右肘着地外撑，左手握护木（也可握弹匣），左肘着地外撑，两肘保持稳固，胸部挺起，身体稍前跟（右肘不离地），上体自然下塌，两手用力保持不变，使枪托切实抵于肩窝。头稍前倾，枪托自然贴腮。

跪姿有依托据枪时，通常跪左膝，右膝紧靠依托物前崖或右脚向后蹬。也可跪双膝，上体紧靠依托物前崖，两肘抵在臂座上。

立姿有依托据枪时，上体左前侧紧靠依托物前崖，左腿微屈，右脚向右后蹬，两肘抵在臂座上。

（2）无依托据枪。

在战场上不可能时时处处都有依托物可利用，因此我们还应掌握无依托据枪的动作。

卧姿无依托据枪时，左手托握下护木或握弹匣，小臂尽量里合于枪身下方，小臂与大臂约成90°，将枪自然托住。右手握握把（半自动步枪握枪颈），右臂约成垂直，两肘保持稳固，两手正直向后用力，使枪托切实抵于肩窝，自然贴腮。

卧姿无依托据枪

跪姿无依托据枪时，左手移握下护木或弹匣，左肘放于左膝盖上，使枪、左小臂和左小腿略在同一垂直面上，右手握握把，大臂自然下垂，上体稍向前倾，两手正直向后用力，使枪托切实抵于肩窝。

立姿无依托据枪时，左手移握弹匣，大臂紧靠左胁。小臂尽量里合于枪身下方，也可左手托下护木，大臂不靠左胁。右手握握把，大臂自然抬起，两手正直向后用力，使枪托确实抵于肩窝。

跪姿无依托据枪　　　　　　　　　立姿无依托据枪

2. 瞄准

正确的瞄准是整个射击过程的重要环节。其方法是：右眼通视缺口和准星，使准星位于缺口中央，准星尖与缺口上沿平齐，指向瞄准点。此时，正确瞄准景况是准星与缺口的平正关系看得清楚，而目标看得较模糊。

如果准星与缺口关系不正确，对射弹命中目标影响很大，准星偏哪儿，弹着就偏哪儿。如准星尖在缺口内偏差1mm，自动步枪弹着点在100m距离上的偏差为32cm，距离增加几倍，偏差量就增大几倍；若准星与缺口的关系正确，而瞄准点产生偏差，射弹也会产生偏差；枪面倾斜对命中精度也有一定影响，枪面偏左，射弹偏左下；枪面偏右，射弹偏右下。

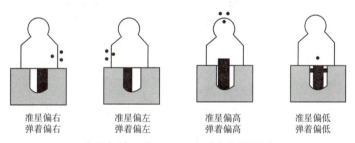

准星偏右　　　准星偏左　　　准星偏高　　　准星偏低
弹着偏右　　　弹着偏左　　　弹着偏高　　　弹着偏低

准星与缺口关系不正确对命中的影响

3. 击发

击发是完成射击的最后一个环节。均匀正直地击发是准确射击的关键，击发动作的正确与否直接关系到射击的效果。因此，必须准确掌握击发的动作要领。

击发时，射手用右手食指第一指节均匀正直地向后扣压扳机（食指内侧与枪机应有一点空隙），余指力量不变。当瞄准线接近瞄准点时，开始预扣扳机，并减缓呼吸。当瞄准线指向瞄准点时，应停止呼吸，继续增加对扳机的压力，直至击发，击发瞬间应保持正确一致的瞄准。若瞄准线偏离瞄准点或不能继续停止呼吸时，应既不增加也不放松对扳机的压力，待修正或换气后，再继续扣压扳机，完成击发。操纵点射时，应稳扣快松，扣到底松开为2～3发。在扣扳机的过程中，应始终保持姿势稳固，操枪力量不变，以提高连发射击的命中率。

（三）射击时常见错误及纠正方法

1. 抵肩、贴腮位置不正确

射击时，射手若不能正确地抵肩、贴腮，会使射弹产生偏差。通常情况下，抵肩过低易打低，抵肩过高易打高。贴腮用力过大易打左高。

纠正方法：要反复体会正确的抵肩位置，并通过他人摸、推的方法检查抵肩位置是否正确，强调贴腮要自然。

2. 两手用力不当

射击时，射手为了命中目标，往往以强力控制枪的晃动，造成肌肉紧张、用力方向不正、姿势不稳，使枪产生角度摆动，增大射弹散布。

纠正方法：应强调据枪时正直向后适当用力，使用力与后坐方向一致。

3. 击发时机掌握不好

无依托射击时，有的射手常为捕捉瞄准点，造成勉强击发或猛扣扳机。

纠正方法：应强调首先选择好瞄准点，并指出瞄准线的指向在瞄准点附近轻微晃动时，应达到适时击发；练习时可让射手反复体会在保持准星与缺口平正关系的基础上，自然指向瞄准点的景况；不断摸索枪的晃动规律，掌握击发时机。

4. 停止呼吸过早

射击时，停止呼吸过早，易造成憋气，使肌肉颤动、据枪不稳或猛扣扳机。

纠正方法：应使射手反复体会瞄准线指向在瞄准点附近轻微晃动时自然停止呼吸的要领；在剧烈运动后无法按正常情况停止呼吸时，应进行深呼吸后再停止呼吸。

5. 耸肩、眨眼和猛扣扳机

射击时，由于射手过多地考虑枪响时机、点射弹数、射击成绩等，造成心情紧张，产生耸肩、眨眼和猛扣扳机等错误动作，影响射弹命中。

纠正方法：应强调按要领操作，把主要精力、视力集中在准星与缺口的正确关系上，达到自然击发。

6. 枪面倾斜

瞄准时，如枪面偏左（右），射角减小，枪身轴线指向瞄准点左（右）边，射击时，弹着偏左（右）下。

纠正方法：强调射手据枪应保持枪面平正。

（四）实弹射击有关规定

（1）各种武器对不动目标的实弹射击，可在良好天气条件下实施；其他练习，不受天气条件的限制，应结合担负的任务实施，特别要探讨恶劣气候条件下的射击与射击指挥。

（2）实弹射击时，必须使用手中武器，如因武器机件损坏或射效不合格而又无法矫正，射手需要更换武器时，必须经有关领导批准。

（3）目标设置，除胸环靶纸可留白边外，其他靶型的靶纸一律不准留白边，并不得以胸环靶代替胸靶。

（4）组织实弹射击时，射手进到出发地线后，指挥员令发弹员发弹，并规定射击目标，发出准备射击信号，待靶壕出示红旗或用其他规定的方法发出可以射击的信号后，下达向射击地线前进的口令。射手进入射击地线后，按指挥员的口令做好射击准备。指挥员按规定时间发出开始射击的口令或显示目标的信号，射手即行射击，射击完毕在原地验枪。验枪后，发出报（检）靶信号。

（5）战斗射击，是融技术、战术于一体的射击练习，目标设置要尽量符合战术要求，锻炼射手在近似实战条件下，独立地观察目标、测定距离、装定表尺、选择姿势，迅速准确地消灭各种目标的技能。

（6）凡规定有点射次数的射击，每出现一次单发，算一次点射。超过一次点射，降低成绩一等。凡有时间限制的练习，规定时间一到，指挥员应立即下达停止射击的口令，射手应立即停止射击。

（7）射击中发生故障，如属射手操作原因，应自行排除后继续射击；如属武器、弹药或靶子等原因，扣除排除故障的时间，补发弹药后继续射击，如条件不允许，也可重新射击。

（8）对胸环靶射击时，命中环线算内环。跳弹命中靶子不算成绩。射手打错靶算脱靶。被打错者，如当时能判明打错的弹着点，即扣除；如当时不能判明打错的弹着点，应扣除超过发射弹数的弹着；如系环靶，扣除环数最少的弹着。

相关链接：
《军榜》：世界最强狙击步枪排行

第二节　战术

战术是指指导和进行战斗的方法。主要包括战斗基本原则以及战斗部署、协同动作、战斗指挥、战斗行动、战斗保障、后勤保障和技术保障等。按基本战斗类型分为进攻战术和防御战术；按参加战斗的军种、兵种分为军种战术、兵种战术和合同战术；按战斗规模分为兵团战术、部队战术和分队战术。本节介绍单兵战术基础动作和班（组）战术动作。

一、单兵战术基础动作

士兵要想在战场上有效地躲避敌人火力并杀伤和消灭敌人，就必须熟练掌握和灵活地应用战术基础动作。

（一）持枪

持枪，是指士兵在战斗中携带枪支的动作和方法（这里讲的"持枪"与前面武器操作中所讲的"持枪"有所不同，这里特指战斗行动中的持枪）。持枪时要做到：便于运动、便于卧倒、便于观察、便于射击。在不同的地形和距离条件下，士兵根据敌情和任务可灵活采用不同的持枪动作。

1. 单手持枪

右臂微屈，右手虎口正对上护木握枪（背带上挑压于拇指下），用五指的握力将枪身固定，枪身轴线与地面略成45°，枪身距身体约10cm。左臂自然下垂，运动时自然摆动。

2. 单手擎枪

右手正握握把，食指微接扳机，将枪置于身体的右侧，枪口向上，机匣盖末端贴于肩窝，枪身微向前倾，枪面向右大臂里合，枪托贴于右胁（枪托折叠时除外），背带自然下垂，目视前方，左手自然下垂或擎扶，运动时自然摆动。

3. 双手持枪

左手托握下护木或握弹匣弯曲部，右手握握把，食指微接扳机，将枪身置于胸前，枪口向前，枪身略成水平，背带自然下垂或挂在后颈上。

4. 双手擎枪

在单手擎枪基础上，左手托握下护木或弹匣弯曲部，枪身略低，枪口对向前上方，背带自然下垂或压于左手下，身体与射向略成30°。

（二）卧倒、起立

1. 卧倒

双手持枪卧倒

在战场上，士兵如突遭敌火力袭（射）击，应迅速卧倒，防止被火力杀伤。卧倒分三种基本动作：双手持枪卧倒、单手持枪卧倒和徒手卧倒。

双手持枪卧倒时，左脚向前一步，上体前倾，重心前移，按左膝—左肘—左小臂的顺序着地，然后转体，在全身伏地的同时，两手协力将枪向目标方向送出。地面松软时也可按双膝—双肘—腹部的顺序扑地卧倒。

单手持枪卧倒时，左脚（也可右脚）向前迈出一大步，同时身体前倾，按手—

膝—肘的顺序侧卧，右手将枪向目标方向送出，左手接握下护木或弹匣弯曲部，全身伏地持枪射击。持筒时的动作与此大体相同。

徒手卧倒时的动作与单手持枪卧倒动作基本相同，只是卧倒后，两手掌心向下放置于头部的两侧或交叉于胸前，两腿自然伸直和分开。

2.起立

双手持枪起立时，应首先观察前方情况，然后迅速收腹、提臀，用肘、膝支起身体，左脚先上步，右脚顺势跟进，双手持枪继续前进。

单手持枪时，右手移握上护木收枪，同时左小臂屈回并侧身，然后用臂、腿的协力撑起身体，右脚向前一大步，左脚顺势跟进，继续携枪前进。

徒手起立时，按单手持枪的动作进行。也可双手撑起身体，同时左（右）脚向前迈步起立，然后继续前进。

（三）前进

1.屈身前进

屈身前进是战场上接敌最常用的一种运动动作，可分为慢进和快进两种姿势。

屈身慢进，通常是在距敌较远，有超过人身高或超过大部分人身高的遮蔽物，以及敌情不明或敌火威胁不大的情况下采用。运动时，通常是双手持枪（也可单手持枪），上体前倾，两腿弯曲，屈身程度视遮蔽物的遮蔽程度而定，头部一般不可高出遮蔽物。前进时，注意观察敌情，保持正常速度前进。

屈身快进（也可称为跃进），通常是在距敌较近，通过开阔地或敌火力控制区时采用。快进前，应先观察敌情和地形，选择好路线和暂停位置，然后起立快速前进。运动中，通常是单手持枪（也可双手持枪），枪口朝向前上方，并注意继续观察敌情。前进的距离掌握在 15～30m 为宜。当进至暂停位置或运动中遇敌火力威胁时，应迅速就地隐蔽或卧倒，做好射击或继续前进的准备。

2.匍匐前进

士兵在敌火力威胁较大且自身处于卧倒状态时，如发现近处（10m 以内）有地形或遮蔽物可利用，可采用匍匐前进的运动姿势向其靠近。根据地形和遮蔽物的高低，匍匐前进可分为低姿匍匐、侧身匍匐和高姿匍匐三种姿势。

（1）低姿匍匐。

低姿匍匐是身体平趴地面并降低至最低程度的运动方式，一般是在前方遮蔽物高约40cm 时采用。

低姿匍匐携自动步枪的方法有两种：一种是右手掌心向虎口卡住机柄，五指握枪身和背带，将枪置于右小臂；另一种是右手食指卡握枪背带上环处，并握枪管，余指握背

低姿匍匐前进

带，机柄向上，将枪置于右小臂外侧。行进时，身体腹部贴于地面，头稍微抬起，屈回右腿，伸出左手，用右脚内侧的蹬力和左手的扒力使身体前移，然后再屈回左腿，伸出右手，用左脚的蹬力和右手的扒力使身体继续前移，依次交替前进。

徒手的低姿匍匐动作与持枪的低姿匍匐动作基本相同。

（2）侧身匍匐。

携自动步枪侧身匍匐前进

侧身匍匐是在前方的遮蔽物高约60cm时所采用的运动方式，其特点是运动的速度稍快，但姿势偏高。

携自动步枪侧身匍匐前进的动作：右手前伸握护木将枪收回，同时侧身，使身体左大腿外侧着地，左小臂前伸着地，左大臂前倾支撑上体，左腿弯曲，右脚收回靠近臀部着地，以左大臂的支撑力和右脚蹬力带动身体前移。

如果前方遮蔽物高 80～100cm 时，也可采取高姿侧身匍匐。其动作为：左手和左小腿外侧着地，以左手的支撑力和右脚的蹬力使身体前移。

徒手侧身匍匐动作与持枪侧身匍匐动作大体相同。

（3）高姿匍匐。

高姿匍匐一般在前方的遮蔽物高约80cm时采用。

持枪高姿匍匐前进的动作：左手握护木，右手握枪颈，将枪横托于胸前，枪口离地，用两肘和两膝支撑身体，然后依次前移左肘和右膝、右肘和左膝，如此交替前移。有时也可采取低姿匍匐的携枪方法。

徒手的高姿匍匐动作与持枪的高姿匍匐动作基本相同。

无论采取哪种匍匐姿势，运动到预定位置或适当的距离，都应迅速卧倒隐蔽，视情况出枪射击。

3. 滚进

滚进通常在为避开敌侦察、射击而左右移动或通过棱线时采用。在卧倒基础上滚进时，将枪保险关上，左手握表尺上方，右手握枪颈附近或两手握上护木，枪面向右，顺置于胸、腹前抱紧，两臂尽量向里合，两脚踝交叉或紧紧并拢，全身用力向移动方向滚进。到达预定位置迅速出枪呈卧姿射击姿势或卧姿隐蔽姿势。

直（屈）身前进中需要滚进时，应左（右）脚向前一大步，左手在左（右）脚外（内）侧着地，身体尽量下塌，右手将枪挽于小臂内，枪面向右，身体向右（左）转，在右（左）臂、肩着地同时，向右（左）滚进。滚进时，右（左）腿伸直，左（右）腿微屈，滚进距离较长时可两腿夹紧。当滚进到适当位置后，如需射击，应迅速出枪，成卧姿射击姿势，需要跃起前进时，以左手的支撑力和身体右（左）转动的力量将身体支起，同时上右（左）脚前进。

（四）利用地形、地物

地形、地物是地面上防敌火力袭击最好的遮蔽物体。士兵在利用地形、地物时，要根据遮蔽物的高低、大小、形状、敌火力的威胁程度等情况，采取适当的姿势利用死角防护。应做到：快速接近、细致观察、隐蔽防护，敌火力减弱时，视情况灵活地变换位置。

1. 利用堤坎、田埂

利用堤坎、田埂时，由于其是横向地物，应利用背敌斜面，根据地物的高低采取不同姿势隐蔽防护。田埂低，应横向卧倒，身体紧贴田埂。堤坎高，也可采取跪、蹲、坐、立等姿势进行防护。需要射击时，可利用堤坎的右侧或顶部。

2. 利用较大土堆

利用较大土堆时，应横向卧倒，身体一侧紧贴在土堆的背敌斜面上。如土堆较小时，也可纵向卧倒，头紧靠土堆。需要射击时，可利用土堆的右侧和顶部。

3. 利用土（弹）坑、沟渠

利用土（弹）坑、沟渠时，通常利用其前沿和底部，纵向沟渠利用弯曲部；根据敌情和坑的大小、深度，可采取跳、滚、匍匐等方法进入。在坑里可采取卧、跪、仰等各种姿势实施防护。待敌火力减弱时实施观察和射击。

4. 利用树木

利用树木，可以有效防敌直瞄和间瞄火力的杀伤。利用树木防护时，通常利用其背敌面。树干粗（直径50cm以上），可取卧、跪、立各种姿势；树干细，通常采用卧姿，利用根部。

利用树木立姿射击

5. 利用各种工事

利用各种工事可以起到很好的防护作用。所谓工事，是为作战而构筑的防护性建筑物，如各种射击掩体、堑壕、交通壕、掩蔽部、崖孔（猫耳洞）、地堡、坑（地道）等有很好的防护作用。士兵在工事内或在阵地附近行动而遭敌机、炮火力袭击时，要听信号和命令迅速进入隐蔽部或坑（地）道防护。如来不及进入隐蔽部，应迅速在壕内卧倒或采取适当姿势防护（有掩盖的堑壕、交通壕防护效果更好）。利用单人掩体防护时，应将随身武器迅速收回，靠至胸前，采取坐、跪、蹲等适当姿势防护。如时间允许，士兵应沿堑壕或交通壕快速进入掩蔽部、崖孔（猫耳洞）内。

6. 利用建筑物

利用建筑物防护效果也很好。当收到敌机、炮火力袭击警报和号令时，应利用墙根、房角及床、桌等物体，采取下蹲或卧倒姿势进行防护。但要尽可能避开易倒塌、易燃烧的建筑物，不要在独立明显或敌方可能会重点攻击的建筑物内隐蔽防护，以免造成间接伤害。如发现敌精确制导武器向防护的建筑物袭来，应迅速离开建筑物进行躲藏，并利用其他地形实施防护。在建筑物内防护，需要射击时，应尽可能靠近门窗口，采取适当姿势射击。

二、班（组）战术动作

（一）进攻战斗准备

做好进攻战斗准备，是取得进攻战斗胜利的重要保证。战士在进攻战斗前，应在规定的时间内，迅速周密、细致确实、分段逐次地做好各项战斗准备。

1. 集结地域的战斗准备

在集结地域，战士应注意隐蔽，加强防护与观察。受领开进任务或概略战斗任务后，应熟悉乘车或徒步开进队形中的位置、出发时间、集合点及自己的任务；根据班（组）长的命令，到指定的地点补充、领取武器、弹药和器材；检查手中武器、弹药及各种器材是否良好，有无受潮霉烂、生锈、变质、损坏等情况：特别是注意检查防毒面具有无损坏、漏气、阻气等现象，防护盒内的物品是否完好；如无制式防护器材时，应制作就便防护器材；捆绑炸药包，并做到便于携带和使用。

2. 进攻出发阵地的战斗准备

在进攻出发阵地，战士应根据情况，构筑工事，注意伪装，加强隐蔽和观察。受领战斗任务后，应熟记班（组）和自己的任务，熟悉协同动作、信（记）号和方位物。依据任务和需要，迅速做好如下工作：

（1）进一步检查手中武器、弹药及各种器材是否良好。

（2）接续好火具，系好子弹袋、手榴弹带、鞋带、腰带、小铁锹、伪装衣等装具。

（3）带好弹药、炸药包、爆破筒、80单兵反坦克火箭弹（自动步枪手）、干粮、急救包等。做好准备后，应向班（组）长报告。报告词为："报告班（组）长，×××进攻准备完毕。"

3. 冲击准备

冲击准备，是指利用冲击发起前的短暂时间进行的准备工作。战士占领冲击出发阵地后，应根据情况，构筑或加修工事，注意观察和伪装，看清冲击目标、前进路线、通路位置和便于我利用的隐蔽地形，然后记班（组）、自己的任务和信（记）号。听到"准备冲击"的口令后，应迅速做好如下工作：

（1）装满子弹，准备好手榴弹和爆破器材。

（2）整理好装具，系好鞋带、扎好腰带和子弹袋，装具应尽量靠身后携带，以免妨碍冲击动作。

（3）做好跃起或跃出工事的准备，遮蔽物较高时，应控好踏脚孔。做好准备后，应向班（组）长报告。冲击准备过程中，战士应做到迅速、确实、隐蔽，并不断观察敌情和班（组）长的指挥。

（二）防御战斗准备

战士在规定的时间内迅速周密地做好防御战斗准备，是防御战斗胜利的重要保证。

1. 占领防御阵地前的战斗准备

战士受领任务后，应了解敌人进攻的方法和可能冲击的路线，清楚班（组）和自己的任务与打法，熟记有关的信（记）号、方位物、邻兵的位置及协同的方法，熟悉阵地及其附近的地形特征。根据班（组）长的命令，迅速做好如下工作：

（1）领取武器、弹药和器材。检查手中武器、弹药及各种爆破器材是否良好，有无受潮、霉烂、生锈、变质、损坏等情况。特别要注意检查防毒面具有无损坏、漏气、阻气等现象，防护盒内的物品是否完好。如无制式防扩器材时，应制作就便防护器材。

（2）捆绑好炸药包，接续好火具，系好子弹袋、手榴弹带、鞋带、腰带、小铁锹、伪装衣等装具。

（3）带好武器、弹药和各种器材，做好占领防御阵地的准备。做好准备后，应及时向班（组）长报告。报告词为："报告班（组）长，×××做好占领阵地准备。"

2. 占领防御阵地后的战斗准备

战士占领防御阵地后，应迅速构筑工事、设置障碍和加强伪装，做好射击、打炸敌装甲目标和防护准备。

构筑工事、设置障碍和伪装。构筑工事、设置障碍和伪装是战士在防御战斗中保存自己、消灭敌人的重要措施，对于防敌各种火力杀伤、抗敌连续冲击、增强防御的稳定性，具有重要作用。

做好射击、打炸敌装甲目标和防护的准备。做好测量距离的准备。测量距离的目的是为了准确计算敌装甲目标的运动速度和到达防御前沿的时间，合理把握占领阵地的时机，正确装定表尺分划，以准确的火力消灭敌人。战士在测量距离时，可采用步测、准量测、目测等方法。

（三）敌火下运动

敌火下运动，就是在敌火力威胁下向敌前进或实施机动的行动。战士在敌火下运动，应按班（组）长的口令，充分利用我火力掩护和烟幕迷茫的效果，乘敌火力减弱、中断、转移和坦克炮塔转向等有利时机，采取不同的姿势和方法，迅速隐蔽地运动，有时可采取欺骗、迷惑敌人的手段，创造条件突然前进。

运动前，战士应根据敌情、任务、地形的不同形态和遮蔽程度，选择好前进路线和暂停位置。运动中，应不断地观察敌情、地形和班（组）长的指挥，灵活地变换运动姿势和方法，准确果断地处置情况，始终保持前进的方向和与友邻战士及支援火器的协同动作。发现目标时，应按班（组）长的口令或自行射击，将其消灭。

要做到运动、火力、防护三者紧密结合，尽量避免横向运动。必须横向运动时，应采用间续短距跃进或匍匐前进的方法，以减少伤亡。

战士在接敌时要随时准备防敌炮火袭击。当遭到数零星炮火袭击时，应注意听、看、快速前进。如判断炮弹可能在附近爆炸时，应立即卧倒，待炮弹爆炸继续前进；当遭致炮火猛烈袭击时，应趁炮弹爆炸的间隙，利用弹坑和有利地形逐次跃进；当通过敌炮火封锁区时，应察明敌炮火封锁的规律，利用敌射击间隙快跑通过。如封锁区不大，也可绕过。

战士在防炮火袭击的同时，应注意防敌化学炮弹杀伤。当发现敌化学炮弹爆炸时，应立即利用地形，穿戴防护器材，尔后快速通过。

当遭敌步、机枪火力封锁时，战士应利用地形隐蔽。抓住敌火中断、减弱、转移等有利时机迅速前进；也可采取迷惑、欺骗和不规律的行动，转移敌视线、射线，突然隐蔽地前进；或以火力消灭敌人后迅速前进。

遇敌雷区和定时炸弹时，战士应迅速报告上级并进行标示，按照班（组）长的口令排除或绕过，对敌设置（投放）的电子侦察器材，应迅速排除。排除时，应先察明是否设置有爆炸物，尔后视情况将其排除或炸毁。

运动中发现目标时，战士应及时报告或准确地测定距离、装定表尺，选择瞄准点，以正确的姿势和动作进行射击，将其消灭。对集团目标，通常实施长点射和连续射击；对敌散兵，应以单发射或短点射予以消灭。战斗中要注意节省弹药。装定表尺、装弹（装填火箭弹）或排除故障时，应隐蔽迅速地进行。

战士在接敌时，要互相支援，主动协同交替掩护前进。自动步枪手应主动以火力掩护反坦克火器和机枪的行动，并及时为其指示目标，利用其射击效果前进。为保证反坦克火器和机枪的战斗行动，必要时，自动步枪手应让开有利的射击位置和前进路线。当邻兵前进时，应以火力掩护；邻兵受阻时，应主动以火力支援或勇猛迅速前进；当落后于邻兵时，应迅速跟上，向最前面的战士看齐。如机枪、120反坦克火箭（火箭筒）手不能继续遂行战斗任务时，自动步枪手应主动接替。

战士在敌火下运动，需在开阔地停留时，可根据班（组）长的口令或自行近迫作业。其要领：卧倒后，将枪放在右侧或上风一臂处，侧身取下铁锹，先从一侧由前向后挖掘，将土投到前方堆成胸墙，一侧挖好后，翻身侧卧于坑内，继续挖另一侧，直到能掩护全身为止。在土层松软情况下，可用锹挖、手推的方法构筑卧射掩体。作业时，姿势要低、动作要快，并不断观察敌情和班（组）长的指挥，随时准备射击或前进。

（四）阵地内防护

敌军在进攻战斗中，强调在攻击前和攻击过程中依靠火力，采取远、中、近及空、地等不同火力层次，对对方实施准备射击和攻击支援射击，以破坏对方防御体系的稳定，削弱对方的抗击力。因此，战士在防御战斗中，采取各种切实有效的防护措施，达到保存自己、防敌炮火袭击，充分利用工事及有利地形，待机歼敌的目的。

1.遭敌炮兵火力袭击时的防护

遭敌炮兵火力袭击时，战士应按班（组）长的命令或信号，迅速进入工事隐蔽，并做好战斗准备。待接到占领阵地的命令或信号后，应迅速占领射击位置，做好抗击敌人冲击的准备。

当担任观察员、值班火器射手的战士来不及进掩蔽工事防护时，应迅速收枪，关上保险，利用就近的掩体或堑壕，身体下蹲或转体坐下，并尽量靠近背敌炮弹爆炸的壕壁进行防护，当敌炮火袭击减弱或转移时，应迅速占领观察、射击位置，加强观察，继续值班。

敌在炮火袭击时，为诱骗我占领阵地，增大杀伤效果，通常实施炮火假转移。战士在防御战中应通过对敌炮火射击规律、敌攻击分队所处的位置和敌炮火准备时间等，进行正确的分析，判明敌企图。当确实判明敌炮火假转移时，应继续隐蔽，以免遭敌炮火杀伤。

2.遭敌航空兵力袭击时的防护

遭敌航空兵力袭击时，战士应按班（组）长的命令，根据情况及时防护或实施对空射击。如敌机侦察时，战士应迅速进入掩蔽工事或就地隐蔽。就地隐蔽时，可利用堑壕、射击掩体等，将反光物体遮盖好，两眼注视敌机航向，敌机过后，继续占领射击位置，做好战斗准备。如敌机轰炸扫射时，战士应迅速利用工事进行防护，来不及利用工事防护时，应就地利用掩体或堑壕进行防护。对低空扫射的飞机，视情可按班（组）长的命令或信号进行对空射击。

3.遭敌燃烧武器袭击时的防护

当敌运用燃烧武器袭击时，战士应根据班（组）长的命令，首先收藏或转移好武器、弹药及器材，避开火源，尔后迅速进入掩蔽工事进行隐蔽。担任观察员、值班火器的战士，应充分利用掩体、堑壕、交通壕或选择在火源上风处的有利位置进行防护，继续执行观察、警戒任务。

燃烧武器的袭击

敌燃烧武器袭击后，战士应依班（组）长的命令迅速占领射击位置，继续做好战斗准备，当阵地起火时，应视情以制式器材或各种就便器材灭火。

（五）冲击

冲击，是近距离内向敌猛扑，以火力、爆破、突击结合的手段消灭敌人的战斗行动，是战士的战斗意志和军事技术全面发挥的关键时刻，是决定战斗胜败的重要阶段。冲击时，战士必须具有一往无前的精神和压倒一切敌人的英雄气概，根据不同的冲击目标、地形及任务，灵活地采取不同的冲击行动，勇猛地冲入敌阵，坚决消灭敌人。

1. 冲击发起

战士听到"冲击前进"的口令或收到冲击信号时，应迅速跃起或跃出工事，最大限度地利用我火力效果，迅猛地向指定目标冲击前进，各种枪手通常持枪跑步前进。

2. 通过道路

当在火力掩护下通过道路时，战士应充分利用我火力掩护的效果，按班（组）长规定的顺序隐蔽接近通路，迅速潜入，快跑通过。遇有地雷等残存障碍物时，应根据班（组）长的指示和障碍物的性质，迅速排除，或使用就便器材克服通过。机枪手在通路中，可采取行进间射击，或迅速抢占通路侧的有利地形射击，射弹不得横贯通路，以免影响邻兵动作。

3. 向敌前沿冲击时的动作

在火力掩护下通过道路后，战士应迅速散开，向预定目标勇猛冲击。冲击中，应不断观察敌情、班（组）长的指挥及邻兵动作，发现目标以行进间射击或发射枪榴弹消灭、压制敌人。进至投弹距离时，自动步枪手应自行或按班（组）长的口令向敌堑壕内投弹，趁手榴弹爆炸的瞬间，大喊"杀"声，勇猛冲入敌阵地，以抵近射击、拼刺消灭敌人。

在坦克引导下通过道路后，战士应迅速超越坦克，向预定目标勇猛冲击。超越坦克时，应离开坦克一定距离，防止敌射击我坦克火力的附带杀伤和己方坦克的射击误伤。冲击中应与坦克保持协同，积极为坦克排除前进中的障碍。搭乘坦克通过道路后，战士应根据班（组）长的命令迅速下车，按预定目标，勇猛冲击。

4. 冲击中打炸敌坦克与火力点时的动作

战士在冲击中，应充分利用我火力袭击和烟幕迷茫的效果，坚决勇猛地向指定的坦克或火力点接近。步枪、机枪手应以积极的行动吸引敌人，或以火力射击敌坦克观瞄部位、天线底座、火力点的射孔，掩护打炸敌坦克、火力点的行动。炸敌坦克或火力点时，爆破手应在火力和烟幕掩护下，抓住敌坦克炮塔转向及敌坦克火力点的火力中断、减弱等有利时机，充分利用地形和敌坦克、火力点的观察、射击死角从翼侧迅速逼近，投送爆破器材，将其炸毁。

思考题

1. 什么是轻武器？
2. 如何修正外界条件对射击的不利影响？
3. 单兵战术基础动作中，如何有效利用地形、地物？
4. 班（组）战术动作包括哪些内容？

第八章　防卫技能与战时防护训练

 **教学目标**

了解格斗、防护的基本知识，熟悉卫生、救护基本要领，掌握战场自救互救的技能，提高学生安全防护能力。

 **军事讲坛**

《军政》曰："言不相闻，故为之金鼓；视不相见，故为之旌旗。"夫金鼓旌旗者，所以一民之耳目也。民既专一，则勇者不得独进，怯者不得独退，此用众之法也。

——孙子

【译文】《军政》说："在战场上用语言来指挥，听不清或听不见，所以设置了金鼓；用动作来指挥，看不清或看不见，所以用旌旗。"金鼓、旌旗，是用来统一士兵的视听，统一作战行动的。既然士兵都服从统一指挥，那么勇敢的将士不会单独前进，胆怯的也不会独自退却，这就是指挥大军作战的方法。

第一节　格斗基础

格斗是双方在击打中相互较量的一种争斗形式，是击打技术应用于实际争斗的一种方法，是制止犯罪、防身抗暴、修身养性的重要手段，也是体育运动竞赛和群众健身休闲的内容之一。

一、格斗常识

格斗由打、踢、摔、拿等搏击、散打的基本动作组成。练习格斗，能使全身各部位得到比较全面的活动，尤其是能使上下肢肌肉的爆发力、各关节的灵活性和柔韧性，以及快速的反应能力得到提高。了解人体的主要关节与要害部位，练习基本手型与步型，是格斗的基本常识。

（一）人体的主要关节

人体骨与骨连接的部位称为关节，它在人体中起着连接骨骼的作用，它能使身体做出转、展、旋、屈、翻等多种不同的动作。关节在受到超过生理限度的压迫、击打、拧转、扳压时，会造成脱臼、骨折或韧带撕裂等情况，从而使关节失去原有的活动能力。根据部位和运动方式、幅度的不同，关节可以分为很多种。

1. 下颌关节

下颌关节由下颌骨的下颌小头与颞骨的下颌窝和关节结节构成，只能做开口与闭口运动，活动范围小。由侧面击打或挤挫下颌关节，可使其脱臼，不能发音，并影响头部和身体各部位的运动。用勾拳由下向上击打下颌，易伤舌头，并对大脑产生剧烈震动。

2. 颈椎关节

颈椎关节由七块颈椎骨，借膜性、软骨及骨性结合以及相邻椎骨的下、上关节突连接组成，是连接头颅和躯干的关节。活动范围较大，能左右侧屈45°，前屈后伸45°，左右旋转80°。如用力击打或过度拧转、推压，可使其失去正常的生理功能，并影响身体的运动姿态。严重的会造成颈椎受伤、错位甚至导致脊髓受损，造成高位截瘫。

3. 肩关节

肩关节由肩胛骨的关节盂和肱骨头构成，是全身最灵活的关节，可做屈90°、伸45°、内收外展总和90°～120°、旋内旋外总和90°～120°以及环转运动。由于肩关节前下方肌肉较少，关节囊软弱，如向左右猛拧或向前后扳拉超过极限时，会使肩关节脱臼或肌肉、韧带拉伤甚至撕裂，从而造成剧烈疼痛甚至昏迷，使上肢和上体丧失活动能力。

4. 肘关节

肘关节由肱尺、肱桡、桡尺三组关节包在一个关节囊内组成。主要能做屈、伸运动，一般屈可达148°，而伸仅为10°～20°。由于肘关节前、后方没有韧带加强，在肘关节伸直后如受杠杆力击打或扳压，会造成关节损伤或肌肉撕裂；倒地过猛时，如用手臂伸直撑地，会导致肘关节脱臼，使手臂丧失运动功能。

5. 膝关节

为人体内最大、最复杂的关节，由股骨下端、胫骨上端及髌骨连接而成。关节腔内有半月板，起润滑和缓冲作用。关节两侧有侧副韧带，起稳固制约作用。主要能做屈伸运动，正常屈伸度130°左右。当膝关节伸直支撑身体时，关节处于紧密嵌合位置，此时如从膝关节前后方向或左右两侧猛力踢打，会造成关节腔内半月板损伤甚至撕裂，或造成左右侧副韧带拉伤甚至撕裂，从而使下肢丧失运动功能。

（二）人体的要害部位

人体的要害部位是指人体受到外力击打时，会出现剧痛、昏迷，甚至死亡的生理部位。在搏击训练和实战中，要特别注意这些部位，在加强自身防护的同时，要有效地运用其特点制伏敌人。

1. 头部

人的头部有五官和脑部，每个部位都非常脆弱，对头部进行击打，可以造成重创。主要包括翼点、眼、鼻、耳和下颌等。翼点也叫翼区，俗称太阳穴，位于眼的后外侧略上方。人的头骨大部分比较坚硬，但翼点处骨质脆弱，受重力击打后易发生骨折，引起颅内硬膜外血肿，重者会造成失语、昏迷，甚至死亡。对翼点的击打可采用摆拳。眼是人的视觉器官。当眼受到外力击打时，经过眼心反射会造成心跳减慢、血压下降，甚至心跳骤停。当眼被插入性的点状暴力攻击时，易造成出血或失明。对眼的击打多采用直拳。鼻位于面部中央，内有丰富的血管。鼻骨比较脆弱，因此鼻受到外力击打时，易发生骨折和出血，且出血比较凶猛，重者还会造成脑震荡。对鼻的击打可采用直拳、横踢等。耳是人的听觉器官。外耳受到暴力击打时，会引起眩晕、站立不稳和跌倒。对耳的击打可采用摆拳、双手拍击等。下颌位于面部的下三分之一。下颌骨较硬，但存在多处薄弱环节，受到外力击打时，易发生骨折。对下颌的击打可采用摆拳、肘击、顶膝、横踢等。

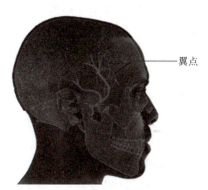

翼点

翼点示意图

2. 颈部

人的颈部是头部和躯干相连接的部位，可以击打的部位包括喉、颈动脉和颈椎。喉位于颈前部，是人的呼吸通道和发声器官。对喉部进行击打可造成呼吸不畅，重者会造成窒息。对喉部的攻击可采用砍掌和锁喉。颈动脉位于颈的两侧，左右各一，是向脑部输送血液的通道。压迫双侧颈动脉，可迅速、有效地减少脑血流量，时间延长，可引起昏迷和严重的脑损伤。对颈动脉的攻击可采用双掌砍击等。颈椎位于颈的后部，上接生命中枢延髓。颈椎受到重击，轻则瘫痪，重则死亡。对颈椎的攻击可采用插掌、劈掌等。

3. 胸部

胸部有心脏这一重要器官。胸部在受到骤然的暴力作用时，易造成血压下降、心跳减慢甚至心跳骤停。心肌挫伤会引起剧痛、心慌气短、心律失常，重者甚至死亡。对胸部的攻击方法主要有拳击、肘击、正蹬腿。

4. 肋部

肋部主要是肋骨，共有 12 对。肋部受到外力击打时，极易发生骨折，骨折断端可能会刺破胸膜和肺组织，造成呼吸困难。对肋部的攻击方法主要有勾拳、顶膝、横踢等。

5. 腹部

腹部可分为上腹部和下腹部。上腹部有胃、十二指肠等。击打力量重可引起疼痛性休克、血压下降、心跳骤停，击打力量轻可引起呕吐。常用的击打方法有勾拳和顶膝。下腹部主要有肝脏和脾脏。击打力量重可导致肝脏和脾脏挫伤、破裂、出血，引起昏迷和死亡。击打方法主要有勾拳和顶膝。

6. 腰部

腰部主要是肾脏，左右各一。肾脏紧贴腹部后壁，位置较浅。肾脏质地脆弱，在钝性暴力的击打下，易造成肾脏挫伤、破裂和出血，引起剧痛和死亡。攻击方法主要有踢击和勾拳。

7. 裆部

裆部的神经系统比较敏感，击打力量轻即可引起剧痛，击打力量重可引起出血肿胀，造成疼痛性休克。对裆部的击打简单、有效，可采用踢、击等方法。

二、格斗基本功

格斗技术的训练与其他搏击课目训练是相关联的，与它相关的技击术有散打、拳击、摔跤、跆拳道、泰拳等，按照技术要求完成动作的能力是格斗术的综合体现。实践证明，基本技能、相关技能储备越多，格斗技能发挥出的效果就越大。格斗的基本功包括以下几方面。

（一）拳法

1. 预备式

身体稍左转时右脚向右后撤一步，约比肩宽，右膝微屈，右脚尖外斜 45°，脚跟稍抬起；左脚尖稍里扣，膝微屈，重心落于两脚之间；两臂在胸前前后拉开，左臂微屈，左掌心向右下，指尖朝右上，高与眉齐；右臂弯曲，肘尖自然下垂，右拳位于右腮处，身体侧立，下颌微收，收腹含胸，目视前方。

2. 直拳

（1）左直拳。在预备姿势基础上，右脚蹬地，使身体重心稍前移，左拳向前用力内旋击出，力达拳面，上体微向右转，目视前方，然后迅速收回，成预备姿势。

（2）右直拳。预备姿势开始，右脚蹬地上体稍向左转，转腰送肩，用力出拳使拳直线向前击出，力达拳面，目视前方。

| 预备式 | 左直拳 | 右直拳 |

3. 摆拳

（1）左摆拳。预备姿势开始，左脚蹬地，使身体稍向右转，左拳向左前伸出转向右下横击，左拳内旋，拳心向左稍向下，力达拳面；右拳收于右腮。

（2）右摆拳。预备姿势开始，右腿蹬地，上体稍向左转，右拳向外、向前、向里横击，右拳内旋，力达拳面，目视前方。

| 左摆拳 | 右摆拳 |

4. 勾拳

（1）平勾拳。平勾拳分为左平勾拳和右平勾拳。左平勾拳的要领是从预备姿势开始，上体稍向右转，左肘关节外展抬起，大臂和小臂约成90°，左拳经左向右下方击出，拳心向下，左脚跟外转，出拳后左臂迅速向胸靠拢，成预备姿势。右平勾拳的动作同左平勾拳，方向相反。

（2）上勾拳。上勾拳分为左上勾拳和右上勾拳。左上勾拳的要领是从预备姿势开始，身体稍左转，微沉肘，重心略下沉，左脚蹬地，腰突然向右转，左拳心向内，以蹬地、扭腰、送胯的合力，由下向前上猛力击出，力达拳面，目视前方。出拳后迅速恢复成预备姿势。右上勾拳的要领是从预备姿势开始，身体稍向右转，微向前倾，右脚蹬地、扭腰、送胯，右拳向内，由下向前上猛击，力达拳面，并迅速收回成预备姿势。

平勾拳　　　　　　　　　　左上勾拳

（二）腿法

1. 正踢腿

（1）左正踢腿。预备姿势开始，重心后移，左腿屈膝抬起，勾脚尖，由屈到伸，向前猛力蹬出，力达脚跟，左臂自然下摆于体侧，右拳护面，目视前方。做左正蹬腿时可配合垫步前蹬。

（2）右正踢腿。预备姿势开始，右脚蹬地，重心前移，右脚屈膝抬起，勾脚尖，以脚为力点，由屈到伸，向前猛力蹬出，右臂自然下摆于体侧，左拳收回到头部左侧，目视前方。动作完成后迅速收回成预备姿势。

2. 侧踹腿

（1）左侧踹腿。预备姿势开始，重心稍后移，身体向右转，左腿屈膝抬起，勾脚尖向左方猛力踹出，力达脚底，身体向右倾斜，左臂自然下摆于体侧，右拳收于下颌处，目视左侧踹腿的方向。左脚迅速收回，落地成预备姿势。

（2）右侧踹腿。预备姿势开始，重心前移，右腿屈膝抬起，身体向左转，勾脚尖向右侧猛力踹出，力达脚跟，右臂自然下摆于体侧，左拳收于下颌处；目视踹腿的方向。右脚迅速收回，落地成预备姿势。

3. 鞭腿

（1）左鞭腿。预备姿势开始，上体稍向右转侧倾，同时左腿屈膝抬起，大小腿折叠，脚尖绷直，右腿支撑身体，左脚向右上方猛力弹踢，力达脚背或小腿下端；左臂自然下摆助力，右拳收于下颌处，目视前方。左脚迅速收回，落地成预备姿势。

（2）右鞭腿。预备姿势开始，上体稍左转，同时右腿屈膝抬起，脚面绷直，膝关节弯曲大于90°，左脚支撑身体，右脚向左前方猛力弹踢，右臂自然下摆助力，左拳收于下颌处，目视前方。右脚迅速收回，落地成预备姿势。

右正踢腿　　　　　　右侧踹腿　　　　　　右鞭腿

三、捕俘拳

捕俘拳招式简洁，出拳动作干脆，没有装饰性。它包括多种步伐，以拳、步、挡、削进攻敌人要害，猛烈攻击以致敌人瞬间丧失战斗力。

（一）预备姿势

在听到"捕俘拳——预备"的口令后，在立正的基础上，两脚迅速并拢，同时两手握拳，两臂微弯，拳眼向里，距胯约 10cm，头向左甩，目视左方。

（二）挡击冲拳

起右脚原地猛力下踏，左脚向左侧跨出一步，在左转身的同时，左臂上挡，拳心向前，右拳从腰际旋转冲出，拳心向下，成左弓步。

要求：踏脚时要全脚掌着地，有爆发力。

（三）拧臂绊腿

左拳变掌向前击右拳背，右拳收回腰际，右脚前扫；左手挡抓、拧、拉于腰际，同时右脚后绊，右拳猛力旋转冲出。

要求：前扫、后绊要协调有力，重心要稳。

（四）叉掌踢裆

上右脚步成右弓步，同时两拳变掌，沿小腹向上叉掌护头；两拳变钩猛力向后击，同时起左脚，大腿抬平，脚尖绷直，猛力向前弹踢，迅速收回。

要求：两大臂夹紧，猛力后钩击，猛踢快收，重心要稳。

（五）下砸上挑

两手变拳，左拳由上猛力下砸，与膝同高，同时左脚向前跨步，成左弓步；右拳由前上挑护头，拳心向前，起右脚大腿抬平，脚绷直，头向左甩。

要求：起身要快，重心要稳。

（六）下蹲侧踹

上体正直下蹲，右脚猛力下踏，两小臂上下置于胸前，左臂在上拳心向下，右臂在下拳心向上；迅速起身，两拳交错外格，起左脚大腿抬平，脚尖里勾，向左猛踹，迅速收回。

要求：踏脚要有爆发力，下蹲起身要快。

（七）顺手牵羊

左脚向前落地屈膝，两拳变掌起在左前方，成抓拉姿势；两手向右后猛拉，同时右脚前扫。

要求：后拉前扫要协调有力，重心要稳。

（八）上步抱膝

右脚向前落地同时，左手变拳，小臂上挡；左转身屈膝下蹲，两手合力后抱，两掌相对，掌心向内，略低于膝，右肩前顶成右弓步。

要求：转体合抱要协调一致。

（九）插裆扛摔

左手向上挡抓，右手插前裆，掌心向上；左手向右下拧拉，大臂贴肋，小臂略平，拳心向上同时右臂上挑，右肩上扛，身体大部分落于右脚，成右弓步。

要求：下拉、上挑、转体要协调一致。

（十）下拨勾拳

左拳下拨后摆，左转身同时，右拳由后向前猛力上击，拳心向内，与下颌同高，同时右脚向右自然移动，成左弓步。

要求：转身要快，勾拳要猛。

（十一）卡脖掼耳

向左踮步，在左脚落地同时，右脚上步，左拳变掌，置于胸前，右拳后摆；向左转体，左手下按，右拳向下猛力横击，成左弓步。

要求：踮步有力，转体、卡脖、拳击要协调一致。

（十二）内外挂腿

在起身的同时，左脚向右踮步，右脚前扫，两手合掌于右肩前；两手猛力向左肩前拧拉，上体稍向左转，同时右脚后绊，成左弓步。

要求：踮步、合掌、前扫要协调一致，重心要稳。

（十三）踹腿锁喉

右脚向右前方踮步，左脚向右跃步，然后起右脚，大腿抬平，脚尖里勾，两臂弯曲，置于胸前，掌心向下；右脚侧踹，在落地同时，右手前插，左手抓握右手腕，右手变拳，猛力后拉下压，成右弓步。

要求：踹、锁要协调一致，重心要稳。

（十四）内拨冲拳

上左脚右转身成右弓步，左臂顺势内拨护于胸前，右拳收于腰际，拳心向上；左拳向左后，右拳向前以蹬腿、扭腰送胯之合力同时冲出，成左弓步。

要求：双拳冲出要有爆发力。

（十五）抓手缠腕

两手变掌，左手抓握右手腕；右掌上挑外拨，身体稍向右转，两臂用力后拉，猛扣压于腰际，成右弓步。

要求：抓握要快而有力。

（十六）卡脖提裆

左手抬起，臂弯曲，掌心向前，右手下插，后拉上提，置于肋前，屈指、掌心向上，同时左手猛力向前下推压与膝同高，掌心向下，成左弓步。

要求：上提、推压要协调一致。

（十七）别臂下压

右转身成右弓步，同时两手变拳，右小臂上挡；上左脚成弓步，左手立掌插向前上方，臂稍屈，右手抓握左手腕；左手变拳，向右转体，两手下拉别压，成右弓步。

要求：拉、压、转体要协调一致。

（十八）结束姿势

左脚靠拢右脚，恢复立正姿势。

相关链接：
捕俘拳完整动作

第二节　战场医疗救护

战争不可避免地要造成人员受伤，因此通过初步的紧急救护可以尽量减少伤员的

痛苦，尽可能地救护有生力量。战场医疗救护分为自救和互救。当伤员身边没有其他人员，自己还有一定的行动能力时，可以展开自救；当伤员受伤情况严重，没有自救能力时，需要伤员身边的其他人员包括医护人员或其他战士来对其进行救护。

一、救护基本知识

掌握战场医疗救护的基本知识，可以帮助自己或他人减轻伤病造成的痛苦，有效预防并发症。因为战争中外伤比较多，所以在救护的过程中一定要注意伤口的治疗，保证伤口不被感染，造成破伤风等。战场医疗救护只是初步的治疗，最终还要靠全面的治疗。有效的初步治疗是全面治疗的基础，因为对于伤员来说，时间十分宝贵，在越短的时间内得到救护，最后痊愈或恢复得就越快，效果也就越好。

（一）战场医疗救护的基本原则

战场医疗救护应当遵循六条基本原则，即"先复苏后固定，先止血后包扎，先重伤后轻伤，先救治后运送，急救与呼救并重，搬运与医护同步"。其具体内容是：

（1）先复苏后固定。对有心搏、呼吸骤停又有骨折的伤员，应首先用口对口呼吸、胸外按压等技术使心肺复苏，直至心跳、呼吸恢复后，再进行固定骨折。

（2）先止血后包扎。对大出血又有创口的伤员，首先立即用指压、止血带或药物等方法止血，再进行创口消毒、包扎。

（3）先重伤后轻伤。对垂危的和较轻的伤员，应优先抢救危重伤员，后抢救较轻的伤员。

（4）先救治后运送。对各类伤员，要按战伤救治原则分类处理，待伤情稳定后才能后送。

（5）急救与呼救并重。对成批的伤员，又有多人在现场的情况下，救护者应当分工合作，实施急救和呼救同时进行，以较快地争取到急救外援。

（6）搬运与医护同步。搬运与医护应当协调配合、同步一致，要做到：任务要求一致，协调步调一致，完成任务的指标一致。运送途中，减少颠簸，注意保暖，最大限度地减少伤员痛苦，减少死亡率，安全到达目的地。

（二）战场医疗救护的基本要求

救护伤员时，不准用手和脏物触摸伤口，不准用水冲洗伤口（化学伤除外），不准轻易取出伤口内异物，不准送回脱出体腔的内脏，不准用消毒剂或消炎粉涂伤口。其基本要求是：

（1）救护头面部伤。伤员头面部受伤时，应保证其呼吸道畅通，清除口内异物，将伤员衣领解开，采取侧卧或俯卧姿势，防止吸入呕吐物，并妥善包扎和止血。

（2）救护胸（背）部伤。伤员胸（背）部受伤时，出现胸（背）部伤往往伴有多根肋骨骨折，除用敷料包扎外，还应用绷带环绕胸（背）部包扎固定。

（3）救护腹（腰）部伤。伤员腹（腰）部受伤时，腹壁伤要立即用大块敷料和三角巾包扎。伴有内脏伤时，不能喝水、吃东西、吃药，应尽快后送。

（4）救护四肢伤。伤员四肢受伤时，除了手指或脚趾伤必须包扎外，包扎其他四肢伤时，要把手指或脚趾露出，以便随时观察血液循环情况，采取相应措施。

二、战场自救互救基本技能

战时开展"自救互救"的基本技能与动作，主要有"通气、止血、包扎、固定、搬运"技术与方法。熟练掌握救护动作，正确运用救护技术，能够提高士兵的救护能力，减少战时不必要的牺牲。

（一）通气

1. 人工呼吸

抢救重伤员时应首先查明其是否有呼吸，可通过观察其胸部是否有起伏或将棉絮贴于鼻孔看是否有摆动。如果呼吸已停止，必须迅速采取口对口方式进行人工呼吸。

具体方法：使伤员仰卧，清理其口中堵塞物，以保持呼吸道通畅，然后托起伤员下颌，使其头部后仰，将口腔打开；用一手捏住伤员鼻孔，另一手放在颈下并上托；深吸一口气，对准伤员口用力吹气，然后迅速抬头并同时松开双手；听有无回气声响，如有则表示呼吸道通畅。如此反复进行，每分钟 16～20 次。如果心跳停止，应与胸外心脏按压同时进行，每按压心脏 4～5 次后吹气一次，吹气应在放松按压的间歇中进行。

2. 胸外心脏按压

当发现伤员失去知觉时，要立即检查其心脏是否跳动。用手指在喉结两侧接触颈动脉，看有无搏动。如无搏动应紧急采取胸外心脏按压法抢救。

具体方法：使伤员仰卧在地上或硬板床上，找准按压部位，将左手掌根放在伤员胸骨下 1/3 处，右手掌压在左手背上，然后用力向下按压，使胸骨下陷 3～4cm，再放开。如此反复进行，每分钟 60～80 次。进行胸外按压的同时，必须进行口对口人工呼吸。

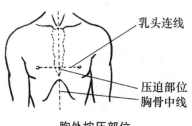

胸外按压部位

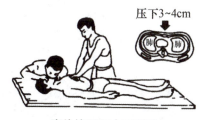

胸外按压和人工呼吸

如急救时只有一人，可先向伤员口中吹 4 大口气，然后每按压 15 次后，再迅速吹 2 大口气，如此反复进行。

相关链接：
基本技能操作——心肺复苏术

（二）止血

1. 出血的种类

判定出血种类是正确实施止血的首要工作，具体要根据出血的特征加以判断。如果是动脉出血，则颜色鲜红，呈喷射状，有搏动，出血速度快且量多；如果是静脉出血，则颜色暗红，呈涌出状或徐徐外流，出血量较多，速度不如动脉出血快；如果是毛细血管出血，则颜色鲜红，从伤口向外渗出，出血点不容易判明。

2. 止血的方法

静脉、毛细血管或小动脉出血时，应先将敷料盖在伤口上，然后用三角巾或绷带用力包扎。较大的动脉出血时，要立即用手指或手掌压迫伤口近心端的动脉，并将动脉压向深部的骨头上，阻断血液的流通，以达到临时止血的目的。一侧头顶部出血时，可用食指或拇指压迫同侧耳前方搏动点止血。一侧颜面出血时，可用食指或拇指压迫同侧下颌骨下缘与下颌前方约 3cm 处的凹陷处止血，按压时能感到明显的搏动。一侧头面部大出血时，可用拇指或其他四指压迫同侧气管外侧与胸锁乳突肌前缘中点之间，并将血管压向颈椎止血，此处可摸到一个强烈的搏动（颈总动脉）；肩腋部出血时，可用拇指压迫同侧锁骨上窝中部的搏动点（锁骨下动脉）止血，将动脉压向深处的肋骨止血。前臂出血时，可用拇指或其他四指压迫上臂内侧肱二头肌与肱骨之间的搏动点（肱动脉）止血。手部出血时，互救时可用两手拇指分别压迫手腕横纹稍上处内外侧搏动点（尺动脉、桡动脉）止血，自救时用健手拇指、食指分别压迫上述两点。大腿及其以下动脉出血时，自救时可用双手拇指重叠用力压迫大腿上端腹股沟中点稍下方的强大的搏动点（股动脉）止血，互救时可用手掌（双掌重叠）压迫止血。

头顶部止血法　　　　　　颜面部止血法

3. 止血带止血法

止血带是一种制止肢体出血的急救用品，常用的止血带是约 1m 长的橡皮管。一般在四肢大动脉出血用其他方法止血无效时，采用止血带。方法要诀是"橡皮带左手拿，后头五寸要留下，右手拉紧环体扎，前头交左手，中食二指夹，顺着肢体向下拉，前头环中插，保证不松垮"。使用止血带时应注意：止血带与皮肤之间要加垫（敷料、衣服等），不能直接扎在皮肤上；扎止血带的伤员必须做标记，注明扎止血带的时间；止血带每隔 1 小时（冬季半小时）松开一次，每次放开 2～3 分钟，以暂时改善血液循环；松开时要逐渐放松，如有出血，应再扎上止血带。

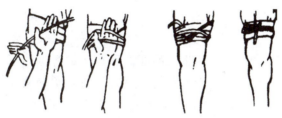

止血带止血法

（三）包扎

包扎伤口可以压迫止血，保护伤部，防止污染，固定敷料，有利于伤口尽早愈合。

包扎伤口的材料有三角巾、绷带、四头带，并配有敷料。用一块边长 1m 以上的正方形棉布，沿其对角线剪开即为两条三角巾。将三角巾的顶角折向底边的中央，再根据包扎的实际需要折叠成一定宽度的条带。若将三角巾的顶角偏折到底边中央偏左或偏右侧，则为燕尾巾，其夹角的大小可视实际包扎需要而定。三角巾使用方便，容易掌握，包扎面积大，每个指战员都要熟练掌握它的使用方法。包扎方法是先把三角巾封皮沿箭头指向处撕开，将敷料盖在伤口上，然后进行包扎。在没有材料时，可用毛巾、被单、衣服等代替，但盖伤口的材料必须干净。三角巾包扎的要诀是：角要拉得紧，结要打得牢，包扎要贴实，松紧要适宜。

包扎方法主要有以下四种：

1. 头面部包扎法

将三角巾底边折叠约两指宽，放于前额眉上。顶角拉至枕后，左右两底角沿两耳上方往后，拉至枕外隆凸下方交叉，并压紧顶角；然后再绕至前额打结。顶角拉紧，并向上反折，将角塞进两底角交叉处。

2. 胸（背）部包扎法

三角巾底边横放在胸部，顶角从伤侧越过肩上折向背部；三角巾的中部盖在胸部的伤处，两底角拉向背部打结。顶角结带也和这两底角结打在一起。

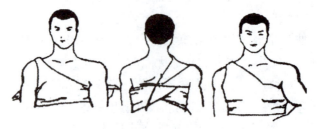

胸（背）部包扎法

3. 腹部包扎法

将三角巾顶角朝下，底边横放于上腹部，两底角拉紧于腰部打结；再将顶角从腿间拉向后，同两底角的余头打结。

4. 四肢包扎法

将三角巾底边向上横置于腕部或踝部，手掌（足跖）向下，放于三角巾的中央，再将顶角折回盖在手背（足背）上，然后将两底角交叉压住顶角，再于腕部（踝部）缠绕一周打结。打结后，应将顶角再折回打在结内。

（四）固定

固定是处理骨折患者的前期方法。判断是否骨折的方法有：用手指轻轻按摸受伤部位时疼痛加剧；受伤部位变形；受伤部位明显肿胀或受伤部位不能活动；有时可摸到骨折断端或摩擦感。

对骨折患者临时固定一般采用木制夹板，没有时也可用木棍、树枝、竹片等代替。

1. 上臂骨折固定

把两块夹板分别放在上臂内侧和外侧，垫好后用绷带或三角巾固定，再用三角巾将前臂悬吊于胸前。

上臂骨折固定

2. 前臂骨折固定

可在前臂的外侧放一块夹板，垫好后用两条布带将骨折上下端固定，再将前臂吊于胸前。

3. 小腿骨折固定

将夹板（长度等于自大腿中部到脚跟）放于小腿外侧，垫好后用布带分段固定。

4. 大腿骨折固定

将一块长度相当于从脚至腋下的木板放于伤肢外侧，在关节和骨突处加垫，用 5～7 条三角巾分段固定。

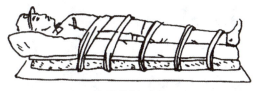

大腿骨折固定

（五）搬运

1. 徒手搬运

单人搬运可采取扶、抱、背的方法进行。双人搬运可采取椅式、拉车式、平托式的方法搬运。

2. 担架搬运

先把担架放在伤员的伤侧，然后两个救护人员在伤员健侧跪下一腿，解开伤员的衣领后，第一人右手平托伤员的肩和头部，左手捧着伤员的下肢，把伤员轻轻地放在担架上。伤员躺好后，要用衣物等软东西把空隙垫好，以免摇荡。担架行进时，伤员头部要向后，以便后面的人便于随时观察伤情。伤情恶化时，要停下来急救，抬担架时要尽可能保持平稳。搬运脊椎骨骨折伤员，必须用木板做担架，不能用普通的帆布担架。冬季要防冻保暖，夏季要防暑遮荫。

三、个人卫生

个人卫生是集体卫生的基础。注意个人卫生可以防止疾病传播，提高参训人员的健康水平。为了圆满完成战备训练、施工生产等项任务，适应未来复杂、艰苦的战争环境和非军事行动，参训人员必须注重健康，养成良好的卫生习惯。

（一）个人卫生的总要求

军训人员必须有强健的体魄。因此，对个人卫生应做到以下几点：饭前便后要洗手，不吃不清洁的食物，不喝生水，不暴饮暴食，防止病从口入；实行分餐制，行军或外出时要自带饮食用具，不用公用脸盆和毛巾，防止疾病传播；不随地吐痰，不随地大小便，不乱扔果皮、纸屑和其他废物，保持室内和环境卫生清洁；勤洗澡、勤理发、勤剪指甲、勤洗晒衣服被褥，不在禁烟场所吸烟，保持军人良好风貌。

（二）个人卫生的内容

1. 皮肤的卫生

清洁健康的皮肤对全身各器官都有保护作用。因此，要保持皮肤清洁，经常洗澡，提倡淋浴和冷水擦澡。

2. 发型与卫生

参训人员头发应当整洁，头发过长，既不卫生，又不利于战场行动，受伤后容易感染。因此，要保持头发整洁，定期理发，不蓄胡子。梳子和刮胡刀不要与别人共用。

男、女军人发型示例

3. 手和脚的卫生

养成饭前便后洗手的习惯，经常修剪指甲和保持干净。不要用牙咬指甲。保持脚的清洁和干燥，尽可能每天洗脚换袜子。要穿大小合适的鞋子。

4. 口腔和脸部的卫生

经常刷牙、漱口，保持口腔卫生。要养成经常洗脸的习惯，以保持脸部卫生。洗漱用具不要与他人共用，冬天提倡用冷水洗脸、干毛巾擦脸，以提高御寒能力。

5. 眼、耳、鼻的卫生

擦眼、鼻时要用干净的手帕，不要用手抠鼻子。擤鼻涕时要左右鼻孔交替进行，并注意不要用力过猛。清洁外耳道时，不要用树枝和火柴等尖硬物，可用手帕的一角捻起来清理。不要在光线不足或强光的地方看书，防止近视。执行任务遇有风沙时，可戴风镜。

6. 饮食的卫生

搞好饮水消毒，需要饮用地表水（江水、河水、溪水等）时，应首先进行净化处理。

7. 衣服和卧具的卫生

衣服和卧具脏了要换洗。若不能换洗，则应定期打开清整，并在阳光下晾晒50～60分钟，这样可以大大减少衣服和卧具上的细菌。

四、特殊战伤的急救

特殊战伤表现为伤情严重、复杂，往往危及伤员生命，急需救治。及时准确有效地处理伤情，稳定伤势，能够为抢救和后送伤员争取时间，避免因重伤致残或致死。

（一）贯通伤的急救

贯通伤是战时常见的一种战伤，多为子弹、弹片、刺伤等所造成的损伤。贯通伤的急救必须迅速、准确、有效，做到抢救争分夺秒。

1. 迅速脱离危险环境

救护人员应使伤员迅速安全地脱离危险环境，排除可以继续造成伤害的原因。如将伤员从炮火中抢救出来，应转移到通风、安全、保暖、防雨的地方进行急救。但搬运伤员时动作要轻、稳，以免造成继发性损伤。

2. 解除呼吸道梗阻

呼吸道梗阻或窒息是伤员死亡的主要原因。应及时清除口咽部的血块、呕吐物、稠痰及分泌物，牵出后坠的舌或托起下颌，置伤员于侧卧位，或头转向一侧。以保持呼吸道通畅。

3. 处理活动性出血

控制明显的外出血，是减少贯通伤死亡的最重要措施。具体包括以下几个步骤：将伤员放平，抬高患处；去除容易去除的异物，但不要探查伤口深处异物；用衣服衬垫压迫伤口，连同伤口边缘一起固牢，如果受伤处仍有异物包埋，应避免外源压力直接压迫；使用绷带或条状物牢固地包扎伤口以施加压力；如果衬垫被血液渗透，不要移开它，而用更多的衬垫放于患处并用另一条绷带扎牢。

4. 解除气胸所致的呼吸困难

当胸部受伤发生开放性气胸时，应迅速用厚层无菌敷料、毛巾等严密封闭伤口，变开放性气胸为闭合性气胸。

5. 伤口处理

伤口应用无菌敷料覆盖，如无现成的无菌敷料，也可暂时用洁净的布类物品代替以覆盖创面，外用绷带或布条包扎，以免加重损伤和将污染物带入伤口深部。伤口内异物或血凝块不要随意去除，以免再度发生大出血。

（二）化学伤的急救

化学伤就是化学毒剂中毒或伤口直接染毒而造成的人员伤病。化学毒剂可以经过呼吸道、消化道、皮肤或黏膜进入人体，造成人员中毒甚至死亡。特别是创伤伤口被感染后，毒素吸收快，中毒程度明显加重。依据毒剂种类不同，其伤情表现有不同的特点。

对化学伤的急救方法主要是迅速消除毒物：对皮肤染毒伤员，立即脱去染毒衣物，水溶性毒剂，用清水冲洗皮肤10分钟以上，脂溶性毒剂，用专门化学洗毒剂彻底清除毒素；对经过呼吸道吸入中毒的伤员，迅速撤离染毒区，短时间不能撤离的伤员，可戴防毒面具；眼内染毒的伤员，用大量清水冲洗10分钟以上；经过消化道中毒的伤员，可催吐、洗胃、导泻等；伤口染毒的伤员，应用清水冲洗干净（注意勿让洗液沾染周围组织，防止交叉染毒），再包扎。

第三节　核生化防护

防护，是士兵在作战过程中防备敌人的各种常规武器和核武器、生物武器、化学武器的杀伤，有效保存自己的战斗行动。士兵要学会对核武器、生物武器、化学武器的防护，以适应现代条件下作战的需要。

一、防护基本常识

随着科学技术的不断发展，各种先进的武器装备不断出现，对部队的防护技术提出了更高要求。本节主要介绍核武器、生物武器、化学武器袭击的杀伤破坏因素。

（一）核武器

核武器是利用原子核进行裂变或聚变反应的瞬间释放的巨大能量产生爆炸作用，并具有大规模杀伤破坏效应的武器的总称。核武器主要包括原子弹、氢弹、中子弹等。

核武器的杀伤破坏因素主要有冲击波、光辐射、早期核辐射、放射性沾染、核电磁脉冲。前四种杀伤破坏因素是在爆炸后的几十秒起杀伤破坏作用，所以又叫瞬时杀伤破坏因素。人员受到一种杀伤破坏因素的伤害叫单一伤，受到两种及以上杀伤破坏因素的伤害叫复合伤。

1.单一伤

（1）冲击波损伤。冲击波是核爆炸时所产生的高速高压气浪，它是由高温、高压火球猛烈地膨胀、急剧地压缩周围的空气而形成的，是核武器的主要杀伤破坏因素，能直接或间接造成人员脑震荡、骨折、内脏破裂和皮肤损伤。

身穿防护服、头戴防护面具的人员

（2）光辐射损伤。光辐射是从核爆炸时所产生的高温火球中辐射出来的光和热。光辐射对人员可造成皮肤烧伤、呼吸道烧伤、眼烧伤等。

（3）早期核辐射损伤。早期核辐射是指核爆炸后15秒内释放出的中子和X射线所产生的辐射，可以导致人体组织细胞的变异和死亡。

（4）放射性沾染损伤。放射性沾染是

指核爆炸时所产生的放射性物质对地面、水域、食物、人员、武器装备等造成的沾染，是核武器特有的杀伤破坏因素之一。

2. 复合伤

核爆炸后产生的几种瞬时杀伤破坏因素，几乎是同时作用于人员和物体的，所以人员受到的杀伤破坏，常常是几种杀伤破坏因素综合作用的结果，所造成的伤害或破坏常常是复合型的。复合伤的类型与 TNT 当量、距爆心的距离、防护状况有关。复合伤可分为三类：一是以放射性沾染损伤为主的复合伤；二是以烧伤为主的复合伤；三是以冲击波损伤为主的复合伤。其特点有两个：一是伤情复杂并且逐渐加重；二是复合伤中的主要损伤决定复合伤的伤情发展。

（二）生物武器

战争中用来伤害人畜或毁坏农作物的致病微生物及其产生的毒素称为生物战剂。装有生物战剂的各种炸弹、导弹和气溶胶发生器、布洒器等称为生物武器。生物武器具有致病力强、传染性强、污染范围广、危害时间长和难以发现等特点，但生物武器的使用受自然条件的影响大，且难以控制。

生物战剂按对人员的伤害程度可以分为失能性生物战剂和致死性生物战剂；按所致疾病有无传染性可以分为传染性生物战剂和非传染性生物战剂；按致病微生物的种类可以分为细菌、衣原体、病毒、真菌和毒素等。生物战剂侵入人体的途径有以下几种：吸入，即被生物战剂污染的空气可从呼吸道进入人体；误食（饮），即被生物战剂污染的水、食物等，可从消化道进入人体；皮肤接触，即生物战剂可经皮肤、伤口等进入人体。大多数生物战剂侵入人体后，会使人员出现发热、头痛、全身无力、上吐下泻、咳嗽、恶心、呼吸困难、局部或全身疼痛等症状。

军海泛舟

越南战争期间，美军为破坏北越战士的埋伏地点，在越南丛林地带大量使用落叶剂。落叶剂含有毒性很强的物质，它还能通过食物链在自然界循环，遗害范围非常广泛。科学研究表明，人体内一旦摄入落叶剂需14年才能全部排出。战后，在越南长山地区，人们经常发现一些缺胳膊少腿或浑身溃烂的畸形儿，还有很多白痴儿童，这些人就是落叶剂的直接受害者。

（三）化学武器

军事行动中，以毒害作用杀伤人畜的化学物质，叫作军用毒剂（又称为化学战剂）。装填军用毒剂并用军用毒剂造成战斗状态的兵器，称为化学武器。与常规武器相比，化学武器具有杀伤范围大、杀伤途径多、伤害作用持续时间长、威慑作用大等特点，但化学武器的使用受气象、地形条件的影响大。

军用毒剂按毒害作用可分为神经性毒剂、糜烂性毒剂、全身中毒性毒剂、失能性毒剂、窒息性毒剂、刺激性毒剂六种。使用化学武器后，军用毒剂起伤害作用的状态叫作战斗状态。军用毒剂的战斗状态有蒸气态、气溶胶态、液滴态和微粉态。军用毒剂的种类和战斗状态不同，化学武器对人员的杀伤途径也不一样。毒剂施放后，可通过三种途径引起人员中毒：吸入中毒，即染毒空气经呼吸道进入人体后引起的中毒；食入中毒，即误食染毒的食物、饮用染毒的水等引起的中毒；接触中毒，即皮肤、眼睛和伤口接触染毒的地面、物体后引起的中毒。

相关链接：
日本播放 731 部队纪录片还原战争罪行

二、对核生化武器袭击的防护

对核生化武器袭击的防护，是指军队对敌人的核武器、生物武器、化学武器袭击所采取的防护措施。在未来信息化条件下的局部战争中，核武器、生物武器、化学武器的威胁依然存在，并且这种威胁将出现新的形式和特点，防护难度增大，防护要求更高。

（一）对核武器袭击的防护

对核武器袭击的防护主要包括以下三个方面。

1. 对核爆炸瞬时效应的防护

（1）在开阔地上的防护。当人员在开阔地上行动，收到核袭击警报信号或发现核闪光时，应立即背向爆心卧倒。卧倒时，两手交叉压于胸下，两肘前伸，头自然下压夹于两臂之间，闭眼闭嘴（有条件时堵耳），憋气（当感到热空气时），两腿伸直并拢。正在行驶的车辆突然遇到闪光时，驾驶员应立即停车，将身体弯曲或卧伏于驾驶室内，乘车人员应尽量卧倒。

（2）利用地形地物防护。利用土丘、土坎等高于地平面的地形可以有效地减少核武器的杀伤。当发现核爆炸闪光时，应就近利用地形背向爆心的一面迅速卧倒（动作要领同开阔地）。利用较大的土丘、土坎时，可对向爆心卧倒，重点防护头部。利用土坑、弹坑、沟渠等低于地面的地形防护时，首先应携带武器快速跃（滚）入坑内，身体蜷缩，跪或坐于坑内，两肘置于两腿上，两手掩耳，闭眼闭嘴，暂停呼吸。若坑大底宽，也可横向或对向爆心卧倒。利用沟渠时，宜用横向爆心的沟渠卧倒防护，若沟渠的走向对向爆心，最好利用拐弯处防护。坚固的建筑物对瞬时杀伤因素具有一定的防护作用。若在室外应尽量利用墙的拐角或紧靠墙根卧倒；若在室内应在屋角或床、桌下卧倒或蹲下，但注意不要利用不坚固或易倒塌的建筑物，避开门窗处和易燃易爆物，以免受到间接伤害。另外，山洞、桥洞、涵洞、下水道等都可用来防护；有时利用树木、丛林、青纱帐或潜入水中防护，也有一定的效果。

2. 对放射性沾染的防护

（1）对放射性烟云沉降的防护。处于爆心下风向的人员，在放射性烟云到达之前，要做好防护准备。当发现放射性烟云开始下降时，应迅速穿戴好防护器材。

（2）通过沾染区时的防护。通过沾染区时，应避开辐射水平高的地区（绕道通过），无法避开时，应尽量推迟进入的时间。并利用防护器材进行全身防护。通过沾染区时人员之间应保持适当的距离，加快行进速度，尽量缩短停留时间，减少灰尘的扬起。

3. 消除放射性沾染

消除放射性沾染是指利用各种措施，将放射性物质从人员、物体表面去除，以减轻放射性物质对人员的伤害。

（1）对人员放射性沾染的消除。人员通过沾染区后，要尽快进行洗消。在沾染区内，应利用战斗间隙进行局部洗消，情况允许时，可撤出沾染区进行全身洗消。局部洗消是指擦洗身体的暴露部位，如头、脸、颈、手等，以去除放射性灰尘。用湿毛巾擦拭皮肤，消除率可达90%；用干毛巾擦拭，消除率也在65%以上。全身洗消，一般在洗消站内进行，夏季也可在未受到沾染的江河、湖泊里进行洗消。

（2）对服装放射性沾染的消除。对穿在身上的服装可自行拍打或互相拍打；对脱下的服装可挂起来拍打。拍打时，人员应站在上风向，按照从上至下、先外后里的顺序进行。人员背风站立，将受到沾染的服装用力甩几次，对衣领部位要进行抖拂。用扫帚、草把等对服装进行扫除。将受到沾染的服装用洗衣剂搓洗后，再用清水冲洗。洗涤时，应戴橡胶手套、口罩。

（3）对武器装备放射性沾染的消除。对武器装备放射性沾染的消除是为了避免或减轻放射性沾染对人员的伤害。消除时，可以利用擦拭、扫除、水冲等方法进行。

（4）对地面放射性沾染的消除。消除地面放射性沾染时，可以用铲除法将受到沾染的地面铲除3cm深左右，铲除时从上风向开始，注意不要扬起灰尘，也可以用清扫法清扫地面。铲除和清扫的泥土、尘土，应集中掩埋。

（二）对生物武器袭击的防护

1. 及时发现生物武器袭击的征候

敌机喷洒生物战剂时，常常会在低空慢速盘旋，后尾有烟雾带，或空投容器（无爆炸声）。如果处于该地区的人员或动物在几分钟内没有出现化学战剂中毒症状，就应初步怀疑是生物战剂。生物武器爆炸时，爆炸声小而低沉，弹坑较小，无闪光或闪光小，烟团小且呈灰白色，在弹坑附近可能会留下粉末、液体或特殊容器等。投掷带菌的媒介物时，可在地面发现昆虫等小动物，且其出现的季节场所等可

能会比较反常。例如，在冬季出现大量蚊、蝇等，或突然出现当地没有或少有的昆虫。敌人一般会选择在微风的拂晓、黄昏、夜晚或阴天施放生物战剂。另外，还可根据疫情判断。如果当地突然发生从未出现过的传染病，发病季节异常，大量人畜患同一种病，则可以初步判断敌人施放的是生物战剂。

2. 防护方法

对生物战剂气溶胶的防护，主要是防止生物战剂气溶胶通过呼吸道、皮肤、眼睛侵入人体。对敌投放的带菌昆虫的防护，主要是保护暴露皮肤，防止昆虫叮咬。在门、窗或出、入口等处，应安装纱门、纱窗，挂上用防虫药物浸泡过的门帘。

面具、手套、防蚊服、防蚊帽等均可用于个人防护。对于蜱的防护，应经常检查，将衣服上的蜱及时除去。为了保护人员不被昆虫叮咬，常用驱避剂，可将避蚊胺、驱蚊灵涂在暴露的皮肤上，也可将其涂在裤脚、袖口和领口等处，防止昆虫爬入衣服内。

3. 消毒、杀虫、灭鼠

消毒是指用物理或化学方法将污染对象表面的生物战剂杀灭或消除。为了防止传染病发生和流行，必须做好战时的消毒工作。人员、服装、武器装备受到生物战剂污染后的消毒方法与受到毒剂污染后的消毒方法基本相同。杀虫、灭鼠是灭菌的重要工作之一。在自然情况下，许多传染病都是以虫、鼠为媒介传播的。无论是平时还是战时，都应认真地做好杀虫、灭鼠工作。

（三）对化学武器袭击的防护

1. 及时发现化学武器袭击的征候

及时发现化学武器袭击的征候，是做好防护工作的重要前提。战斗中，通常采取听、看、嗅的方法发现化学武器袭击的征候。毒剂弹爆炸的声音与一般的杀伤弹爆炸的声音有区别，毒剂弹爆炸的声音通常较低沉。并且，毒剂弹爆炸时，爆震感较弱，爆炸后会出现浓密的烟雾团，持续时间长，没有明显的地面抛起物。烟雾团向下风向飘移较远，弹片较大，并且可能有油状物。弹坑较小，弹坑内及周围有时会有潮湿现象或明显的油状液滴，有时在水面上会出现"油膜"。大多数毒剂都有特殊的气味，在嗅觉可发现的浓度下，闻到气味后及时进行防护不会引起伤害。此外，还可以通过个别人员、小动物等中毒的症状来进行判断。

2. 防护方法

为了避免或减少化学武器对人员的伤害，战斗中应充分做好防护准备，使防护器材处于良好的状态，携带的防护器材要便于使用，不影响战斗行动。当遭到化学武器袭击时，要迅速戴好防毒面具。当毒剂弹爆炸后有飞溅的液滴或飘移的烟雾时，应迅速对全身进行防护。情况允许时，除观察人员和值班人员外，其他人员应立即进入工事，关好防护门。利用有防护设施的工事防护时，应根据指挥员的命令有组织地进行防护，不得随意进出。进入工事时应防止将毒剂带入，进入后要减少各种活动。直接通过染毒区域时，应在指挥员的组织下充分做好防护准备，到达染毒区域前利用地形迅速穿戴好防护器材。通过时，应根据敌情和地形情况，选择坚硬、植物少的道路，尽量避开弹坑和泥泞、松软、有明显液滴的地方。情况允许时，可适当拉开距离，快速通过。通过后，应根据指挥员的指挥或利用战斗间隙检查染毒情况，对人员、服装、武器等进行消毒。

3. 消毒

利用化学方法、物理方法等，使毒剂失去毒性或从人员、物体上除去毒剂的过程，叫消毒。消毒时，按先人员、服装，后武器装备、地面的顺序进行。人员染毒后应尽快进行消毒，尤其是神经性毒剂和糜烂性毒剂，越早消毒越好。服装染毒后，可用消毒液进行消毒。战斗情况紧急，无法消毒时，可将服装上的染毒部位用小刀切除，染毒严重时应脱下服装。武器装备材料不同，染毒情况也不同。坚硬的材料，只需要对表面进行消毒，就能有效消毒。松软的材料，则需要对深层进行消毒。在消毒时，应根据不同的材料，确定消毒液的用量和消毒次数。

三、防护装备使用

防护装备是用于人员免受毒剂、生物战剂和放射性灰尘伤害的器材。它包括呼吸道防护器材、人体皮肤防护器材和简易防护器材等。

（一）呼吸道防护器材

呼吸道防护器材用于防止人员吸入有毒气体，同时又使人员能够正常呼吸以维持生命。常用的呼吸道防护器材为过滤式防毒面具，过滤式防毒面具由面罩、滤毒罐和面具袋等组成。滤毒罐有滤烟层和滤毒层两部分，滤烟层能有效滤除毒烟、毒雾，滤毒层则能滤掉空气中的毒气。若某些有毒气体不能被滤毒罐除去，就应换装有生氧剂的面具进行防护。在使用防毒面具时，要选配适合的面具，过大、过小都不能保证防护效果；要检查外观，看是否有损坏；要进行灭菌，保证卫生；要进行气密性检查，看是否漏气；还要进行佩戴训练，做到正确、迅速地佩戴面具，使之发挥最佳效果。由于滤毒罐的过滤能力是有限的，在使用时不得超过使用时限。

防毒面具

（二）人体皮肤防护器材

人体皮肤防护器材能有效阻挡化学毒剂、生物战剂及放射性尘埃对皮肤的直接伤害。皮肤防护装备包括防毒衣、防毒斗篷、防毒围裙、防毒手套和防毒靴等。66型连身防毒衣是上衣、裤子、靴套连在一起的，与手套、腰带和衣袋组成一套。穿防毒衣时，先撑开颈口、胸襟，把两腿穿进裤内，再穿好上衣。然后卷起外袖，将拇指插入套环，系好鞋带、腰带，戴上防毒面具。接着戴上防毒头罩，扎好胸襟，结好颈扣带，戴上手套，放下外袖系紧。

（三）简易防护器材及其制作

在没有制式器材可用的情况下，利用一些就便材料，也可以制作一些简易器材供人员防护使用。

1.简易呼吸道防护器材

简易呼吸道防护器材包括滤毒口罩（取普通毛巾叠成12层，将上端两角折回，按自己脸型缝成鼻垫，加上带子做成口罩，浸上弱碱性溶液。浸碱防毒口罩对沙林、光气、氢氰酸等毒剂有一定防护效果）和简易滤毒筒。

滤烟材料可用锯木屑、纸粉、棉花和棉织物，滤毒材料可用晒干的浸碱砖粒、石灰黏土颗粒等。要注意均匀装填，保证气流均匀通过；要注意滤毒筒与脸部的密合程度，否则达不到防护效果。

2.简易防毒眼镜

选取适当材料按要求制作防毒眼镜，对眼睛进行防护，可以减轻对眼睛的伤害。

3.简易防毒面具

用简易防毒面罩、简易滤毒筒、简易防毒眼镜可以制成简易防毒面具。做防毒面罩的材料要柔软且具有一定的强度，不透气，如人造革、橡胶布、桐油布等。

思考题

1.格斗基本功包括哪几项内容？

2.简述捕俘拳的16式内容，并尝试练习。

3.战场医疗救护的基本知识有哪些？

4.如何对特殊战伤进行急救？

5.如何对核武器袭击进行防护？

6.如何对化学武器袭击进行防护？

7.防毒面具的使用方法有哪些？

第九章　战备基础与应用训练

 **教学目标**

　　了解战备规定、紧急集合、徒步行军、野外生存的基本要求、方法和注意事项，学会识图用图、电磁频谱监测的基本技能，培养学生分析判断和应急处置能力，全面提升综合军事素质。

 **军事讲坛**

　　凡军好高而恶下，贵阳而贱阴，养生而处实，军无百疾，是谓必胜。丘陵堤防，必处其阳，而右背之。此兵之利，地之助也。

——孙子

　　【译文】大凡驻军，总是喜好干燥的高地而厌恶潮湿低洼的地方，要求向阳，回避阴湿，驻扎在便于生活和地势高的地方，将士就不至于发生各种疾病，这是军队制胜的一个重要条件。丘陵、堤防驻军，必须驻扎在向阳的一面，并且要背靠着它。这些对于用兵有利的措施是得自地形的辅助的。

第一节　战备规定

　　战备是指军队为了应付可能发生的战争或军事突发事件而在平时进行的准备和戒备行动及工作。军人作为部队的主体，担负着作战和应付各种突发事件的任务，必须牢固树立战备观念，熟记战备常识，搞好战备各项训练，以保证一旦遇到紧急情况，能够迅速在最短的时间内做好准备，以最快的行动投入战斗，并能高标准高质量地圆满完成任务。

一、战备规定的主要内容

战备规定的内容主要有战备教育、战备方案、战备调动、战备值班、战备等级转换、"三分四定"等。其中，战备教育是指以树立常备不懈思想和保持良好战备状态为目的的教育，是军队战备工作和经常性思想政治教育的重要内容之一。战备方案是指军队为落实战备而制订的各种作战准备方案的统称，包括作战方案、机动方案、留守方案、处置突发事件行动方案，以及相应的保障方案等。战备调动是指军队在平时为及时应对可能发生的战争或突发事件而调动部队的行动，部队调动必须严格按规定权限执行。战备值班是军队为防备敌人突然袭击和应付意外情况而建立的值班。战备等级转换是军队的战备由一个等级向另一个等级的改变。"三分四定"是战备工作的主要内容，"三分"指携行、运行、后留，"四定"指定人、定物、定车、定位。

对于军人来说，应对战备等级转换和"三分四定"两项内容重点掌握。

（一）战备等级转换

战备等级是指对部队战备工作轻、重、缓、急程度，按照一定的标准的区分。

1.战备等级的划分

全军战备等级可以分为四级战备、三级战备、二级战备和一级战备四个级别。其中四级战备最低，一级战备最高。

（1）四级战备，是指国外发生重大突发事件或者我国周边地区出现重大异常，有可能对我国安全和稳定带来较大影响时部队所处的战备状态。部队的主要工作：进行战备教育和战备检查；调整值班、执勤力量；加强战备值班和情况研究，严密掌握情况；保持通信顺畅；严格边境管理；加强巡逻警戒。

（2）三级战备，即局势紧张，是指周边地区出现重大异常，有可能对我国构成直接军事威胁时，部队所处的战备状态。部队的主要工作：进行战备动员；加强战备值班和通信保障，值班部（分）队能随时执行作战任务；密切注视敌人动向，及时掌握情况；停止休假、疗养、探亲、转业和退伍，控制人员外出，做好收拢部队的准备，召回外出人员；启封、检修、补充武器装备器材和战备物资；必要时启封一线阵地工事；修订战备方案；进行临战训练，开展后勤、装备等各级保障工作。

（3）二级战备，即局势恶化，是指对我国已构成直接军事威胁时，部队所处的战备状态。部队的主要工作：深入进行战备动员；战备值班人员严守岗位，指挥通信顺畅，严密掌握敌人动向，查明敌人企图；收拢部队；发放战备物资，抓紧落实后勤、装备等各种保障；抢修武器装备；完成应急扩编各项准备，重要方向的边防部队，按战时编制齐装满员；抢修工事、设置障碍；做好疏散部队人员、兵器、装备的准备；调整修订作战方案；抓紧临战训练；留守机构展开工作。

（4）一级战备，即局势崩溃，是指针对我国的战争征候十分明显时，部队所处的战备状态。部队的主要工作：进入临战战备动员；战备值班人员昼夜坐班，无线电指挥网全时收听，保障不间断指挥；运用各种侦察手段，严密监视敌人动向，进行应急扩编，战备预备队和军区战备值班部队，按战时编制满员，所需装备补充能力优先保障；完成阵地配系；落实各项保障；部队人员、兵器、装备疏散隐蔽伪装；留守机构组织人员向预定地区疏散；完善行动方案，完成一切临战准备，部队处于待命状态。

2. 战备等级的转换

通常情况下，部队战备等级的转换应根据命令由平时状态向四级、三级、二级、一级战备状态依次转进。特殊情况下，也可根据命令越级转进。部队一旦进入战备等级状态，每名军人必须做到：严格遵守保密规定，不泄露部队行动的秘密；外出探亲人员，接到上级的通知后要迅速归队；服从命令，听从指挥，按上级的命令完成各项工作；提高警惕，坚守在岗在位；进一步落实战备计划，随时做好出动准备。

（二）"三分四定"

"三分四定"是战备工作的重要内容，每一名战士在平时要严格按照规定做好各项工作，保证一旦有紧急情况，即可立即出动。

1. "三分"

"三分"就是将个人的物资分为携行、运行、后留三部分，分别放置。携行物资就是紧急情况时自己随身携带的必备物资。运行物资就是一些物资虽然个人工作、生活、作战时非常需要，但靠个人携带不了，需要上级单位帮助搬运的物资。后留物资就是不需要随同执行任务带走的个人物资（一般是个人购买的，不是部队配发的物品），留在营房内，由上级统一保管。

2. "四定"

"四定"即定人、定物、定车、定位。定人是指根据战备行动方案，确定每个军人在可能出现的紧急情况中所担负的任务、归谁指挥、可能的行动等内容。定物是指确定军人紧急出动时携带物资的数量、种类，主要规定武器装备的携带方法。定车是指军人紧急出动时所乘坐的车辆（车辆编号）。定位是指确定军人乘坐车辆的具体位置及在行进中可能担负的任务。

二、战备规定的要求

（一）日常战备的要求

（1）部（分）队必须高度重视战备工作，严格执行战备法规制度，紧密结合形势任务，经常进行战备教育，增强战备观念，建立正规的战备秩序，保持良好的战备状态。

（2）部（分）队应当制订完善战备方案，经常组织部属熟悉方案内容，进行必要的演练。编制、人员、装备、战场和形势任务等情况发生变化时，应当及时修订战备方案。

（3）部（分）队各类战备物资，应当区分携行、运行、后留，分别放置，并做到定人、定物、定车、定位。战备物资应当结合日常训练、正常供应周转和重大战备行动，进行更新轮换，使其处于良好状态。战备物资不得随意动用；经批准动用的，应当及时补充。后留和上交的物资，应当建立登记和移交手续。个人运行和后留物品应当统一保管，并按照有关规定注记清楚。

（4）部（分）队应当按照规定保持装备完好率、在航率和人员在位率，保持指挥信息系统常态化运行，保证随时遂行各种任务。

（二）节日战备的要求

各级应当按照战备工作有关规定，周密组织节日战备。

（1）节日战备前，各级应当组织战备教育和战备检查，制订战备方案，修订完善应急行动方案，落实各项战备保障措施。

（2）节日战备期间，各级应当加强战备值班。担负战备值班任务的部（分）队，做好随时出动执行任务的准备。

（3）节日战备结束后，各级应当逐级上报节日战备情况，组织部（分）队恢复经常性戒备状态。

相关链接：

中国军队的春节战备

第二节　紧急集合

紧急集合，就是在紧急情况下迅速进行的集合，是应付突然情况的一种紧急行动。比如，发现和遭到敌人的突然袭击时；受到火灾、水灾、地震、台风等自然灾害威胁时；上级赋予紧急任务或发生重大意外情况时等。军人一般是根据上级的紧急战备号令实施紧急集合。军人一旦接到紧急集合的信号或命令时，应立即按规定着装，携带武器装备和器材，迅速到达规定地点集合。

一、紧急集合要领

（1）部（分）队应当根据上级的紧急战备号令，或者在下列情况下实行紧急集合：发现或者遭到敌人的突然袭击；受到火灾、水灾、地震、台风等自然灾害威胁或者袭击；上级赋予紧急任务或者发生重大意外情况。

（2）部（分）队首长应当预先制订紧急集合方案。紧急集合方案通常规定下列事项：紧急集合场的位置，进出道路及其区分；警报信号和通知的方法；各分队

（全体人员）到达集合场的时限；着装要求和携带的装备、物资、粮秣数量；调整勤务的组织和通信联络方法；值班分队的行动方案；警戒的组织，伪装、防空和防核、防化学、防生物以及防燃烧武器袭击的措施；留守人员的组织、不能随队伤病员的安置和物资的处理工作。

（3）部（分）队接到紧急集合命令（信号），应当迅速而有秩序地按照紧急集合的有关规定，准时到达指定位置，完成战斗或者机动的准备。

（4）部（分）队首长根据情况及时增派或者撤收警戒；督促全体人员迅速集合；检查人数和装备；采取保障安全的措施；指挥部（分）队迅速执行任务。

（5）为锻炼提高部（分）队紧急行动能力，检查战斗准备状况，通常连级单位每月、营级单位每季度、旅（团）级单位每半年进行1次紧急集合。紧急集合的具体时间由部（分）队首长根据任务和所处环境等情况确定。

（6）舰（船）艇部队、航空兵部队和导弹部队的部署操演、实兵拉动、战斗值班（战备）等级转进、战斗演练，按照战区、军兵种有关规定执行。

二、紧急集合训练

紧急集合分为全副武装紧急集合和轻装紧急集合两种。全副武装紧急集合根据当时部队所处战备等级状态确定。此时，人员的负重量、携行的装备和器材均按战备方案和上级的规定执行。轻装紧急集合是在执行临时性紧急任务时所采取的一种方式。着装时，为减轻军人的负荷量，通常不背背包（或携带单兵生活携行具），以提高部队的快速机动能力。紧急集合的程序可分为四步：着装、整理携行生活器材、装具携带和集合。

紧急集合

（一）着装

紧急集合时的着装通常为作训服。昼间进行紧急集合时，一般按当时的训练着装进行。如果上级重新规定着装，军人应立即换装。夜间实施紧急集合时，军人应迅速起床，按照帽子（冬季戴皮、棉帽时，换装后再戴）—上衣—裤子—袜子—鞋子（双层床上层的军人打完背包再穿鞋子）的顺序进行穿戴。

（二）整理携行生活器材

没有装备生活携行具时，应打背包。背包的宽度为30～35cm，竖捆两道，横压三道。米袋捆于背包上端或两侧；雨衣、大衣通常捆于背包上端，大衣袖子捆于背包两侧；鞋子横插在背包背面中央或竖插两侧；锹（镐）竖插在背包背面中央，

头朝上。

装备有生活携行具时，应按以下顺序进行：迅速结合背架；按规定将规定物品分别装入主囊、侧囊和睡袋携行袋；组合背架和军需装备携行具；其他兵种专业可根据本兵种专业的特点另行规定。

（三）装具携带

装具分为全副武装和轻装。学生军训时主要携带的装具和方法为：背挎包，右肩左胁；扎腰带；背水壶，右肩左胁；背背包。

（四）集合

着装完毕后，军人应迅速跑步到班集合地点，向班长报告。全班到齐后，班长要整队，然后带领全班迅速赶到排集合场，并向排长报告。紧急集合时要做到迅速、肃静、确实、完整、安全、便于行动。这就要求在平时应按规定放置武器、弹药、装具和衣物，并牢记地点位置，才能在紧急集合时迅速有序拿取和穿着，行动迅捷而不慌乱。

第三节　行军

行军是军队按照预先计划和沿指定路线进行的有组织的移动。行军通常分为常行军和强行军。常行军是按照正常的每日行程和时速实施的行军，每日行程通常为 30 ～ 40km，平均时速为 4 ～ 5km；强行军是加快行军速度和延长行军时间的行军。

一、行军组织准备

（一）研究情况，拟出行军计划

指挥员在了解任务的基础上，应召集有关人员研究敌情、行军道路及其两侧的地形、本分队的任务，确定分队的行军序列，组织观察、警戒。

（二）做好思想动员

行军前，指挥员应根据本分队所担负的任务，结合分队的思想情况，进行深入的思想动员，保障分队顺利完成任务。

（三）下达行军命令

下达行军命令时应指出：敌情；本分队的任务，行军路线、里程，出发及到达指定地区的时间以及大休息的地点；分队集合地点，行军序列，乘车时还应区分车辆；着装规定；完成行军准备的时限，明确起床、开饭、集合的时间；行军口令及对口令传递的要求。

（四）组织战斗保障

组织战斗保障主要包括：指定 1～2 名战士为观察员，负责观察地面和天空；指定值班分队及火器，负责对空防御；规定遭敌原子、化学、细菌武器袭击时，各分队的行动方法；规定在敌航空兵或炮火袭击时的行军方法；规定伪装方法及伪装纪律。

（五）做好物资、装具准备

为了顺利完成行军任务，保持分队战斗力，行军前指挥员应做到：检查携带的给养、饮水、武器、弹药等情况；检查着装情况，如鞋袜的整理、背包的捆绑、装具的携带等；妥善安置伤病员；根据季节，进行防暑、防冻的教育和物品的准备。

二、徒步行军实践

行军中，指挥员通常在本队先头行进，以掌握行进方向、路线和速度，随时了解敌情、沿途地形和道路情况，及时组织分队积极克服各种困难，沿上级指定路线迅速隐蔽地前进，按时到达宿营（集结）地。

（一）准时集合出发，维护行军秩序

集合场地的选择应便于进入行军道路的位置，集合时检查分队人员的武器装备、车辆、着装等情况，行军应维护行军秩序，听从调整人员指挥，未经上级允许不得超越前面的分队。给执行特殊任务的车辆和分队让路，行军中严格纪律，保守行动机密，搞好宣传鼓动，开展团结互助。

徒步行军

（二）掌握行军路线和速度

指挥员根据情况利用地图按方位角行进，也可按行军路线图，依据识别路标、信号等方法掌握行军路线。行军速度应根据敌情任务、时间、行军能力、道路状况、天候而定。队形间距，徒步行军通常连与连之间为 100m 左右，乘车通常连与连之间为 200～300m，车距为 50m 左右。开始行军应稍慢，尔后按正常速度行进。通过特别地形时应控制速度和间隔，经过渡口、桥梁、隘路等难以通行的地点时，指挥分队有组织地通过，防止拥挤；通过后，前部应适当减速，后部应大步快速跟上，不宜跑步。

（三）组织休息

行军中，在上级编成内行军的大、小休息和远程连续行军的休息时间，通常

由上级统一掌握。单独行军时，由本级指挥员掌握。小休息每 50 分钟一次，大约 10 分钟。应靠路边，面向路外侧，保持原队形，督促战士整理鞋袜和装具，明确上厕所的范围。大休息，通常在完成当日行程一半以上进行。应离开道路，进入指定的地区，休息时间为 2 小时左右，应明确出发时间，派出警戒，必要时值班分队占领有利地形，迅速组织做饭、吃饭、补充饮水、妥善安排伤病员，督促分队抓紧时间休息。夜间休息时，人员不能随便离队，武器不能离身。休息完毕要清点人数，检查武器、弹药、装具、器材和其他物资，严防丢失，按时进入行军序列。

（四）情况处置

指挥员应注意观察，及时发现各种情况，灵活、果断处理，并及时报告上级。受到核、化学武器袭击时，应迅速做好防护准备。遭敌空袭时，应就地疏散隐蔽或利用地形加速前进。通过敌炮火、航空兵封锁地段时，应力求绕过或增大间距快速通过。对有敌情顾虑的地段应派出班、组进行搜索。接到上级改变行军路线的命令时，立即停止前进，研究、查明新的行军路线后组织分队沿新的路线前进。

实施行军时应考虑到人员和技术兵器能否在各种环境中长时间内承受一定的负担。任何行军，特别是徒步实施的行军，要求全体人员具有很强的体力。在严寒条件下行军，应准备好防冻的被服、装具和药品。在炎热的条件下行军，应准备好防暑、防毒虫等药品，多带饮用水，并可在饮用水中适当放盐。

军海泛舟

太平洋战争初期，在巴丹半岛投降的美菲联军战俘在日本士兵的押运下，于 1942 年 4 月 10 日，从马里韦莱斯机场东面两英里的 167 号里程碑开始徒步行军，前往 120km 以外的奥德内尔集中营。120km 的行军对于一名军人来说不算远。然而对于连续几个月没有能源补给和食物供应仍坚持作战的美菲联军而言，却苦不堪言，他们整整行军了 6 天。在这 6 天的行军中，战俘们遭到日军肆意殴打、侮辱和屠杀，路边随处可见战俘的尸体。这次行军暴露了日军灭绝人性的暴行，在这场暴行中约 15000 人丧命，被称为"巴丹死亡行军"。

三、宿营

宿营是指军队在行军、输送或战斗后的住宿。其目的是使部队得到休息和整顿，以便继续行军或做好战斗准备。现代高技术局部战争条件下，无论采取何种宿营方式，都应制定侦察、防空和防核、化学、生物、燃烧武器袭击的措施，做好抗袭击准备，保障部队安全休息。

（一）宿营地的选择

选择宿营地域时，应按照小集中、大间隔的要求，选择那些有良好地形便于疏散配置、有进出道路、便于机动和调整队形、有充足水源和较好的卫生条件的地区，同时应注意避开有毒植物、洪水道、低凹地和易崩塌的危险地点。具体地讲，就是要近水、背风、远崖、背阴、防雷击等。

（二）宿营的方式及要求

宿营通常可采取露营、舍营或两者相结合的方法。露营时，通常以班、排为单位，选择和利用有利地形，疏散配置。人员可以利用就便器材或挖掩体宿营，也可以在车辆上露宿；车辆应离开道路，停放在便于进出的地方；住宿时，应尽量选择在居民地边缘的房舍内，并离开重要岔路口、桥梁和明显地物的街区。车辆应停放在建筑物外便于机动的地方。宿营前，应派出设营组。设营组通常由指定人员率各班、排代表组成，负责到现地去区分各班、排宿营位置，选择指挥部和停车场位置；调查当地社情、疫情、水源和水质等情况，分配水源，组织警戒，引导自己的班、排进入。队伍到达宿营地域时，应在设营人员引导下进入指定宿营位置，并根据上级领导的指示，派出警戒，指定值班员，明确集合场所，督促人员按时休息，并为次日继续行军做好准备；同时，还应向上级领导报告宿营情况。离开宿营地时，应清点人员、装备物品打扫卫生，掩埋垃圾，并归还向群众借用的物品。

第四节　野外生存

野外生存是指在食宿无着的特殊环境中生存与自救的活动。组织野外生存训练时，应做好充分的准备，除必带的装备物品外，还应携带刀具、火柴和打火机、手电筒、绳索、药品，并应了解和掌握以下基本常识。

一、野外觅食

野外生存获取食物的途径主要有两种：一种是采集野生植物；另一种是猎捕野生动物。

（一）识别和采集野生植物

对可食野生植物的识别是野外生存知识的主要内容。可食野生植物包括可食的野果、野菜、藻类、地衣、蘑菇等。在各种野生植物里，有毒植物种类不多、数量有限，大部分野生植物均可食用。还可以通过观察哺乳类动物所食用的植物种类，以分辨哪些植物能够被人食用。像老鼠、松鼠、兔子、猴子、熊等吃过的植物一般可以食用。鸟类可以食用的植物，人不一定能够食用。这里介绍一种最简单的鉴别野生植物有毒无毒的方法，供紧急情况下使用。通常将采集到的植物割开一个小口子，放进一小撮盐，然后仔细观察是否改变原来的颜色，通常变色的植物不能食用。

（二）捕获野生动物

（1）猎兽。猎兽前应向有经验者或当地居民了解动物的习性和捕获方法，对大型动物通常采用陷阱猎获的方法，对小型动物可采取压猎、套猎和竹筒诱猎等方法。

（2）捕蛇。捕蛇时可采取叉捕法、泥压法和索套法。要注意防蛇咬伤，最好穿戴较厚的高腰鞋及长筒手套等防护用品。

（3）捕鱼。捕鱼可使用钩钓、针钓、脚踩、手摸、拦坝戽水等方法。

（4）捕获昆虫。可食用的昆虫种类很多，如蜗牛、蚂蚁、蚯蚓、蝉、蝗虫等，可采取手捕、网罩、挖洞掏等方法捕获。

在各种野生动物里，除了海洋中外形奇特的鱼类、贝壳、鲨鱼和少数江河中的河豚有毒，以及野生动物的内脏，尤其是肝和卵一般不能食用外，其他均可食用。

二、野外觅水

在缺水的情况下，水要合理饮用，最初可以不喝水，或者仅湿润口腔、咽喉。当然，也不要勉强忍耐干渴，以免身体出现失水症状。喝水要得法，应该采用"少量多次"的方法。试验证明，一次饮1000ml水，380ml由小便排出；假若分10次喝，每次80ml，小便累计才排出80～90ml，水在体内就得到充分利用。每昼夜喝水不超过600ml，这在5～6天内对人体不会发生有害作用。当随身携带的饮用水快用完时，应积极寻找水源。

（一）寻找水源

1. 寻找地下水

寻找水源

首选是山谷底部，如谷底见不着明显的溪流或积水坑，要注意绿色植物的分布带，植物茂盛、动物经常出没的地方，容易找到浅表层水源。茂盛的芦苇表示地下水位于地表下1m左右；喜湿的马兰花等植物下面半米或1m左右就能找到水；竹林的浅层地表下就有水；蚂蚁、蜗牛、青蛙、蛇等动物喜欢在泥土潮湿的地方栖身，在这些地方向下深挖就可以找到水。

2. 寻找植物中的储水

山野中有许多植物可用于解渴，如北方的黑桦、白桦的树汁，山葡萄的嫩汁，酸浆子的根基；南方的芭蕉茎、扁担藤等。初春时，只要在桦树干上钻一深孔，插入一根细管（可用白桦树皮制作），就可流出汁液，立即饮用。还有一种储水竹子，竹节内的水既卫生还带有一股竹香。

3. 采集地表水或雨水

清晨可采集植物枝叶上的露珠。下雨时，可在地面上挖坑，铺上塑料布或雨布收集雨水，也可用其他容器接雨水。实在无水的情况下，小便也可以应急解渴。

（二）鉴定水质的方法

由于水在自然界的广泛分布和流动，特别是地面水流经地域很广，一般情况下难以保证水源不受污染。在野外没有检验设备时，可以根据水的色、味、温度、水迹概略地鉴别水质的好坏。

1. 通过水的颜色鉴定

纯净的水在水层浅时无色透明，深时呈浅蓝色。可以用玻璃杯或白瓷碗盛水观察，通常水越清水质越好，水越浑则所含杂质越多。水色随含污情况不同而变化，如含有腐殖质呈黄色，含低价铁化合物呈淡绿蓝色，含高价铁或锰呈黄棕色，含硫化氢呈浅蓝色。

2. 通过水的味道鉴定

一般清洁的水是无味的，而被污染的水带有一些异味。可以把盛水的瓶子放在约60℃的热水中，若闻到水里有怪味，就不能饮用。

3. 通过水温鉴定

地面水（江河、湖泊）的水温，因气温变化而变化，浅层地下水受气温影响较小，深层地下水，水温低而恒定。如果水温突然升高多是有机物污染所致。工业废水污染水源后也会使水温升高。

4. 通过水点斑痕鉴定

用一张白纸，将水滴在上面，晾干后观察水迹。清洁的水是无斑迹的，有斑迹则说明水中杂质多、水质差。

（三）净化水质的方法

野外水源水质浑浊有异味不便直接饮用时，首先应辨别水中是否含有有毒腐烂的物质，一般情况下，有强烈异味的水是不宜饮用的。遇到水质较差的情况，要做净化处理。

1. 药物净化

使用69-1型饮水消毒片、漂白粉精片处理浊水，可以起到澄清杀菌的作用，使用明矾可以使浊水变清。

2. 植物净化

将一些含有黏液质的植物如仙人掌、榆树皮等，捣烂成糊加入浊水中，搅拌3分钟，再静止 10 分钟左右，可起到类似明矾的作用。一般 15kg 水可用 4g 植物糊净化。

3. 过滤水

将竹节一端堵节打掉，在另一端堵节上钻一个小孔。竹节内从下向上依次放入石子、沙、土、木炭碎块做成过滤器。将浊水缓缓倒入竹节，小孔中就流出比较洁净的过滤水。

三、野炊

可食用的野生动物一般应去掉内脏，食用其肉。可食用的根茎类野生植物，应食用根部和嫩茎叶、树的内皮及嫩软的树尖；野菜类野生植物应食用其嫩苗、嫩茎叶、菌体；野果类野生植物应采果食用。食用各种野生食物一般应利用炊具进行煮炒。在没有制式炊具可供使用的情况下，作战人员应利用就便器材和材料热熟食物。

（一）脸盆、罐头盒、钢盔的利用

在野外可以用石头做架，或用铁丝吊挂脸盆、铁盒钢盔等物，用火加热，烹煮食物、烧开水等。

（二）铁丝、木棍的利用

可将可食用的动物和根茎类植物块根穿插缠裹在铁丝或木棍上，放在火焰上或炭火中烤（烧）熟。鱼（不去鳞片）和块根食物应用泥土包裹烤熟后剥皮食用。贝壳类动物可放在火堆下烤熟食用：先在地上挖个浅坑，坑的四周衬以树叶或湿布，然后将食物放入坑内，再在食物上面盖上树叶或布，上面再压一层 3cm 厚的沙子。最后在坑上面生起火堆，待食物烧熟后取出食用。

（三）石板或石块的利用

用火将石板烧烫以后，将食物切成薄片放在上面烙熟。石煮，就是先在地上挖个坑，将若干拳头大小的石块放在火中烧热，用棍拨到一个 40cm 深的土坑内铺一层，石块上铺一层大树叶，放食物，上面再铺一层树叶，将剩下的热石头块铺在树叶上，然后再铺上厚厚的树叶压住，靠热石块散发的热气将食物烤熟，三四个小时后即可取食。

（四）黄泥的利用

用和好的黄泥在地上摊成一个 3cm 厚的泥饼，上面铺一层树叶，将野鸡、野兔或鱼等除去内脏，不脱毛不褪鳞，放在泥饼上，用泥饼将食物包裹成团，放在火中烧 2 小时即可食用。食用时兽毛或鱼鳞沾在泥块上随之脱离。

（五）竹节的利用

选粗壮的竹子砍倒，每 2～3 节竹筒砍成段，将竹节的一端打通，将米和水灌入竹节里，米约占 2/3，然后将竹节放在火中烘烤约 40 分钟，即可做成熟饭。

第五节　识图用图

一、地形的分类和作用

（一）地形的分类

地形是地貌和地物的总称。地貌是指地面高低起伏的状态，如山地、丘陵地、平原等。地物是指分布在地面上的固定性物体，如居民地、道路、江河、森林等。

不同地貌和地物的错综结合，形成了不同的地形。依地貌的状态，可分为平原、高原、山地和丘陵地；依地物的分布和土壤性质，可分为居民地、山林地、石林地、沼泽地、水网稻田地、江河、湖泊、岛屿、海岸、草原、沙漠、戈壁等；依对军队战斗行动的影响，又可分为开阔地、荫蔽地和断绝地等。不同的地形对军队战斗行动又有着不同的影响。

（二）地形的作用

地形是军队行动的客观基础，是战争和军事活动的舞台。军队的活动都是在一定的地形条件下实施的，都要受地形条件的影响和制约。例如，军队的运动、观察、射击、工事构筑、隐蔽伪装、技术兵器的运用、防原子、防化学，以及后勤保障等，都和地形有着密切的关系。早在 2000 多年前，孙武就在《孙子·地形篇》中写道："夫地形者，兵之助也。料敌制胜，计险厄远近，上将之道也。知此而用战者必胜，不知此而用战者必败。"又说："知彼知己，胜乃不殆；知天知地，胜乃不穷。"这些话深刻揭示了地形对军事行动的重要作用。

地形条件是组织指挥作战的重要依据，是影响军队作战行动的基本因素之一。古今中外的军事家无不重视对地形的研究和利用。随着科学技术的发展，现代化武器应用于战争，使战场情况更加复杂多变。认真研究地形对作战行动的影响，对保证未来战争的胜利具有重大的意义。

二、地形图的基本知识

（一）地图概述

1. 地图的定义

将地球表面的自然、社会要素和现象的空间分布，按一定的投影方法、比例关系和制图综合原则，用规定的符号、颜色和注记综合绘制的图，称为地图。

2. 地图的分类和用途

地图按其内容可分为普通地图和专门地图；按比例尺可分为大、中、小比例尺地图；按表现形式可分为线划地图、影像地图、数字地图；按色彩可分为单色地图和多色地图。

普通地图是综合反映地表自然现象和社会经济现象的地图。内容包括自然地理要素，如地貌、水系、土壤、植被等；社会经济要素，如居民地、行政区域、工矿、交通网等。普通地图分为地形图和地理图，是编制专门地图的基础。

地形图是普通地图的一种，其比例尺大于 1:1000000，它是国家经济建设、国防建设和军队作战、训练不可缺少的重要地形资料。在地形图上，可以进行长度（距离）、高度、坡度、水平角度、坐标和面积的量读与计算。

专门地图也称专题地图或主题地图，是以普通地图为底图，着重表示一个专题内容的地图，如地质图、地貌图、水文图、人口图、交通图、历史图等。

（二）地图比例尺

1. 地图比例尺的定义

地图上某两点间直线长度与相应实地水平距离之比，叫地图比例尺。地图比例尺通常以数字比例尺或直线比例尺标注在地图图廓外，是判定地表实地水平长度在地图上的缩小比例和根据图上量测长度计算实地水平距离的依据。

2. 地图比例尺的大小

地图比例尺的大小是按比值的大小来衡量的。在幅面大小相等的地形图上，比例尺越大，图中所包括的实地范围越小，显示的内容越详细，精度越高；比例尺越小，图中所包括的实地范围越大，显示的内容越简略，精度越低。

我国地形图的比例尺系列为 1:10000、1:25000、1:50000、1:100000、1:250000、1:500000、1:1000000 等。

3. 在图上量算距离

（1）用直尺量算。用直尺量取所求两点的图上长，然后乘以该图比例尺分母，即得相应的实地水平距离。其换算公式为：实地距离 = 图上长度 × 比例尺分母。

（2）依直线比例尺量读。先用两脚规量出两点间的长度，并保持其张度，再到直线比例尺上比量。比量时，先使两脚规的一脚落在尺身的整千米数上，再使另一脚落在尺头上，就可读出两点间的实地水平距离。

（3）用里程表量读。在地形图上量取弯曲路段或曲线距离时，使用指北针上的里程表比较方便。里程表由表盘、指针及滚轮三部分组成。量读时，先使指针归0，然后手持里程表，将滚轮放在起点上（使指针按顺时针方向转），沿所量线段滚至终点，指针在相应比例尺分划圈上所指的千米数，即为所求实地距离。

（三）地貌判读

1. 等高线显示地貌

（1）等高线。

在地图上将地面上高程相等的各点连成的闭合曲线称为等高线，亦称水平曲线，用以显示地貌高低起伏、倾斜陡缓形态，量取某一地段的坡度或任一点的绝对高程与相对高程等。

（2）等高线显示地貌的原理。

设想将一座山从底到顶按照相等的高度一层一层地水平切开，这样，在山的表面就会出现许多大小不同的截口线，再把这些截口线垂直投影到同一平面上，便呈现出一圈套一圈的等高线图形。地图就是根据这个原理来显示地貌的。

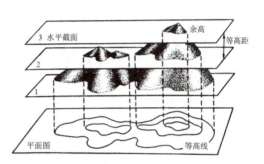

等高线显示地貌的原理

（3）等高线显示地貌的特点。

在同一条等高线上各点的高程相等，并各自闭合。

在同一幅地图上，等高线多的山就高；等高线少的山就低；凹地则与此相反。

在同一幅地图上，等高线间隔大的坡度缓，间隔小的坡度陡。

图上等高线的弯曲形状与相应实地地貌的形状相似。

（4）等高距的规定。

相邻两条等高线间的实地垂直距离叫等高距。等高距的大小在很大程度上决定着地貌表示的详略。等高距越小，等高线越多，地貌表示就越详细；等高距越大，等高线越少，地貌表示就越简略。等高距地区的地貌特征依据地图比例尺和地图的用途等状况来规定。我国基本比例尺地形图等高距的规定如下表所示。

等高距的规定

比例尺	1：25000	1：50000	1：100000	1：200000
等高距/m	5	10	20	40

2. 地貌识别

（1）山的各部形态。

山顶：山的最高部位叫山顶。表示山顶的等高线是一个小环圈，环圈外通常绘有示坡线。

凹地：比周围地面凹陷，且经常无水的地方，叫凹地。表示凹地的等高线是一个或数个小环圈，并在环圈内侧绘有示坡线。

山背：从山顶到山脚的凸起部分，叫山背。表示山背的等高线是以山顶为准向外凸出的部分。各等高线凸出部分顶点的连线，叫分水线。

山谷：两个山背或山脊间的低凹部分，叫山谷。表示山谷的等高线，逐渐向山顶或鞍部方向凹入。各等高线凹入部分顶点的连线，叫合水线。

鞍部：相连两个山顶间形如马鞍状的低凹部分，叫鞍部。是用表示山谷和山背的两组对称的等高线表示的。

山脊：由若干山顶、鞍部相连所形成的凸棱部分，叫山脊。山脊的最高棱线，叫山脊线。山脊是由若干表示山顶和鞍部的等高线连贯起来表示的。

（2）斜面和防界线。

斜面：斜面是指从山顶到山脚的倾斜部分，又叫斜坡。朝向敌方的斜面称为正斜面，背向敌方的斜面叫反斜面。按形状可分为以下几种：①等齐斜面。坡度近乎一致，斜面上均能通视。等高线的间隔基本相等。②凸形斜面。坡度上缓下陡，线的间隔上疏下密。③凹形斜面。坡度上陡下缓，斜面上均可通视，便于发扬火力。等高线的间隔上密下疏。④波状斜面。坡度陡缓不一，斜面的若干地段不能通视，形成观察、射击的死角较多。等高线的间隔疏密不一。

防界线：防界线通常是斜面上凸起的倾斜换线。在防界线上，能展望其下方的部分或全部面，利于构筑射击阵地和观察所。防界是等高线由疏变密的地方。

（3）地貌符号。

地貌符号用于表示等高线无法显示的地貌，如变形地、山隘、岩峰、露岩地等。由于这类地貌的形态复杂多变，用等高线无法逼真形象地反映地形的全貌，因此，必须采用特殊的地貌符号。地貌符号主要有以下两种：①微型地貌符号；②变形地符号。

（四）坐标

使用坐标便于迅速准确地确定点位，指示目标，实施组织指挥。军事上常用的有地理坐标和平面直角坐标，在这里我们主要介绍地理坐标。

1. 地理坐标

用经纬度数值表示地面某点位置的球面坐标，叫地理坐标。地理坐标通常用度、分、秒表示。在空军、海军和外交事务中，常用地理坐标指示目标位置。

（1）地图上地理坐标的注记。

地理坐标网由一组经线和纬线构成。地图比例尺不同，表示地理坐标网的形式也略有区别。在1∶200000、1∶500000、1∶1000000地形图上，绘有地理坐标网。纬度数值注记在东、西内外图廓间；经度数值注记在南、北内外图廓间。在1∶25000、1∶50000、1∶100000地形图上，只绘平面直角坐标网，不绘地理坐标网。图廓四角注有经纬度数值，内、外图廓间绘有经、纬"分度带"，分度带的每个分划表示一分，将它们对应相同的分度线连接起来，即可构成地理坐标网。

（2）地理坐标的应用。

用地理坐标指示目标或确定某点在图上的位置时，一般按先纬度后经度的顺序进行。在图上量取目标的地理坐标：在 1∶25000、1∶50000、1∶100000 地形图上量取某点的地理坐标，可先在南、北图廓和东、西图廓间的分度带上，找出接近该点的经、纬度分划，并连成经纬线；再量取该点至所连经纬线的垂直距离，并按分度带估计或计算出秒数；然后分别与所连经、纬线的度、分数值相加，即可得出该点的地理坐标。

按地理坐标确定目标的图上位置：如已知 ◎ 150 高地的地理坐标为北纬 25° 02′ 12″，东经 102° 32′ 18″。确定该点的图上位置时，先将东、西图廓纬度分度带上 25° 02′ 12″ 处连成直线，再将南、北图廓经度分度带 102° 32′ 18″ 处连成直线，两直线的交点，即为该点在图上的位置。

如果所求点较多时，可先按分度带连成地理坐标网，再按各点的经、纬度数值来确定各点在图上坐标系的位置。

2. 平面直角坐标

用平面上的长度值表示地面点位置的直角坐标，叫平面直角坐标。

（五）方位角与偏角

1. 方位角的种类

从某点的指北方向线起，依顺时针方向到目标方向线之间的水平夹角叫方位角。由于每点都有真北、磁北和坐标纵线北三种不同的指北方向线，因此，从某点到某一标，就有三种不同的方位角。

（1）真方位角。某点指向北极的方向线叫真北方向线，即经线，也叫真子午线。从某点的真北方向线起，依顺时针方向到目标方向线间的水平夹角，叫该点的真方位角。通常在精密测量中使用。

（2）磁方位角。某点指向磁北极的方向线叫磁北方向线，也叫磁子午线。在地形图南、北图廓上的磁南、磁北（即 P、P′）两点间的连线，为该图的磁子午线。从某点的磁北方向线起，依顺时针方向到目标方向线间的水平夹角，叫该点的磁方位角。在航空、航海、炮兵射击、军队行进时，都广泛使用。

（3）坐标方位角。从某点的坐标纵线北起，依顺时针方向到目标方向线间的水平夹角，叫该点的坐标方位角。炮兵一般使用较多，它不仅便于从图上量取，还可换算为磁方位角在现地使用。

2. 偏角的种类

由于真子午线、磁子午线、坐标纵线（简称三北方向线）三者方向不一致，所构成的水平夹角，叫偏角。

（1）磁偏角。某点的磁子午线与真子午线间的夹角，叫磁偏角。磁子午线在真子午线以东的为东偏，在真子午线以西的为西偏。它随时间和地点的不同而变化。

（2）坐标纵线偏角。某点的坐标纵线与真子午线间的水平夹角，叫坐标纵线偏角，又叫子午线收敛角。坐标纵线在真子午线以东的为东偏，在真子午线以西的为西偏。在同一高斯投影带内，距中央经线和赤道越近，偏角越小，反之偏角越大，但最大的偏角不超过30°。

（3）磁坐偏角。某点的磁子午线与坐标纵线间的水平夹角，叫磁坐偏角。磁子午线在坐标纵线以东的为东偏，在坐标纵线以西的为西偏。它有时为磁偏角和坐标纵线偏角值之和，有时为两者之差。

为便于计算，上述三种偏角，都以东偏为正（+），西偏为负（-）。地形图南图廓的下方，均绘有偏角图。

3. 方位角的量读和磁坐方位角的换算

（1）在图上量读坐标方位角。在量取某点至目标点的坐标方位角时，先将该点和目标点连成直线，使其与坐标纵线相交（若两点在同一方格内，可延长直线）。然后，用量角器按方位角的定义量读。

（2）磁方向角与坐标方位角的换算关系为：坐标方向角＝磁方向角＋（±磁坐偏角）。

三、现地使用地图

（一）方位判定

方位判定，就是在现地辨明站立点的东、西、南、北方向，便于明确周围地形和敌我关系位置，实施正确的指挥和行动。

1. 利用指北针判定

判定方位时，先将指北针放平，待磁针静止后，磁针涂有夜光剂的一端（或黑色尖端）所指的方向，就是北方。如果面向北，则背后是南，右边是东，左边是西。使用指北针前，应检查磁针是否灵敏。使用时应避免靠近高压线和钢铁物体，在磁铁矿区和磁力异常地区不能使用。

2. 利用太阳和时表判定

利用太阳和时表判定方位

一般来说，在当地时间6时左右，太阳在东方，12时在正南方，18时左右在西方。根据这一规律，便可概略地判定方位。如带有手表，可利用太阳和手表判定方位。判定的要领是：时数折半对太阳，"12"指的是北方。如在北京上午9时判定方位时，先将手表放平，以时针所指时数（每日以24小时计算）折半的位置，即以4时30分对向太阳，"12"所指的方向就是北方。为便于判定，可在时数折半的位置上竖一细针或草棍，使针影通过表盘中心。

北京时间是东经120°经线的地方时，在远离东经120°的地区判定方位时，应将北京时间换算为当地时间，即以东经 120° 为准，每向东 15°（经度），将北京时间加上 1 小时，每向西 15°（经度），减去 1 小时。如在新疆塔城地区（东经 83°）上午 12 时判定方位时，应减去 2 小时 30 分钟，即当地时间为 9 时 30 分，以 4 时 45 分对向太阳，"12" 所指的方向就是北方。

在北回归线以南地区，夏季中午时间太阳偏于天顶以北，不宜采用上述方法。

3. 利用北极星判定

北极星是正北方天空的一颗恒星，夜间找到北极星，就找到了北方。北极星的位置可根据大熊星座或仙后星座寻找。北极星位于小熊星座的尾端，它和大熊星座（俗称北斗七星）、仙后星座（又叫 W 星座）的关系位置如图所示。大熊星座主要由 7 颗明亮的星组成，形状像一把勺子。将勺端甲、乙两星（叫指极星）的连线向勺口方向延长，约在两星间隔的 5 倍处，有一颗较亮的星就是北极星。仙后星座主要由 5 颗明亮的星组成，在缺口方向约为缺口宽度的 2 倍处，就可找到北极星。

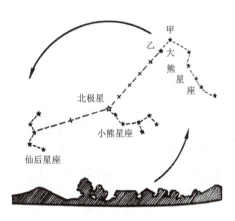

利用北极星判定方位

北极星的高度大约与当地的纬度相等。在北纬 40° 以北地区，全年可以看到大熊星座和仙后星座，以南地区，有时只能看到其中的一个星座，另一个则移到地平线以下。

（二）地图与现地对照

现地使用地图时，应注意经常与现地地形进行对照，以便了解周围的地形情况，保持正确的方向和位置。

（三）利用地图行进

利用地图行进就是利用地形图选定的路线，在现地对照地形行进。它是保障部队行动自如，夺取有利战机的一个重要方法。

1. 行进前的准备

行进前必须进行认真仔细的图上作业，切实做到：一标、二量、三熟记。一标就是根据任务、敌情、地形及部队装备等情况，在地形图上研究选定行进路线，并将行进路线、沿途方位物，如岔路口、转弯点、居民地进出口等都标绘在地形图上。二量就是量算行进路线上各段里程，计算行进时间，并注记在图上。量算起伏较大地区的行进路线时，要考虑坡度对行进速度的影响，并应依据季节、天候、土质、植被等对行进可能造成的影响，考虑行进速度。三熟记就是熟记行进路线。一般按行进的顺序，把每段的里程，经过的居民地、两侧方位物和地形特征，特别是道路转弯处，岔路口和居民地进出口附近的方位物及地形特征等都要熟记在脑子里，做到心中有数。如时间和条件允许时，还应调查通行情况，如前进路上的水库、水渠、道路、桥梁、渡口等有无变化，做好保障措施。

2. 行进要领

行进时要做到"三明"，即方向明、路线明、位置明。无论是沿道路行进或越野行进，都要先在出发点上标定地图，对照地形，明确行进的路线和方向，然后计时出发。行进中，要随时标定地图，对照地形，做到"人在地上走，心在图中移"，随时明确站立点的图上位置。当遇有怀疑时，则应精确标定地图，找出站立点在图上的位置，仔细对照周围地形，全面分析地形有无变化，待判明后再继续前进。

夜间行进时，由于视度不良，地图和现地对照困难较多，容易迷失方向。因此，行进前，应认真分析和熟记沿途地形的特征。尽量选择道路近旁的高大地物、透空可见的山顶、鞍部等作为方位物。行进中，可用指北针或北极星标定地图，根据预先对沿途各段经过地形的记忆，多找点，勤对照。采用走近观察，由低处向高处观察，由暗处向明处观察等方法，及时确定站立点的位置，明确行进的方向。还可根据流水声、灯光判断溪流和居民地的位置，及时确定站立点的位置，判明行进的方向。

如果发现走错了路线，应首先回忆走过路线的方向、距离和经过地形的特征，检查走错的原因；然后标定地图，对照现地，判明当时到达点的图上位置，及其与预定路线的关系；然后，可选择就近道路，插到预定路线上来；当没有就近道路，或已查明错误起点位置，也可按原路返回，再继续按预定路线行进。

第六节　电磁频谱监测

一、电磁频谱简介

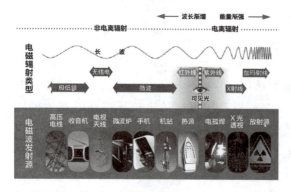

电磁频谱示意图

电磁频谱，是指按电磁波波长（或频率）连续排列的电磁波族。在军事上，电磁频谱既是传递信息的一种载体，又是侦察敌情的重要手段，因此成为交战双方争夺的制高点之一。

战场电磁环境是指在给定战场空间内对作战有重大影响的电磁活动和现象的总和，即在一定的作战环境中，由空域、时域、频域上分布的数量繁多、样式复杂、动态交叠的电磁信号构成的一种电磁环境。

根据战场电磁环境的性质和形成机理，一般认为战场电磁环境由自然电磁辐射、人为电磁辐射两部分组成。自然电磁辐射是非人为因素产生的电磁波辐射，在自然电磁环境中，静电、雷电和地磁场等是几种最主要的电磁辐射。人为电磁辐射是由人工操控条件下各种电子装置或其他电器设备向空间发射电磁能量的电磁辐射，它是战场电磁环境的主体部分。

二、电磁频谱的特点

电子技术装备利用的电磁频谱已覆盖从极低频、短波、微波、毫米波、亚毫米波、红外到可见光等全部频谱，电磁空间将全方位地向其他所有空间扩展，并相互渗透。在未来复杂的信息化战场环境中，合理地管理与有效地利用无线电频谱，达到制频谱权的目的，已成为克敌制胜的关键因素之一。

信息化战场中，决定频谱承载力的因素增多，包括：带宽、可利用性/可及性、空间参数、瞬时参数、电磁波特性、电磁环境、功率、频谱管理措施、技术限制等。在信息化战场中数字射频系统对频谱有更高要求，数字无线电系统具有了新的特征，保密性和抗干扰能力得到更大程度的提高，使用无线电频谱的设备数量与设备种类特别多。

在数字化战场条件下，频谱管理工作自然发生了很大变化，除了考虑一般性因素外，还应该考虑诸如如何制频谱权、频谱如何支持战场信息传输系统等一系列问题。

三、电磁频谱监测工作

电磁频谱监测是电磁频谱管理的耳目和神经，是电磁频谱管理的科学依据。所谓电磁频谱监测，就是监测人员通过监测设备（包括测向设备）在一定的时间，对监测地域（包括空间）的电磁环境进行监测并得出监测报告。这里的监测人员、监测设备（包括测向设备）、监测时间、监测地域（包括空间）和监测报告，是扎实做好监测工作和圆满完成多样化电磁频谱管理任务的必要因素，简称为监测工作的"五要素"。

（一）提高监测队伍素质是关键

频谱监测工作是电磁频谱管理的一项基础性工作，专业性和技术性较强，对人的依赖性较大，需要大量实践的历练和经验的积累。

目前的监测设备在扫描测试、捕捉信号、频谱特性参数测量和频率占用度统计等方面自动化程度较高，但在信号分析与识别方面还远不能替代人工智能，对监测人员掌握的经验值、知识面和信息量依赖较大。因此，需要监测一线人员充分利用

现有的电磁频谱监测系统和设备，最大限度地从空中提取尽量多的信号特征（包括频域特征、音域特征、时域特征等），以便将各种无线电信号的基本特征铭刻在自己的脑海里，从而形成直观、感性的认识，建立起识别信号的样本。

（二）可靠的监测装备是频谱监测的必要条件

普通的电磁频谱监测系统其原理无异于一部无线电接收机，加上设备控制和数据处理等应用软件，就能够对空中无线电信号进行扫描测试、信号捕捉和解调监听，实现对频谱占用情况的统计分析、频谱参数的测量。现代信息化条件下的战争早已呈现出大范围、高机动性、变化快的特点，迫切需要一种能够实现大地域、易机动、高精度的频谱监测系统，实时、全面、准确地掌握电磁环境和战场电磁态势，从而使战场频管能力大幅度提升。因此，监测装备的可靠性不仅仅体现在系统的稳定和功能的完备，更体现在要与应完成的监测任务相匹配。

在新的形势下，如何为演习、训练和值勤服务，如何为完成反恐、维稳、抗洪抢险和抗震救灾以及护航保障等多样化军事任务和信息化作战服务，是圆满完成军事频管监测任务的出发点和落脚点。这就要求军事频管监测装备发展的思路应立足战时、兼顾平时，平战结合；监测装备建设的投入应以机动监测为主、固定监测为辅（固定监测以地方无线电管理部门为依托），机动、固定一体；装备建设的目标应是能够持续、有效地对重点地域和重点目标进行全频段、全时段、全地域（包括陆、海、空域直至太空域）的电磁环境测试，对主战武器用频装备和无线电通信指挥信息系统进行保护性监测，及时发现并查处干扰。

（三）足够的监测时间是完成监测任务的基本保证

要掌握重点方向、重点目标和重点地域或空间电磁环境变化的规律，查找违规发射和各种无线电干扰，为实时、合理、有效地进行频率分配和频率指配提供技术支持，必须长期不间断地进行电磁频谱监测。一方面要尽量保证足够的监测时间；另一方面要在有效的监测时间里提取最大的信息量，不断提高监测分析人员的工作能力。此外，还要创造良好的监测值勤条件，确保监测时间落实，进行正规化值勤是避免弄虚作假、扎扎实实完成监测任务的基本保证。

（四）科学地选择监测地点是开展监测工作的重要保证

由于频率和传输媒介不同，电波传播的特性也会不同，因此在进行重点区域短波、超短波和微波等不同频段的电磁环境和相对应台站的选址测试时，选择合适的监测地点（成站址）至关重要。在这方面，主要应注意两点：第一，要选择合适的监测点。概括起来有四点：一是尽量避开大功率辐射源、移动通信系统基站、高压输电线、电气化铁路、交通主干道，高速公路、立交桥和高架路以及各种影响监测质量的障碍物；二是尽量将监测站址选择在高山或高楼等制高点；三是长时间监测时尽量选择交通便利、供电和通信能够得到保障的位置；四是利用移动监测车、可搬移式或便携式监测设备在某一区域开展监测工作时，同次任务尽量选择相同的位置。第二，要选择足够的监测点。即根据不同频段电波传播的特性、地理地质情况以及监测区域的大小选定一定数目的监测站点，以达到一定的覆盖面。

（五）有价值的监测报告是监测工作的效果体现

通常从选择监测站点，实施监测到形成监测结论并完成监测报告，往往会因人而异、因设备而异、因地而异和因时而异，不可能做到绝对统一。但通过制定相应的技术规范，对监测站点评估、监测系统检测、监测方法选择、测试参数设置、数据提取和处理、信号分析与识别、监测报告内容和格式等监测工作流程各环节进行标准化规定；通过对监测人员进行系统培训和模拟测试，可以最大限度地减少人为和环境因素造成的影响，也能减少监测设备内在和外在的影响，使监测数据更加真实、准确、可比对，监测结论具体、科学、能推敲，监测报告完整、实在、有价值。

思考题

1. 战备的主要内容有哪些？
2. 紧急集合训练包括哪几项内容？
3. 行军过程中应注意的问题有哪些？
4. 应如何选择宿营地？
5. 在野外有哪些可以安全食用的植物？
6. 在野外如何获取饮用水？
7. 如何现地使用地图？
8. 电磁频谱监测工作包括哪些要素？

参考文献

[1] 张正明. 军事理论教程 [M]. 北京：高等教育出版社，2015.

[2] 朱玉国. 高等院校现代军事理论教程 [M]. 北京：国防工业出版社，2015.

[3] 张勇，蒋研川，刘君. 军事课教程 [M]. 北京：高等教育出版社，2013.

[4] 杨桂英，吴晓义. 普通高校军事教程 [M]. 北京：中国人民大学出版社，2014.

[5] 宋华文. 信息化武器装备及其运用 [M]. 北京：国防工业出版社，2010.

[6] 王保存. 世界新军事革命 [M]. 北京：解放军出版社，1999.

[7] 尹洪滨，景慎祐. 军事常识 [M]. 北京：高等教育出版社，2006.

[8] 干焱平. 军事科学概论 [M]. 北京：高等教育出版社，2017.

[9] 谢佳山. 警用格斗技术训练教程 [M]. 厦门：厦门大学出版社，2018.

[10] 雷亮. 世界武器装备发展概论 [M]. 北京：国防工业出版社，2017.

[11] 杨明建，瞿维中，沈言锦. 士官生军事训练教材 [M]. 武汉：华中科技大学出版社，2018.

[12]《总体国家安全观干部读本》编委会. 总体国家安全观干部读本 [M]. 北京：人民出版社，2016.

[13] 国家国防教育办公室编写，邹治泰主编. 国防基本技能 [M]. 北京：国防大学出版社，2015.

[14] 中共中央宣传部. 习近平新时代中国特色社会主义思想三十讲 [M]. 北京：学习出版社，2018.

[15] 中共现代国际关系研究院. 国际战略与安全形势评估 2018—2019[M]. 北京：时事出版社，2019.